丛书总主编／马怀德

中国政法大学新兴交叉学科研究生精品教材

法治文化概论

文 兵　宋庆宝　阴昭晖　李 驰 ◎编著

FAZHI WENHUA GAILUN

中国政法大学出版社
2025·北京

声　明　1. 版权所有，侵权必究。
　　　　2. 如有缺页、倒装问题，由出版社负责退换。

图书在版编目（CIP）数据

法治文化概论 / 文兵等编著. -- 北京：中国政法大学出版社, 2025.1. -- ISBN 978-7-5764-1889-7

Ⅰ. D920.0

中国国家版本馆 CIP 数据核字第 20251W3P24 号

出 版 者	中国政法大学出版社
地　　址	北京市海淀区西土城路 25 号
邮　　箱	fadapress@163.com
网　　址	http://www.cuplpress.com（网络实名：中国政法大学出版社）
电　　话	010-58908435(第一编辑部) 58908334(邮购部)
承　　印	北京鑫海金澳胶印有限公司
开　　本	720mm×960mm　1/16
印　　张	16.75
字　　数	300 千字
版　　次	2025 年 1 月第 1 版
印　　次	2025 年 1 月第 1 次印刷
印　　数	1~3000 册
定　　价	56.00 元

本书编写组成员

（按照姓氏笔画排序）

文　兵　中国政法大学
王金霞　西北政法大学
帅奕男　中共中央党校（国家行政学院）
李其瑞　西北政法大学
李展硕　中国社会科学院
李　驰　中国政法大学
李德顺　中国政法大学
宋庆宝　中国政法大学
阴昭晖　中国政法大学
张　灵　中国政法大学
胡小进　中国政法大学
郑清坡　中国政法大学
邹玉华　中国政法大学
崔玉珍　中国政法大学
崔蕴华　中国政法大学

总　序

2017年5月3日，在中国政法大学建校65周年前夕，习近平总书记考察中国政法大学并发表重要讲话。他强调，全面推进依法治国是一项长期而重大的历史任务，要坚持中国特色社会主义法治道路，坚持以马克思主义法学思想和中国特色社会主义法治理论为指导，立德树人，德法兼修，培养大批高素质法治人才。推进全面依法治国既要着眼长远、打好基础、建好制度，又要立足当前、突出重点、扎实工作。建设法治国家、法治政府、法治社会，实现科学立法、严格执法、公正司法、全民守法，都离不开一支高素质的法治工作队伍。法治人才培养上不去，法治领域不能人才辈出，全面依法治国就不可能做好。

习近平总书记强调，没有正确的法治理论引领，就不可能有正确的法治实践。高校作为法治人才培养的第一阵地，要充分利用学科齐全、人才密集的优势，加强法治及其相关领域基础性问题的研究，对复杂现实进行深入分析、作出科学总结，提炼规律性认识，为完善中国特色社会主义法治体系、建设社会主义法治国家提供理论支撑。法学学科体系建设对于法治人才培养至关重要。我们有我们的历史文化，有我们的体制机制，有我们的国情，我们的国家治理有其他国家不可比拟的特殊性和复杂性，也有我们自己长期积累的经验和优势，在法学学科体系建设上要有底气、有自信。要以我为主、兼收并蓄、突出特色，深入研究和解决好为谁教、教什么、教给谁、怎样教的问题，努力以中国智慧、中国实践为世界法治文明建设作出贡献。对世界上的优秀法治文明成果，要积极吸收借鉴，也要加以甄别，有选择地吸收和转化，不能囫囵吞枣、照搬照抄。

当前，我们正处于中华民族伟大复兴战略全局和世界百年未有之大变局之中，面对深刻的社会变革、复杂的法治实践和日新月异的科技发展，我们必须清醒认识到，我国法学学科体系存在学科结构不尽合理、社会急需的新兴学科供给不足、交叉融合不够、学科知识容量亟待拓展等深层次问题，需要加快构建具有中国特色和国际竞争力的法学学科体系。正如习近平总书记深刻指出的那样："我国高校学科结构不尽合理，课程体系不够完善，新兴学科开设不足，法学与其他学科的交叉融合不够。"近年来出现的教育法、网络法、卫生法、体育法、能源法、娱乐法、法律与经济等新兴法律领域和交叉学科，已经开始挑战固有的法学学科秩序，带来法学学科创新发展的新机遇。健全法学学科体系，重点在于创新法学学科体系，必须大力扶植法学新兴学科和交叉学科的发展。学科体系建设同教材体系建设密不可分。要培养出优秀的法治人才，教材体系建设是重要基础性工作。中国政法大学作为中国法学教育的最高学府，可以利用其学科齐全、人才密集的优势开展法学新兴交叉学科教材的编写工作，促进法学新兴交叉学科的建设。

编写法学新兴交叉学科教材是落实全面依法治国要求，大力发展法学新兴交叉学科的需要。十八大以来，全面依法治国进入快车道，对法学学科体系建设提出了新要求，构建中国特色法学体系特别是学科体系、教材体系刻不容缓。2020年9月，教育部等三部委联合下发了《关于加快新时代研究生教育改革发展的意见》，该意见明确提出，要加快学科专业结构调整、加强课程教材建设。推进法学新兴交叉学科发展、加强法学新兴交叉学科教材建设，是我校落实全面依法治国要求、加快法学学科体系和法学课程教材建设的应有之义和具体措施。

编写法学新兴交叉学科教材是推动法学教育事业，培养复合型、创新型人才的需要。随着经济社会快速发展，社会急需复合型、创新型人才。在法学领域，急需既懂法律，又懂专业技术和其他社科知识的复合型、创新型人才。特别是熟悉监察法、党内法规、大数据、人工智能、共享经济、数字货币、基因编辑、5G技术等方面的人才奇缺，研究也不深入。为此，急需建立一批法学新兴交叉学科专业，开设更多新兴交叉学科课程，努力培养社会急需的复合型、创新型法治人才。中国政法大学在回应新技术革新对法治的挑战，培养创新型、复合型人才方面一直在积极探索、努力耕耘。近年来，我校相继设立了一批科研机构（包括数据法治研究院、资本金融研究院、互联网金融法律研究院、党内法规研究所等），开设了一批新兴交叉学科课程。为发展新兴交叉学科，推动法治人才培养取得实效，必须推进法学新兴交叉学科教材建设。

编写法学新兴交叉学科教材是引领世界法学学科发展潮流，构建中国特色法学学科体系的需要。近年来，许多国家法学新兴交叉学科发展迅速。例如，美国推动法经济学、法社会学、法政治学、法心理学、法人类学等新兴交叉学科建设，在世界范围内产生较大影响。中国要引领法学学科发展，必须打破法学内部的学科壁垒，扩充法学学科的知识容量，推进法学和其他学科的交叉与融合。习近平总书记指出，要按照立足中国、借鉴国外、挖掘历史、把握当代、关怀人类、面向未来的思路，体现继承性、民族性、原创性、时代性、系统性、专业性，加快构建中国特色哲学社会科学。我们要在借鉴国外有益经验的基础上，努力建设既体现中国特色、中国风格、中国气派，又具有国际竞争力，能够引领世界发展潮流的法学学科体系。

推出这套法学新兴交叉学科精品教材，希望可以积极推动我国法学教育新的发展方向，做法学新兴交叉学科建设的探路者。我们深知，合抱之木，生于毫末；九层之台，起于累土。希望这套精品教材的推出能够成为一个良好开端，为推进我国法学新兴交叉学科发展尽绵薄之力。经过一段时间的努力，相信一定能够建成具有中国特色、中国风格、中国气派，符合时代要求、引领世界法学学科发展的我国法学新兴交叉学科。

是为序。

中国政法大学校长 马怀德
2021年9月9日

目录 Contents

第一章　法治文化的基本理论 ………………………………………… 1
　第一节　法治文化的基本概念 ………………………………………… 1
　第二节　法治文化的主体 ……………………………………………… 9
　第三节　法治文化的基本构成 ………………………………………… 17
　第四节　法律的当代价值 ……………………………………………… 22

第二章　中外法文化的历史演进 ……………………………………… 31
　第一节　中国传统法文化的理论内涵 ………………………………… 31
　第二节　西方法文化的特征和历史演进 ……………………………… 47
　第三节　马克思主义关于法的批判理论及其意义 …………………… 60

第三章　马克思主义中国化进程中的法治文化 ……………………… 89
　第一节　革命根据地的法制建设 ……………………………………… 89
　第二节　新中国法治建设的曲折历程 ………………………………… 104
　第三节　习近平法治思想的时代贡献 ………………………………… 119

第四章　法治文化的规范形态 ………………………………………… 135
　第一节　法治社会的规范特征 ………………………………………… 135
　第二节　法治国家的制度和组织 ……………………………………… 152
　第三节　法律逻辑与法治思维 ………………………………………… 167
　第四节　法治语言与法治精神 ………………………………………… 179

第五章　法治文化的传播与实践 ……………………………………… 194
　第一节　媒介传播与法治文化 ………………………………………… 194

第二节　法治文学与民族叙事 ………………………………… 209
第三节　法治影视与文艺塑造 ………………………………… 219
第四节　新时代中国特色社会主义法治文化指标体系的理论资源 … 229

后　记 …………………………………………………………… 254

第一章

法治文化的基本理论

在构建法治国家、法治政府、法治社会的过程中，必须建构与之相匹配的法治文化。社会主义法治文化，作为一种新兴的政治文明形态，本质上是以人民为主体，以法治为根本，以追求公平正义为核心价值的文化体系。在当代社会价值体系中，法律所展现的合目的性与合工具性的统一，也是法治文化所致力追求的基本目标。新时代法治体系建设与社会主义法治文化具有主要的内在关联。[①]

第一节 法治文化的基本概念

"法治文化"代表了一种与"人治文化"截然对立的政治文明形态。尽管"人治文化"曾长期作为我国的政治文化传统，但它已不再适应时代的发展，迫切需要被突破和超越，代之以"法治文化"。从"人治文化"向"法治文化"的转变，不仅是文化层面的自我革新，也是中华民族经历的又一次伟大的文化转型。

一、文化的本质是"人化"和"化人"

法治文化，这一概念最先源于生活和社会发展的实践，并通过不同方式的阐述，逐渐演变成一个传递时代声音的理念。要深刻领会法治文化的重要性，必须同时理解法治和文化的含义。

"文化"一词，其含义从狭义到广义，有着多种解释。在中国传统观念中，通常将"识文断字"，即接受过教育、具备知识的人被称为"有文化"的人。这代表了文化概念的最狭义理解。而在学术上，文化往往被定义为"人类创造的物质和精神成果的总和"，涵盖了物质文化、制度文化、精神文化等多个层面，几乎成为一个无所不包的广义概念。然而，在我们日常生活中强调的文化，特指

[①] 本章前四节内容按照李德顺先生的相关论述由编者整理而成。

"观念形态的文化",包括思想理论、宣传教育、新闻出版等领域,这是一种介于最狭义和广义之间的"中义文化",实际上指的是"精神文化"。这些解释,都是从概念的外延角度所作的阐述。

文化,从广义上讲,其本质是"人化"与"化人"的过程。"人化"指的是以人的方法改变和塑造世界,赋予所有事物人文特质;而"化人"则是利用这些改造世界的成果来培育、武装和提升人类,促进人的全面发展和自由。实际上,"化人"是"人化"的一个环节、成果,也是其层次和境界的体现,"化人"即是"人的人化"。纵观历史,尽管不同地区和民族的具体情况存在差异,但人类总体上遵循着这样的生存和发展模式:在不断改造外部世界的同时,也在不断地提升和改善自身。因此,"文化"这一概念,实际上是对人类生存发展这一根本方式、基本过程、基本状态及其总体成果的概括性描述。

要深刻理解文化的本质,需关注两个关键点:①文化是一个最能体现"以人为本"的概念。它并非独立于人类之外存在,不应被视为一个无所不包的"容器",而更像是一种"颜色"(正如所有物体都拥有色彩)。文化是每个人活动所特有的"颜色",即人的思想、情感、行为及其成果中所蕴含并展现的特征与意义;②"文化"本质上是一个动词。正如梁漱溟所言,文化归根结底是"人的生活方式"。我们不应仅将其视为一个名词,试图寻找某个具体"实体"来代表文化,而应将之与人的行为方式和过程联系起来,重视人的"生活方式"来解读文化。简而言之,理解文化即是理解人类本身。

文化作为一种"生活样式",始终展现出多种可见的"体",在每种"体"之下,都负载着隐形的"魂"。文化是"体"与"魂"的结合。要深入观察和理解文化,我们不仅要观察其有形之体,更要洞察其无形之魂。体载魂、魂附体,魂体统一构成了充满活力的文化体系。从古至今,世界的各个地区、民族乃至各行各业都孕育出了各自独特的文化体系,每一个文化体系都是其自身的"魂体统一"。

所谓文化之"体",简而言之,即是人类社会生活的体现。构成文化之体的元素,正如生活本身一样,极为复杂多样。通过抽象和概括,我们可以将其简明扼要地描述为:一个由"四个层面"构成,遵循"两大环节"运作,以"一个原点"为主体的系统。

"四个层面"是指构成文化体系的静态结构。按照由表及里,由浅入深,由显到隐的顺序,其包括:

1. 社会风俗、行为习惯、实践风格层面,即通过人们的集体行为所展现的具体形态,涵盖在器物、饮食、服饰、宗教、艺术等日常生活习俗方面所体现的具体形式和特征。这是每个文化体系历史地形成的实际形象。

2. 规则规范体系层面，即在人们的思想感情和行为中被认同和遵循的导向、分寸和界限，如伦理、道德、法律规范，经济、政治、社会方面的政策措施等。其通过规定和引导人们在各种事务上"应如何行事，不应如何行事"，来体现和维护一种文化体系的性质和特征。

3. 社会（共同体）的组织制度和运行机制层面，即人们如何组织起来，如何分担生活的权利与责任，以及如何行使并监督权力的一整套方式和程序。这实际上反映了人们的社会地位、利益关系的结构和秩序，主要体现在经济和政治的基本制度、体制层面。

4. 核心价值或基本理念层面，主要指一个文化体系根本上"为谁服务、为何目的"的定位与导向。它位于一种文化体系中最深层的核心位置，向外表现为制度和规范体系的构建，并通过长期反复的实践，最终体现为一定的风俗习惯。

"两大环节"指的是文化的"生产"与"消费"。这是所有文化体系不可或缺的动态结构。马克思指出，人类每日都在重新生产自己的生活。这不仅涵盖了物质生活资料的生产，还包括精神生活的生产和人类自身的生产。生产出的成果最终供人们消费，而消费在某种意义上也是一种生产。文化的生产和消费循环往复，必然促使上述"四个层面"持续更新。因此，文化绝非停滞不前，而是在不断地发展和更新之中前进。

"一个原点"即主体的自我认同和定位。一个文化体系的主体为何人，作为主体的人应如何认识自己的社会地位、权利、责任和使命，以及自己与其他主体的关系等，这些都是文化体系中最深层、最根本的定位。主体定位犹如坐标系中的原点，它决定了整个坐标系，同样也决定了整个文化体系的社会性质和历史命运。

综上所述，每一个文化体系都是以主体的存在为基础，以主体定位和定向为核心，通过主体的思想和行为在若干基本层面的动态表现所构成的。为了使文化体系更加健康，必须确保上述要素得到充分、和谐地发展，这包括丰富人们的文化生活，提供服务性的文化产品，完善文化体制，以及确保文化的主体精神鲜明，端正文化之魂。

二、从文化的视野展望法治

法治文化的重要性体现在其倡导我们从文化的视角审视法治。对文化的认识，无论是在广度、深度还是细致程度上，都会直接影响我们的法治视野是否宽广，以及我们的法治理解层次是否深刻。

经过前述讨论，文化通常被划分为广义和狭义两个范畴。广义文化是一个包含广泛内容的总体性概念，而狭义文化则专注于特定形式的部门或领域性概念。广义文化具有普遍性，而狭义文化则具有特殊性。从文化的视角和高度审视法律和法治，可以涵盖这两个层面。无论是广义还是狭义的文化审视，它们的共同关注点在于法律与人们生活方式及其历史传统的联系，法律所反映的深层价值观念及其思维模式，以及法律的整体构建和社会条件、过程、效应等方面。然而，这两个层次之间的差异通常体现在它们关注的视野和重点不同，从而引出不同的研究路径。

近年来，我国对法文化的研究逐渐兴起，催生了一系列重要的学术科目和理论概括，包括"法文化""法律文化""法治文化""刑法文化"等，以及各个司法部门的专业文化，如"法官文化""检察文化""律师文化"和"法庭文化"等。这些概念和理论主要由法学界提出，它们不仅体现了我国法学学科正朝着与人文学科紧密融合的开放性研究方向发展，而且映射出我国法治建设必然要提升到文化建设层面的历史趋势。然而，目前这些关于法文化的研究仍停留在对文化概念的狭义理解上。总体来说，这些研究主要局限于法律领域内部，过分专注于法学理论或法律文献的思想、语言及其历史演变，而对社会现实的探讨仅限于具体实践形式，维持着部门分列的研究方法。因此，这些研究尚未能构建起一个全面的、统一的文化理念及其表达方式，难以在法学和司法领域之外产生更广泛的影响，也未能在更广阔的社会层面引起足够的共鸣。当前，我国已经坚定不移地选择了实现依法治国、建设社会主义法治国家这一历史性的重大决策。为了深入理解和贯彻这一历史性决策的深远意义，我们需要采取一个全面的、历史的视角，并以广义文化的角度来审视。

我们所要建构的法治文化，是指在那些已经实现法治国家、法治政府、法治社会中所体现或应当具备的文化特质。换言之，在这样的国家和社会中，法治不仅代表了一种特定的社会文化类型，而且将法治视为一种基本且普遍的"生活样式"，这一视角超越了将其仅视为某个领域、层面或部门的特殊职能。在实际表现上，法治文化构成了一个融合经济、政治和社会的综合文化体系。法治文化必定涵盖了"法学文化""法律文化""刑法文化"以及各个司法部门的专业文化，但不能简化为是这些概念的总和或等同于它们。

简而言之，法治文化并非一个部门性的二级文化概念，而是一个涵盖社会整体性的一级文化概念。法治文化不仅仅局限于法律部门或司法系统内部，而是渗透到社会的各个层面和领域，包括政治、经济、文化、教育等各个方面。它不仅仅是一种制度安排或法律规范，更是一种深入人心的价值观念和行为准则。法治文化的核心在于强调法律的至上性和权威性，倡导公平正义、权利责任对等、法律面前人人平等的原则。通过法治文化的培育和推广，可以有效地规范社会行为，维护社会秩序，促进社会和谐与稳定。因此，法治文化是一个具有广泛影响力和深远意义的一级文化概念，它关乎着社会的整体发展和进步。

三、法治与人治相区别

法治文化是以法治为核心的文化体系，其文化特征均围绕法治的社会结构与功能展开。因此，掌握法治的内涵，特别是法治与人治的差异，是理解法治文化的出发点。法治与人治的区别可以从多个维度进行阐述：

第一，法治是与人治相互对立、相互排斥的。传统观念中，从狭义文化的层面来看，法治与人治常被视为社会治理的两种不同方法或手段，认为它们可以相互结合或交互采用，如同"车之两轮，鸟之两翼"。然而，这种观点仍停留在人治的视角。从更广阔的视角来看，人类社会历史上出现过多种治国理念或模式，如"神治""人治""德治""礼治"和"法治"。尽管它们都曾得到论证和实践，但总体上可归纳为两种主导模式："人治"与"法治"。法治正是针对人治而提出的概念。法治与人治代表了两种截然不同的政治体系和文化本质，它们之间是相互否定、非此即彼的社会形态。非法治即人治，别无他选。

第二，法治与人治的根本区别在于法治本质上是民主的形式化、程序化、规范化体现。人治是专制制度的基础，而法治是民主制度的产物。从人治向法治的转变是社会进步的必然趋势。西方一些国家较早实现了从封建专制向资产阶级民主制度的转变，从而完成了从人治社会向法治社会的过渡。在我国，两千多年的政治文化传统总体上属于人治主义，即人治文化。从鸦片战争到中华人民共和国成立，社会经历了前所未有的变革，开始了从古代人治为主的社会向现代法治社会的转变。我们所要建立的社会主义法治文化，其首要和根本的含义在于它与两千多年的人治主义传统相区别，与实施依法治国、建设社会主义法治国家相一致、相配套。换言之，我们所追求的社会主义法治文化，是一个以法治而非人治为实质和特征的新型文化体系。只有从这个高度理解法治和法治文化，我们才能充分认识到它在理论和实践上的深度、广度和难度，以及实现它的历史紧迫性和重大意义。

第三，法治与人治的区别还体现在法治与法制的关系上。法治的本意是"法的统治"(rule of law),而非"使用法律手段进行统治"(rule by law)。法治意味着法拥有最高的政治权力和权威,任何个人和团体都不得凌驾其上;特别是执政者和治理者的管理行为,必须以法律为依据,才能合法有效。法是"依"法治国的"根据",而非"以"法治国的"工具"。法制是指在任何社会都可建立的制度化法律法规体系。法制既可以在人治体系下建立,也可以在法治体系中建立。作为法治体系的一部分时,法制是法治所要实现的一套制度体系本身,法治则是其全面建设、实施和兑现,这是一种理想状态。然而,历史事实表明,法制并不意味着法在实际中具有至高无上的权威,也不意味着法必然与民主有不可分割的联系。相反,有时它仅是当政者手中的治理工具。在我国历史上,法家政治和某些法制实践的状态便是如此。法治与法制两种关系的区别,其根本在于是以人治还是以法治为前提。

综上所述,人治与法治的根本区别不在于国家和社会是否最终由人治理,也不在于是否建立了法制,而在于是否"依法"治理,最终在于所有法律法规和治国原则体现着谁的利益和意志,即如果最终以统治者个人或少数人的利益、意志为转移,则属于人治;如果最终取决于共同体或全体公民的共同利益和意志,则可能成为法治。社会主义法治文化是与人治文化相对立的一种政治文明形态。中华人民共和国是人民民主专政的国家,这是我国的国体;而政体是政权的组织形式,则应该是法治。法治不应仅被理解为司法系统和司法部门的事务,而是国家政治的实质特征和核心内容。以这样的政治内容为核心,转化为我们社会的公共政治生活实践,成为人们的生活样式,那么我们的社会文化便是一种法治文化。

四、法治与民主不可分

法治本质上是民主的制度化、程序化和规范化体现,民主构成了法治的核心。深刻理解民主的精髓是掌握法治文化的关键所在。

民主,是在社会共同体或群体中,人们基于平等原则结合,共同享有权利与承担义务,并就公共价值选择进行决策和评议的社会生活方式。通常所指的政治民主,包含两大前提和三项规则。民主的两大前提是:①民主的主体性原则,即民主是共同体每个成员的权利与责任的体现。不属于该共同体的个体,不构成该民主的主体;②民主与价值的关联性原则,即民主仅适用于共同体的价值判断与选择,对于非共同体价值的问题,如事实、知识、科学、真理的判断,或纯属个人且与他人无关的事务,则无需民主参与,亦无法实施民主。民主的三项规则是：①多数人决定；②保护少数人；③程序化。这三项规则共同构成了民主的完整框架，代表了民主的完整含义。脱离了这一完整含义，我们在讨论"民主"时，可能会指代不同的概念。

"两大前提"与"三项规则"的结合，构成了现代民主理念的基础和内在逻辑。据此，我们可以明确地界定民主的含义：民主是在共同体或群体内部，人们基于平等原则结合，共同享有权利与责任，并就共同体价值进行决策和评议的活动方式。这一定义有助于回答"民主是什么，不是什么""民主涉及哪些事务，不涉及哪些事务""我们为何需要民主"以及"如何追求民主"等问题。只有全面理解民主的含义，我们才能深刻把握其本质和意义。

民主是法治的核心。从构成民主基本内容的第三规则——程序化规则来看，民主的总体精神内在地包含了法治的要求。对任何追求真正民主的政治体系而言，所有涉及民主的事务，即全体人民主体权利和责任的所有内容，都必须通过相应的制度和体制，以规范化、程序化的形式确立，以确保其普遍性、长期性和稳定性。换言之，民主必须法治化，法治是民主不可或缺的根本形式。用现代中国的表述方式来说：社会主义制度的特征是"民主其内，法治其外"，民主是"国体"，法治是"政体"，民主法治不可分。作为一项重要的历史经验，中国的实践已经证实，民主若不以法治作为其必要形式，便无法真正实现全民"当家作主"。缺乏法治的相应保障，民主最终将沦为一纸空谈，其结果不是演变为无序的动荡，就是退化为专制；反之，如果法治不以民主为其核心和目标，便无法全面保障人们享有平等自由的权利，反而可能沦为专制统治的工具，法治亦将退化为人治。"缺乏民主的法治易导向暴政；缺乏法治的民主则导致暴乱。"因此，我们特别强调民主与法治之间的内在一致性，而非在本质上将它们割裂开来。

历史上，法治与民主的分离由多种因素造成。从法治的视角审视，其中较有影响的，主要是两种简单化地看待法的态度：单纯的形式主义和工具主义。

形式主义的法治观念主张，法治仅能确保"形式正义"或"程序正义"，而无法体现"实质正义"。然而，这种主张忽视了法律形式本身所具有的特定普遍性内容，以及程序中所遵循的普遍性实质。换言之，法律的形式内含内容，法治的程序内含实质。那么，法律特有的普遍性内容和实质是什么？答案是公民的权利与责任。各种法律形式的普遍内容在于规定并落实公民的权利与责任；司法程序的意义在于每一环节体现当事人权利与责任的统一。这些内容和实质作为法律特有的规则规范，不会因案件的经济、政治或其他实务性质而改变，也不会因案件的结束而消失。因此，法治在实质意义上，是落实全体公民权利与责任的规范之治。而认为"法律不能体现实质正义"的观点，无形中将公民的普遍权利与责任视为非实质性的、空洞的东西。这种观点无法深入理解法治与民主的内在联系。

形式主义的法治观念则将法律视为治国理政的手段，完全服从于政治目的。在缺乏民主的语境下，法治往往被视作仅用于约束人民的工具。在专制制度下，法律成为统治者约束人民的工具；而现代自由主义者则强调法治是用来约束政府（公权力）的工具。自由主义同样将民主视为工具，正如哈耶克所言：民主本质上是实现自由和保障社会安定的一种手段，而非最终目的。无论是专制主义还是自由主义，都将民主和法治仅视为工具，区别仅在于工具服务于谁、为谁所用。这种以手段掩盖目的的工具主义思维，无法超越社会分化和对立的现实，始终围绕"被统治者与统治者""多数人与少数人"之间的对立和选择。这种思维模式，实际上是中国过去"以阶级斗争为纲"和国际上意识形态"冷战"时期的产物。

在现代化和全球化时代中，我们如何超越这种分裂思维？中国式经验提供了一个值得深思的视角：理论上实现法治与民主的内在统一。从"以法治国"到"依法治国"的转变，就意味着"法"不仅是"工具"，更是"根据"。这里的"根据"含义广泛，既包含目的，也包含基础和标准。按照"法是一切行为的正当根据"来理解法治，其意义不仅在于回答"由谁来治理，怎样治理"国家的问题，更在于坚持"无论谁来治理，怎样治理，都必须以宪法和法律为根据"的基本原则。这体现了以民主为实质和灵魂的逻辑：承认人民的主体地位，将依法治国视为全体人民自主管理国家的有效组织形式和行为方式，将法治视为现代化中国所需的政治文明。这样的法治，作为全体人民期待的理性、有序、公平、安全的基本生活方式，同时具有目的性的地位。因此，法治是保持手段与目的统一、国家社会主体统一的必要原则。反之，如果脱离民主强调法治，很容易将法治完全工具化，从而无法从根本上防止社会的分裂和对抗。

中国特色社会主义的法治文化体系，是指以依法治国为原则、以建设社会主义法治国家为目标的法治理念，在社会生活各个领域、各个层面得到充分贯彻和体现的体系。其中，与社会主义市场经济相协调的民主政治，构成了这一法治文化体系的核心。围绕这一核心，一系列条件、措施和成效得以展开，如市场经济基础的稳固、秩序的完善，法治化的制度和体制设计的到位，社会治理方式和程序的改善，司法体系的完善和高效，公民普遍法律意识和素质的养成，公民权利义务的充分实现，公平正义的伸张，社会秩序的合理稳定，道德风气的不断提升，以及社会和谐发展的良性循环。这些方面，即法治的物质文化、政治文化、精神文化的全面生成，构成了这一法治文化体系的具体要求和现实标志。

思考题：

1. 为什么说法治文化不是一个部门性的二级文化概念，而是一个社会整体性的一级文化概念？
2. 法治与人治根本区别及其意义是什么？
3. 为什么要将"以法治国"改为"依法治国"？

参考文献与推荐阅读：

1. 费孝通：《乡土中国》，生活·读书·新知三联书店1985年版。
2. 梁漱溟：《中国文化要义》，学林出版社1987年版。
3. 张岱年：《文化与哲学》，教育科学出版社1988年版。
4. ［德］黑格尔：《小逻辑》，贺麟译，商务印书馆1980年版。
5. 李德顺：《什么是文化》，载《光明日报》2012年3月26日，第5版。

第二节 法治文化的主体

在我们持续推进法治建设的道路上，不可避免地会遭遇一系列关键问题，这些问题亟需我们进行深入思考并作出回应。然而，在这些问题中，有一个问题尤其需要我们关注，并且应当最先明确解答，那就是中国当代法治主体意识的定位问题：究竟谁是社会主义法治的主体？换言之，谁是这一法治体系的权利和责任主体？法治通常意味着法律统治的实现，而其基础在于法律本身必须反映全体公民的利益和意愿。因此，中国特色社会主义法治应当以全体中国人民为主体，基于中国的实际情况构建起来的法治体系。

一、法治文化的人民主体性

针对当代中国的现状，我们必须深刻理解社会主义法治的核心是以人民为主体。我们需要先纠正两个根深蒂固的误解：

第一，将法治视为"外来"的异己之物。这种偏见并非基于中国社会自身的发展趋势和条件来阐释为何需要法治以及需要何种法治，而是简单地将法治视为西方的"新奇事物"。因此，人们对此持有截然不同的立场和态度：一些人认为法治化就是追随西方，机械地模仿或照搬西方现成的模式；另一些人则认为，只有古代的德治才是中国传统的正统模式，而法治不过是道德沦丧的产物，因此在可能的情况下应尽量避免法治。显然，如果脱离了当代中国人的生存发展状态和社会进步需求，就无法真正理解和尊重当代中国人自主探索现代法治的意义。

第二，认为法治的主体仅仅是"治国者"，即执政党和政府，而将人民群众视为仅仅是被治理的对象。因此，在法治问题上，只强调政府与人民之间的对立，而忽视了他们之间的合作。显然，"猫鼠关系"的思维模式适用于专制国家，而不适用于建设民主制度的国家。对任何真正追求"人民当家作主"的国家来说，在理论和实践上，都不应将政府与人民视为两个对立的主体。相反，应将政府视为人民的一部分，置于人民队伍之中，并依法规范其作为执行人民意志的机构的权利与责任，从而在实践中形成良性的互动。政府与人民之间是否能够实现切实的建设性积极合作，将决定社会主义新型民主法治是否能够成功。

法治文化作为一种基础文化形态，既蕴含着人类历史的共通必然性和普遍性，也展现出各国和各民族主体的具体现实性和特殊性。换言之，全球法治文化"共享核心与实质，却无统一的具体模式"。一些西方国家基于市场经济，从其民主人权理念出发，构建了一套资本主义法治体系，孕育了西方特色的资本主义法治文化体系。而我国则在社会主义市场经济的基础上，依据自身的民主和人权理念，致力于构建具有中国特色的社会主义法治体系，塑造独特的法治文化。两者既存在共性，也存在差异性。

共性的根源在于上层建筑必须适应经济基础，社会意识必须反映社会存在，文化必须以人为本，并在生活实践中不断形成和积累。民主与法治密不可分，相应的民主形态决定了相应的法治形态。在这些共通的必然性面前，中外法治文化的形成遵循着相似的逻辑，因此具有诸多深刻的共通点和可比性。在共通点上，西方早期实践的成功与失败经验，对我们具有宝贵的参考价值；在可比性上，社会主义法治应设定更高的标准，比资本主义法治更自觉、更科学、更合理、更充分和更先进。

差异性的根源在于文化是主体性的生活方式和价值体系，多元主体之间的差异和个性必然导致文化的多样性和特殊性。由于自然和社会环境、历史传统、实践条件和过程等方面的差异，中外法治文化之间存在许多不同点。这些不同点意味着，我国法治文化的形成必须基于自身国情实际，独立自主、实事求是地发展创新，而不是简单地照搬或机械模仿他国。因此，坚定不移地走符合自身国情的法治化建设道路，是我们正确的选择。

二、"人民"的具体历史形态

对"法治中国"建设来说,"坚持人民主体地位"是不可动摇的首要标志。在一定意义上,法治的实质就是要全面地兑现并保障人民当家作主。因此在理论上首先要弄清楚:谁是"人民"?怎样是"当家作主"?

在人民话语日益显著的今天,人民概念的涵义却并不是十分清晰明确的。在日常生活和政治表达中,人民话语使用广泛。人民政府、人民法院、人民警察、人民医院、人民教师、人民公园、人民饭店、人民文学、人民军队、人民报刊,等等,都离不开人民,然而"人民"涵义却趋向模糊。人民本身具有多重含义,在不同的语境中可以表达不同的意义,那么有没有一般性、普遍性;人民与公民两者有何区别;人民是否仅为政治概念,而公民仅为法律概念;"人民社会"和"公民社会"是否对立,这些都要求我们必须走出目前话语混乱的局面。

近百年来的实践证明,人民民主并不会自发地、无障碍地实现。无数经验教训表明,人民民主若不进一步具体地、全面地落实为"法治",所谓人民民主就会始终处于"被虚无化"的状态,不能成为现实;而法治若不以充分落实和保障人民当家作主的权益为实质,则会沦为权势博弈甚至暴力专制的工具;这两种情况都必然与社会主义的本质相悖。因此法治与民主不可分离。对这一历史启示的领悟,正在形成一个共识。党的十八届四中全会《中共中央关于全面推进依法治国若干重大问题的决定》把"必须坚持人民主体地位"确立为不可动摇的原则,应该说是一个里程碑式的标志。

如果以严肃的态度考察"人民"范畴的来历和本义,我们会发现,在中国和欧洲的古代,按照人所处社会地位的不同,曾被分别称作"人"与"民",或"市民与非市民""公民与非公民"等。那时连"人民"这个整体概念也未形成。偶尔出现的"人民"之称,也主要是指代社会的底层和弱势群体。也就是说,"人民"曾经是指被神和权势所疏远、怜悯、驾驭的微不足道的芸芸众生而已。

但是,欧洲17世纪以来的启蒙运动,从两个方面完成了伟大的转变:一是将"人"和"民"统一为一个整体范畴,力图克服对人的一切歧视和冷漠,开始全面地向"以人为本"回归;二是将人民确立为世俗社会至高无上的唯一主体,从而形成了人类价值体系的最高或终极主体的理念:"人民至上"。这就使现代意义上的"人民"范畴得以形成。从此以后,"人民"概念所表达的,不是现实人们之间各种身份(人种、等级、分工、品德等)的差别,而是作为社会生活和历史发展主体的整体形象,是现实的"人"和"人类"的代称。这个称呼意味着，人类对自己的认识正在回归社会历史的真实面貌，并且达到了一种新的觉悟："任何一种解放都是把人的世界和人的关系还给人自己。"① 不是神或者其他的，而是持续存在着的人民整体，才是全部人类文明、一切价值的最神圣、最崇高、最权威的主体。有了这样的觉悟，尽管"人民"也曾遭受各种各样的误解、轻视和屈辱，但迄今为止，世界上还没有哪个国家的宪法或法律，敢于哪怕仅仅是在字面上抹掉"人民"。

那么对人民来说，怎样才是"当家作主"？这是人民主体就位的标志问题。一般说来，任何主体都必须是一定权利与责任统一的担当者，权责统一意味着主体的自我担当和自我约束。而任何权利与责任的分离，同时也就意味着主体的消解。一切没有权利的责任和不负责任的权利，在实践中都不可能得到真正的保证。既然"人民"是代表尘世间最高主体的名称，那么在国家政治层面就意味着，人民或全体公民，只有成为国家公共权利与责任的统一担当者，才能算是人民主体真正就位。近四十年来，中国的法治理念经历了从"权力本位"走向"权利本位"的转变，这是一个突破，且意味着朝确立人民主体地位的方向前进了一大步。但在现实中，我们仍然难以避免出现"权"与"责"相互脱节甚至分离的情况。这与理论上将"权力"与"权利"过度分离有关。

在传统观念中，"权力"（power）往往是"公权力"的同义语，并多半与国家政府所享有的支配和强制力量联系在一起；而"权利"（right）则更多与公民个体的普遍"利益"（interest）相关，似乎特指公民追求和维护自己利益的力量（因此有人主张在汉语中直称其为"利权"）。这一观念大体符合西方一些国家民主法治的历史经验。但它被普遍化凝固化以后，却也产生了种种与民主背道而驰的后果。例如，看待"公权力"时，人们只强调其"权力"性质，却忽视了它隐含的利益和相应的责任（义务）；考虑权力制衡时，也只是就权力说权力，注重权力体系内部的分配、平衡和博弈，却忽视了一点：与权力相对应的义务和责任，是制衡权力更有力的因素。与此相应，在涉及公民的"权利"时，往往只注重其中的利益（interest），却忽视了其中的权力（power）。似乎公民在合法地"让渡"自己的权力之后，就不再享有权力。这就势必忽视了公民在公共事务中行使自己权力的作用（如"用脚投票"），不能理解诸如因公民抛弃（不合作）而导致前苏联解体那样的历史教训；当然也就淡忘了公民在享有权利同时，也必须担当相应的责任等等。可见，权力（power）与权利（right）之间的过度

---

① 《马克思恩格斯全集》（第一卷），人民出版社1956年版，第446页。

分化，难免会导致事实上的偏见和误区。

而在中国语言文化的情境中，"权利"一词兼有"权"和"利"双重含义即"权利（right）=权力（power）+利益（interest）"。按照这样的表达来界定这里的概念关系，显然很有利于我们来阐述两点新的认识：

1. 任何主体都有自己的权利，任何权利都是一个利益与权力的整体。在公民和政府之间，尽管具体权利的内容和范围、结构和比重有所不同，也不应无视之。

2. 在政府与全体公民之间，也存在权利公平的问题，并且只有在它们彼此一致或相互包容的情况下，民主才是真实可行的，公平也才是可以期待的。

在"权责相悖"成为当代民主法治建设主要障碍的情况下，这一理解方式应该有积极的启示。它可以告诉我们的是：宪法法律体系的完善和法治目标的实现，都有赖于对主体权利与责任的全面化、精准化界定。无论对政府来说，还是对公民来说，清楚地了解并自觉地担当起一切合法的权利与责任，不仅是人民主体到位的鲜明标志，也是法治所要营造的理想境界。

法治文化是一种政治文明形态社会主义的根本性质决定了必须要以实现法治为自己的政治文明形态。我国提出依法治国，就是要遵照全体公民的共同利益和意志，遵照全体人民共同认定的规则和程序来管理国家。这是人民当家作主即社会主义民主政治的内在要求和本质体现，法律至上就是人民至上在实践中的体现。法治是社会主义的必然要求，法治应该看作是社会主义政治的本质属性和必要特征。

三、"人民主体"不应被分解和虚化

从法治主体的高度理解人民，明确"人民"这一概念的内涵及其主体地位和意义，对中国特色社会主义政治体系而言，是一个不可否认的基本原则。然而，在实践中，我们常常遇到一些困惑：究竟"人民"在哪里？他们如何担当起自己的权利与责任？他们如何发挥自己创造历史的力量？

在具体问题上，"人民"的主体地位变得模糊或概念被分解，难以到位。有人认为，"人民主体"不过是"人民主权"口号的重复，而在提出"人民主权"口号的西方，现在已不再流行讨论"人民"。因此，他们建议放弃这个抽象概念，转而使用"公民、国民""阶级、阶层""精英、大众"等更具体的概念。还有人无端地提出理由，认为"人民"只是马克思主义阶级斗争学说中的一个特定政治工具性话语，过去那些"左"的严重错误才是它的真实含义……因此，

无论在理论还是实践层面，如何理解和对待"人民"及"人民主体"的问题，都不容忽视和回避，必须深入阐述其道理。

第一，"人民"绝非一个仅用于与"敌人"相对立的抽象工具性概念。一些人似乎受到了诸如熊彼特的精英主义民主理论等偏见的影响，将政治实践中出现的偏差和民主所遭遇的挫折视为对"人民"概念的唯一解读。这种做法是用主观印象和偏见取代了理性分析。我们不应忽视从哲学、历史和文化的角度去阐释和恢复其真实含义，更不能因为某些偏离常规的特殊情况而否定其普遍价值。排斥和诋毁"人民"的种种理由和话语偏见，虽然看似有其原因，并带有强烈的意识形态"冷战"色彩，但其论证方法是不严密的，逻辑上是不周延的，实践上也是不公正的。

如"人民，人民，多少罪恶假汝之名以行！"这种论调，实际上是在说"人民"这一概念过去被曲解和滥用，因此不再适用。然而，如果审视一下"××，××，多少罪恶假汝之名以行"这一句式的起源，我们可以发现它源自法国大革命时期的"自由，自由，多少罪恶假汝之名以行！"这指的是"自由"被滥用所导致的不幸。但这种句式被某些人误认为是一种可以随意套用的模板。将"自由"替换为"真理""正义""爱"等词汇，用以贬损任何崇高神圣的概念，历史上不乏其人。然而，人类何曾因此放弃对自由、真理、正义、爱情的追求？对于"人民"这一概念，同样不能因为过去的错误而否定当前的追求，不能用偏见取代理论。实际上，迄今为止，世界上没有任何一个国家的宪法或政府首脑，哪怕只是在名义上，敢于抹去"人民"。相反，它们都始终将"人民"视为尘世间最高主权的象征。

第二，将"公民"与"人民"视为对立面，认为二者互不相容，总是用一个来否定另一个，这同样是源于对概念理解的偏差或误解。如前所述，"人民"这一概念能够涵盖"公民"以及其他各种人群；而"公民"则是一个政治和法律上的术语，严格意义上来讲它通常仅与国籍相关联。例如，拥有某国国籍的普通个体均被视为该国的公民，而没有该国国籍的人则不被认定为该国公民。然而，无论他们身处何地，都依旧属于"人民"的范畴。显然，"公民"与"人民"既不能相互排斥，也不能相互取代。例如，在我国的某个单位内部，尽管领导和普通员工都是公民，但当领导提出"为人民服务"时，其意指的是服务于群众，而非仅服务于自己；再如，企业和社会团体作为独立的"法人"，它们并非具体的公民个体，但它们无疑属于"人民"的范畴等。综上所述，"人民"作为一个哲学和文化概念，在现实生活中具有明确的基本含义和普遍价值，它绝非一个空洞无物、可以随意否定的概念。过分沉溺于"人民"与"公民"概念的对立，可能会导致这两个术语偏离了它们原有的含义。它们被赋予了各种人为的"意义"——这些意义通常是被用来加深"公民"与"人民"之间的隔阂——并被用作意识形态冷战的工具。一方面，有人利用阶级差异、财富差异、宗教文化背景、政治立场等社会标识，试图将"人民"这一现实概念解构至虚无；另一方面，也有人过度强调"公民社会"的潜在威胁，将其变成一个敏感词汇，并提出以"人民社会"对抗"公民社会"的荒谬论调。实际上，不论从哪个角度夸大"公民"与"人民"的对立，其目的和结果都会使这些概念缺乏建设性，无法为人类文明和社会进步带来积极的影响，这是任何诚实和负责任的理论研究都不应忽视的问题。

第三，通过"阶级"和"阶层"等概念来分化和隔离人民主体，利用陈旧的阶级斗争观念来否定民主法治，这同样是对"人民"和"人民主体"概念的解构与虚化。实际上，马克思主义所指的"人民"，始终涵盖了众多现实存在的阶级和阶层。毛泽东在提出正确处理人民内部矛盾时，已经明确指出，应当用"人民"这一概念来包含新中国的各个阶级。他指出，我国人民内部关系由四个阶级构成：工人阶级、农民阶级、小资产阶级和民族资产阶级。尽管这些阶级之间存在矛盾和斗争，但它们都属于人民内部矛盾，应当以处理人民内部矛盾的方式来解决，而不是采取过去那种"你死我活"的阶级斗争方式。根据这样的定义和思路，坚持用解决人民内部矛盾的方法来处理上述各阶级、社会上各群体之间的利益关系和矛盾问题，逻辑上自然的结论就是实行社会主义的民主和法治，使民主法治成为"人民民主专政"的真实体现，这是唯一的选择。

第四，将"党的领导"与"人民当家作主"视为对立面，实际上是在错误地将党视为人民之外的特殊实体，这种观点不仅错误，而且极具危险性。事实上，中国共产党的本质和宗旨已经明确指出，党是由人民中最忠诚、最有觉悟的成员组成的先锋队，是广大中国人民的先驱。换言之，党并非置身于人民之外的主宰者，也不是超脱于尘世的神灵。正如邓小平所言："什么是领导？领导即是服务。"党的领导归根结底是为了实现人民当家作主而服务。因此，党是全体国民、所有公民自我组织社会、管理生活的积极探求者、自觉引导者和坚定实践者。党对社会主义法治建设的领导，不仅体现在党自觉地引导人民制定宪法和法律，积极地推进全面依法治国的全局战略中，还体现在对每一个党员和干部的严格要求上，他们必须坚决以实际行动遵守法治、维护法治，并起到模范带头作用。这正是中国共产党在新时代忠于人民、服务人民的先进性所在。如果割裂了党与人民的紧密联系，不仅是对人民主体的破坏，也是对中国共产党的本质和宗旨的曲解或背离。中国共产党领导建立的社会主义制度，其核心标志在于实现"人民当家作主"。这也表明，一个人民民主专政的国家，本质上是以人民民主作为国体，以社会主义法治作为政体的架构。民主其内，法治其外，二者必须实现内在的统一。

第五，在具体操作过程中，我们绝不能采用部门化的操作来解构并取代"人民主体"。根据《中华人民共和国宪法》（以下简称《宪法》）规定，中华人民共和国的一切权力归属于人民。人民通过全国人民代表大会和地方各级人民代表大会行使国家权力。国家行政机关、监察机关、审判机关、检察机关都由人民代表大会产生，并对其负责，接受其监督。这些部门之间的职能分工与合作、相互制衡，本质上都应致力于共同维护体现全体人民共同利益和意志的宪法与法律，都应以法治的实现为宗旨和原则。它们必须以法治的整体性、统一性和权威性为标准，才能确保其合法性。反之，若将人民自身分工负责的"部门"从整体中剥离，以"部门化"的方式将法治拆解为各个部门自行决定的权利与责任，从而削弱法律以全体公民的利益和意志为依据的统一性和权威性，那么这些部门将沦为个人治理的工具，丧失其合法性。此外，若缺乏对全体人民这一最高主体的尊重与理解，必将导致以权代法、司法腐败的发生。在这种情形下，"人民主体"也将被消解，变得毫无意义。

综上所述，社会主义的法治理念和法律体系强调我们必须预防并克服各种导致法治主体空洞化的"釜底抽薪"行为，确保法治主体真正地发挥作用。这意味着我们必须从源头上杜绝那些削弱法治主体地位和作用的行为，从而避免法治主体被架空的情况出现。只有通过全面而深入的法治建设，才能确保法治主体在实际工作中真正发挥其应有的作用，维护社会的公平正义和秩序稳定。这不仅需要法律制度的完善，还需要全社会的共同努力，以确保法治主体在实践中能够有效地履行其职责，推动社会主义法治国家的建设不断向前发展。

思考题：

1. 为什么社会主义法治在本质上是以人民为主体的？
2. 如何理解"权力"和"权利"以及它们的相互关系？

参考文献与推荐阅读：

1. 李德顺：《法治文化论——创造理性文明的生活方式》，黑龙江教育出版社 2019 年版。

2. 梁治平编：《法律的文化解释》，生活·读书·新知三联书店 1994 年版。

3. ［德］弗里德里希·奥古斯特·哈耶克：《通往奴役之路》，王明毅、冯兴元等译，中国社会科学出版社 1997 年版。

4. 张文显：《法治的文化内涵——法治中国的文化建构》，载《吉林大学社会科学学报》2015 年第 4 期。

第三节　法治文化的基本构成

文化体系在人类社会行为的多个基本层面上得以体现和展现，主要包括以下几个方面：①基本理念层面，涵盖了思想基础和核心理念；②社会化的组织层面，涵盖制度、体制以及管理机制；③行为规则和规范的具体化与系统化层面；④传统和风俗的实践方式、行为习惯的积淀层面。文化构成了这些元素的整体，体现了它们的统一性样式和风格。一个国家、民族或群体的文化特征，正是通过人们在这些层面上的表现而形成的。同样，文化体系的性质和特征也是由其在这些层面上的表现所决定。法治文化亦是如此。我们有必要且应当从这些基本层面审视法治文化，以便更深入地理解其内涵和建设目标。

一、法治文化的基本理念

在探讨法治文化的核心理念时，我们面临两个主要问题：思想基础和核心理念。

法治文化的思想基础主要涉及对"法与人"关系的深入探讨：法的本质是什么？法的起源何在？法的权威归属于谁？法是旨在服务人民还是压制人民？在法治社会中，人与人、国家与公民之间应维持何种关系？我们为何要制定、执行和遵守法律？只有在这些问题上达成明确且深刻的共识，我们才能培养出自觉的法治意识，并为弘扬法治精神奠定坚实的思想基础。法治不仅仅是形式上的、一系列的法律规定和条文，它更是一种精神，一种民主和科学的理性精神，一种文明的精神。从本质上讲，法是一种价值体系：它反映并代表了人们所追求的利益、权力、社会规范和理想；法以刚性的规范形式对人们的行为进行评价和约束，以维护社会的基本价值关系和准则；法的意识是人们对自身生存和发展条件、秩序和规则的理解,是一种社会化的理性。法在一定程度上代表和体现了人的发展水平、自我意识和理性成熟度。因此,具备法的意识、法的觉悟、法的能力,成为人的发展和人类文明进步的一个特殊目标和标志。既然如此,社会主义的根本原则——人民民主,自然成为构建和阐述我国法治精神、法治理念的思想基础。只有在理论上深入阐释,在实践中充分展现法律的主体是全体人民,以及法律是全体人民共同利益和意志的体现、是人民自我治理国家和社会的"公器",我们才能使人民理解并信任提出的"法律至上""法律面前人人平等""依法治国"等原则的价值。进一步地,人民将相信在社会主义法治下,实现这些原则具有充分的必要性和坚实的基础,从而使弘扬法治精神成为人民共同的愿望和共识。

　　法治文化的核心理念是公平正义。普遍观点认为,"正义"构成了法治的核心价值理念。然而,"正义"是一个高度抽象的价值范畴,当具体到"谁的正义、何种正义"时,在不同的理论体系、文化传统和社会背景下,其解释各异。目前全球各国的价值追求和政治实践实际上孕育了两种分别以自由和公平为核心的正义历史形态。这两种正义形态的差异,不仅体现在理论和逻辑上,更在实践和历史中得到体现。

　　以自由为核心的正义观,即"自由型正义观"。回顾自文艺复兴时期提出"自由、平等、博爱"口号以来的历史,可以客观地认为,资产阶级革命带来的进步成果,主要是尽可能地实现了以个人为中心的自由。资本主义价值体系,以"自由"为核心,强调并实施了"自由即正义"的原则,充分体现了"自由型正义观"。因此,资本主义常被视为"自由主义"的同义词。在实践中,这种核心价值追求极大地激发了社会发展的活力,但过度的自由竞争不可避免地导致了弱肉强食、两极分化、贫富悬殊和社会对立等不公平现象发生,成为资本主义的固有缺陷。这一致命的历史局限不仅被批评资本主义弊端的人所揭露,也被一些诚实而敏锐的西方思想家所认识到。如美国著名政治学家罗尔斯在其代表作《正义论》和《作为公平的正义》中,试图在自由主义的理论框架内探讨如何解决资本主义所缺乏的公平问题。尽管罗尔斯的改良主义研究被极端自由主义者批评为向马克思主义和社会主义妥协,但现实已将公平问题提升为后资本主义时代的主要议题,这一历史趋势是不可回避的。

　　以公平为核心的正义观,即"公平型正义观"。自空想社会主义时代起,公平一直是社会主义体系的核心理念。科学社会主义学说继承了这一崇高理想,并将其建立在科学的基础之上。科学社会主义的创始人马克思揭示了资本主义剥削和压迫(即不平等)的秘密,指出了实现人类解放的根本途径和现实任务:在尊重和保障自由的基础上，进一步实现以平等、公平为特征的社会正义。在这里，"公平"成为正义的主要内涵和衡量标准。可以说，追求和实现社会的公平正义，正是社会主义作为超越资本主义的历史阶段所特有的主导价值特征。从人类进步的宏观视角来看，它是一种现实的价值共识。当前，如何通过深化改革和民主法治建设，使社会主义的本质和宗旨在经济、政治、文化和社会各领域体现出新型的公平正义，并确保其得到制度和体制实践的保障，正逐渐成为我国维护社会稳定和彰显社会主义性质的关键标志之一。将"公平正义"作为核心理念，意味着在法治建设的各个方面，无论是立法、执法、司法还是法律监督，都必须坚持以公平正义为最高准则。这不仅要求法律本身要体现公平正义，还要求法律的实施过程和结果都要符合公平正义的标准。只有这样，才能真正实现法律的权威和法治的公信力，才能赢得人民群众的广泛认同和支持。此外，将"公平正义"作为核心理念，也体现了我们对社会主义本质的深刻理解。社会主义追求的是人民的共同富裕和社会的全面发展，而这一切的基础就是公平正义。只有在公平正义的基础上，才能实现资源的合理分配和社会的和谐稳定，才能确保人民群众的基本权益得到保障，才能推动社会的持续进步和发展。

以公平正义为核心的价值理念，不仅体现了中国特色社会主义和中华民族伟大复兴的核心价值，也是未来世界性价值取向的体现。作为一个价值共识概念，公平正义本身就蕴含着对人与人、国与国之间差异的尊重，平等地包容多元主体的正当权益，以寻求共赢的效果。将"公平正义"作为核心理念，还体现了我们对全球法治发展趋势的积极回应。在全球化的背景下，各国法治建设越来越注重公平正义的价值取向。我们明确提出"公平正义"作为核心理念，不仅有助于提升我国法治建设的国际形象，也有助于推动国际法治合作，共同构建一个更加公正合理的国际法治秩序。

因此，明确地将"公平正义"或"公平型正义观"，作为我国社会主义法治文化的核心理念，这一点不仅符合社会主义的本质要求，而且与我国历来重"公"贵"平"的民族文化传统高度契合。同时，这种理念也是面向未来的世界性法治价值取向，体现了我们对全球法治发展趋势的深刻理解和积极回应。

二、法治文化的社会组织和行为规范

在社会化的组织（包括制度、体制、管理机制）层面，我们正面临体制改革和建设的双重挑战。在这个层面上，构建法治文化是一项与经济体制改革紧密相连、涵盖政治和文化体制改革的社会整体性改革进程。我们不仅需要大力构建和完善司法体系，还必须使国家的政体和整个上层建筑适应从计划经济体制向市场经济体制的转变；从权力高度集中的管理方式转变为"主权在民"的民主管理方式；从单一行政渠道的执政模式转变为适应包括经济、法律等多种渠道的执政模式。我国不断深化的体制改革证明，改革的正确目标和方向与邓小平所强调的"保障人民民主"密不可分。邓小平指出：通过改革，要处理好法治和人治的关系，其核心在于"必须使民主制度化、法律化，确保这种制度和法律不因领导人的更迭而改变，不因领导人的看法和注意力的转移而改变。"通过"使民主制度化、法治化"彻底消除人治的弊端，全面实现适应法治、执行法治、服务法治、保障法治的系统化建设，是构建法治文化的硬件基础和坚实保障。

在行为的规则规范层面，我们同样面临改革和建设的双重任务。法律触及社会经济、政治、文化以及日常生活的各个领域。每一项法律都是一套规则和规范，而所有法律共同构成了国家和社会统一的、具有强制力的规则和规范的有机系统。法律不仅代表了国家社会的基本价值规范，而且承担着依靠公民维护社会秩序、保障安全和稳定的功能。尊重和执行法律，是承认和维护现行国家制度、维护现行社会秩序的最基本政治表现。

在法律之外，社会上还存在其他形式的规范和规则，如伦理道德、国家政策，以及某些特定区域、行业、团体、技术领域乃至民族和民间的风俗习惯。这些规范在特定的时间和空间范围内，往往具有类似法律或接近法律的效力。尽管如此，政策相较于法律而言，通常缺乏普遍性和持久性；而道德作为人们内心的信念和行为准则，其适用范围实际上比法律更为广泛，其影响力也往往更为深远和细致。然而，由于道德标准本身通常是多元化的、非刚性的，因此它终究不具备法律所具有的公共性和强制约束力。

法治文化的规则规范体系意味着，所有这些规则规范都必须在法律的框架内或基础上确立，不能与法律特别是宪法相抵触；各种规则规范都应与法律保持整体的统一，彼此之间保持和谐互补、积极互动的良性关系。由这些规则规范构成的有机整体，就像一幅"文化地图"，具体展现了法治社会的"文化骨架"和逻辑结构。

三、法治文化的日常实践和行为习惯

在日常实践和行为习惯的层面上，我们指的是将精神理念、组织结构、规则规范等转化为社会和个人普遍自觉行为的过程及其成果。法治文化的构建，最终必须依赖于法治精神在生活实践的各个领域和各个时刻的贯彻和体现。因此，这

个层面所涉及的时间和空间范围最为广泛，实际上涵盖了我们整个社会生活的持续过程。从宏观理念和长远规划到具体的操作和行为细节，都存在一个是否以及如何贯彻法治精神的问题。只有当法治精神真正融入现实生活时，法治文化才能成为现实。

法治文化是现代社会和谐的文化基础。现代社会的和谐与古代社会的和谐有着本质的区别。古代社会的和谐建立在维护"君君、臣臣、父父、子子""长幼有序，尊卑有别"的等级制度之上，因此它更多地依赖于和表现为人们的道德文化面貌。而现代社会的和谐，则必须建立在民主和法治的基础之上，才能实现深层次的、持续的、稳定的和谐。实际情况往往是这样：在法治健全的社会里，尽管法律复杂、详尽甚至繁琐，但当人们遵循规则行事时，"人"似乎变得简单、朴实、直率，社会的道德风气也并不差；而在法治不健全、法律法规简单划一、人们不重视法律规则和程序的社会环境中，一切依赖个人良心和智慧、甚至依赖个人"关系"办事，"人"显得复杂、曲折、机心过重，相互攀比和防范增多，社会的道德风气也难以把握。这说明，只要规则和程序体系本身合理和谐，并且人们能够对规则产生信任、对程序感到放心，社会就更容易保持和谐。

文化深深地植根于我们的日常生活之中，它的真正价值在于不断地积累和沉淀。随着时间的推移，一种特定的生活方式经过长时间的积累和传承，最终会逐渐沉淀成为人们世代相传的传统和风俗习惯。只有在这个过程中，它才能真正地转化为具有深远意义的"文化"，而不仅仅是停留在书面文字或口头表达的"文章"层面。

鉴于现实社会情况的极端复杂性以及非法治传统因素的根深蒂固，我们国家在建设社会主义法治文化的过程中，绝不能仅仅依靠一纸宣言或几道简单的命令来实现。相反，这是一个长期的、充满挑战的社会改造工程，需要我们付出巨大的努力和坚持不懈的决心。我们必须采取持之以恒的行动和切实有效的措施，不断地解决在实践中遇到的各种问题和挑战。通过反复的调整、磨合和改进，才能逐步实现社会主义法治文化的真正建设和完善。

法治文化根植于广义的文化理论之中。在这一理论框架下，法治文化不仅代表了全社会和全体人民的积极参与，而且将法治提升为国家治理和社会治理的核心策略。它倡导尊法、知法、守法、用法，以此追求和确保公平正义，使之成为全体人民的共同思维模式和生活实践。推进"法治中国"的建设，势必要求在实现法治国家、法治政府、法治社会的过程中，同步培养相应的法治文化。如果说，"法治中国"构建的是中国特色社会主义的政治制度基础；那么，"法治文化"作为中国特色社会主义的文化特征,正是这一制度基础之上必然盛开的文化之花和最终结出的文明硕果。

思考题:
1. 法治文化可以分为几个层面的建构?
2. 在日常实践中的法治文化有哪些表现?

参考文献与推荐阅读:
1. 张中秋:《中西法律文化比较研究》,法律出版社 2009 年版。
2. [美]德沃金:《法律帝国》,李常青译,中国大百科全书出版社 1996 版。
3. [美]约翰·罗尔斯《正义论》,何怀宏、何包钢、廖申白译,中国社会科学出版社 2009 版。
4. 李德顺:《法治文化论纲》,载《中国政法大学学报》2007 年第 1 期。

第四节 法律的当代价值

如果法律唯有在涉及价值的立场框架中才能被真正理解,那么,在我们的日常生活中,法律究竟应当具备哪些价值?这个问题不仅关系到我们如何理解"法与法律"的本质和特性;也关系到我们如何界定"价值"的含义和标准;更关系到我们如何看待法治文化中的价值构成。因此,本节旨在从价值哲学的角度出发,探讨如何理解"法律的价值"。

一、"价值"的理解和使用

在探讨法律价值的问题时,我们所指的"价值"通常与不同的哲学背景和语境紧密相关。从价值哲学来看,关于价值本质的讨论历来存在多种观点,概括起来,主要分为以下几种类型:①主观主义价值论,亦称"主观说",主张价值仅存在于人的兴趣、情感、目的、评价等意识现象之中;②客体主义价值论,亦称"实体—属性说",认为价值是事物本身固有的存在或属性,与主体的实践和认识无关;③主客体关系论,亦称"关系说",认为价值既非纯粹的精神现象,也非主体或客体的任何实体或属性,而是主客体相互作用的一种情境或状态。马克思的实践唯物主义实际上是一种更为现实、更为彻底的关系说。在这一理论框架下,实践被视为人的对象性感性活动,是人类特有的、本质的存在方式;实践作为现实的主客体关系运动，构成了价值关系的基础，是一切价值现象的根本；因此，价值实质上是通过实践形成的世界（包括人自身）对人的意义等。基于此，我们可以称之为"关系—实践说"。

国内学者在探讨法律价值问题时，众多研究者试图采用新兴的"关系—实践说"来阐释，并努力构建具有中国特色的法学理论与话语体系，取得了显著的成就。然而，可能由于哲学领域对关系说的研究和应用尚处于发展阶段，或者受到其他传统哲学流派的影响，人们在理解和运用价值概念时，往往在"主观说""实体—属性说""关系说"等理论之间摇摆不定。例如，在某些法理学教材中，法律的价值被定义为在人（主体）与法律（客体）的关系中所体现的法律的积极意义或有用性。这种定义总体上是基于主客体关系来界定价值，但"有用性"这一表述实际上更接近属性说，而非关系说的术语；而将价值直接等同于"积极意义"，则是将"价值"简化为"正价值"。这种表述虽然并不算错，却容易导致主观倾向取代客观描述。如将法律的存在与人们通过法律所追求的价值（正义、自由等）等同起来，就不可避免地会得出"恶法非法"的结论。这就好比说"坏人不是人"，是用道德（价值）判断取代了科学（法律）的界定，从而使得价值问题的讨论失去了其应有的公共性。此外，还有定义将法律价值视为法律对人的意义、作用或效用，以及人对这些效用的评价。将"评价"纳入"价值"的定义之中，这种概念上的模糊或混淆，无疑会影响逻辑的严密性和理论的彻底性。

那么，根据"关系说"的思路，我们应如何逻辑一致地阐释法律的价值呢？"关系说"的思维路径，主要是在确认价值属于主客体关系现象的前提下，着重辨识具体的主体与客体，并深入探究主客体关系的内部结构、性质、状态、过程和结果，从而揭示每一具体价值现象的依据和特征。因此，"关系说"有两大核心要领，这使其与其他价值理论区别开来：

第一，"关系说"强调对主客体关系完整性的考量。以"正义是法律的价值"这一命题为例，若依"属性说"来阐释，其含义仅限于"正义是法律固有的属性，它在任何时空条件下，对任何人而言，都代表着不变的正义"，这种解释带有先验和独断的色彩。而"关系说"的阐释则是"法律体现了人们对正义的理解和追求，并为这种追求提供了必要的保障"。这种解释强调了法律与人的关系、价值的主体性和历史性，特别是区分了法律所提供的价值目标（正义）以及法律为了实现这一价值目标所提供的工具价值（保障），这有助于我们更深入、具体、全面地理解法律的意义。

第二,"关系说"要求把握"主体性"这一关键。以"拖欠工资"这一行为为例,其价值和评价因主体不同而异:雇主可能认为这是缓解资金压力的必要手段,但内心可能感到不安;雇工可能因此面临生计困难,感到焦虑和愤怒;国家政府则可能面临维护经济秩序和保护人权的双重压力,这对其执政理念和能力构成挑战。沿着这一思路继续探究,我们不难发现"价值因人而异"的普遍性和深刻性。因此,在"关系说"中,合乎逻辑的研究方向必然是主体,即要求对主体进行更深入的理解和分析,以阐明价值和评价。关注对主体现实性和复杂性的理解,并由此形成主体性的分析方法,才是解开"价值之谜"的关键。

二、法律的价值与法律的存在

所谓"法律的价值",本意是以法律的存在和作用已经成为或在理论上应该成为一种社会事实为前提,把法律当作确定的客体,考察其对于人和社会的意义。学界思考法律的价值时,通常有两个主要的视角:第一种是法律本身所包含的价值因素,如它所提供或追寻的价值目标及其实施方式、评判标准等,如理性、秩序、人权、自由、民主、公平、正义等;第二种是将上述因素作为一个整体,探讨法律对人和社会的具体意义,如"法律的工具价值""法律的政治经济价值""法律的内在价值"等。这两个视角实际上代表了从"法律的内部构成"与"法律的外部关系"来考察其价值的两条不同路径。两条路径之间有互补关系,却不可混同。因为就法律而言,这里有着一层"存在者的存在"与"存在者的价值"之间的区别。只有在厘清这种区别的基础上看到它们的联系,才能完整地理解"法律的价值"这个命题。

法律作为规范体系的存在,本身是社会价值体系的显现。无可否认,任何法律本身都体现为一定的规范体系,而任何完整的法律规范都是以实现特定的价值观为目的,评价特定的法益和行为方式。所谓"规范",实际就是应用于实践的价值判断和价值取向,有些规范具有价值目标性质,有些则属于价值工具或手段。不论目标还是手段,也不论是隐含的还是显见的,它们都是依据某种价值准则来规定、限制和引导人们的行为,以达到维护社会结构和秩序的要求。也就是说,法律的规范体系实际上来自社会的价值关系体系,是对现实社会的整体利益格局,特别是人与之间权利与责任的结构与秩序的反映和体现。因此,只有从价值关系和价值观念的角度,才能为规范的根据和尺度、必要性与合理性提供充分的说明,解释法律为什么要规定以及如何规定人们行为的界限。

从其具体构成上看,法律的规范体系是一个多层次的有机系统。在最上层,是法律所确认的基本价值目标，这些基本价值目标被法学家们表述为"法所促进的价值"（沈宗灵）、"法所中介的价值"（孙国华）、"法所追求的价值"（郑成良）、"法的价值目标"（卓泽渊），等等。它们的实际内容，都是指法律条文和法律体系中所规定或体现的，被认为最具基础性、普遍性的一些价值，如理性、人权、秩序、效率、安全、民主、自由、公平、正义等。对这些基本价值或价值目标的认定，在法律体系的构成中具有实质的意义。它们往往是些一级价值范畴，是成为法律宗旨、法律旗帜的概念和命题。在实际生活中，这些范畴都有其历史形成和不断丰富的过程。各个时期人们关于人权、秩序、自由、公平等范畴的理解和追求，在制定和执行法律时都起着基础性、原则性的指导作用。这些一级价值范畴通常体现于宪法之中，并力求加以制度化。在制度化的过程中，各个部门和各个层次的法律也都要依据于它们，并将其具体化，进一步制定出相应的"正当不正当""合法与非法""罪与非罪"的具体规范和判断标准（二级价值范畴）；以及相应的审定与执行的方式、程序和规则等，力求将它们落实到所有必要的细节（三级、四级……价值范畴）；同时通过实践反馈，逐级对上层概念加以检验、充实和完善。当然，任何完备的法律也不可能无微不至地包括一切可能的情况，因此在已有的法律规定之外，仍有法官"自由裁量"的空间。但是，所谓"自由裁量"的空间，实际上是法官依据各级上层价值概念作出评判的权力范围，所以它也不能超出整个法律体系。

应该说，法律体系主要就是由上述从一般规范到具体规范所构成的一整套价值判断和价值标准的体系。正是层层细化、逐级落实的价值规范，依次组成了目标清晰、逻辑严谨的法律体系。这些规范的全部内容和它们之间的逻辑联系，代表着法律所遵循、体现、包含、承诺的价值。因此可以说：法律本身就是一套价值规范体系；同时，法律并不限于提出和论证这些基本价值，更在于通过规则和程序的制定实施，实际地推行和维护这些基本价值。

如果上述理解成立，那么"法律的价值"也就是指这套规范体系作为客体的价值。但须说明：这里涉及对法律及其规范体系的整体理解，基于下述何种具体语境：①如果说"法律"是指包括法律精神、法律方法、法律规范、法律实践等在内的整体，那么"法律规范的价值"就与"法律精神的价值""法律方法的价值"等在同一序列，属于"法律的价值"中的子概念或子命题；②若按另一种说法，认为法律总体上是一个"事实+规范"的体系，那么"法律规范的价值"就与"法律事实的价值"各占法律的价值世界的"半壁江山"；③当我们从总体上把法律就看作是一套社会价值规范体系，认为法律的价值主要通过法律规范的落实得以显现，那么"法律规范的价值"事实上也就成为"法律的价值"的最切实、最直观、最有效的体现。无论哪种语义，都与如何理解法律的本质有关，每一种理解，也都意味着界定法律规范及其价值的一重境界。

总之，"规范"事实上是理解法律的价值的起点，而不是终点。明确"法律的规范性存在"与"法律的价值"之间的关联，可以让我们从"法律的内部价值构成"和"法律的外部社会意义"两个视角出发，较全面深入地理解法律的价值。这里既要避免孤立地"就实用谈价值"，走向实用主义；也应避免孤立地"就规范谈规范"，陷于封闭的实证主义。

三、法律的工具价值

在法律的价值类型划分的过程中，首要考虑的因素是确立明确的主体标准。法律包含哪些价值？面对这一问题，人们常常陷入"能否列举其价值清单"的困境。这种困境通常源于分类理论和方法的不明确性。在哲学领域，早期的价值研究也曾热衷于编制"价值清单"，但后来发现此路不通。因为价值因人而异，实际上无法穷举，越是急于编制全面的清单，就越容易陷入现象的简单罗列，不仅会挂一漏万，而且会逻辑混乱。最终划分、归纳、提炼出哪些法律的价值类型，并非最为关键的，而依据何种方法和标准进行划分的，显然更为重要。

在价值分类标准的问题上，存在不同的设计和思考路径。例如，采用"属性说"的方法，往往将注意力集中在客体上，要求"从客体本身发现其价值""从法律中阐释法律的价值"，因此不可避免地会遇到"穷举法"与"不确定性"之间的矛盾；而依据"关系说"的思路，则首先需要确定主体，然后根据主体的尺度，按照"法律满足人的哪些需求和能力"来展开。然而，由于人的需求和能力具有极其多样的维度，并且始终在不断增长和更新，因此这种划分越是具体，就越面临着多样性和无限性。

为了避免陷入上述困境，价值哲学界探讨了一种最具普遍性且最为简明的"顶层"分类方式，即根据对象在主体生存发展过程中所起作用的性质和地位，将其最终归为两大类：目的价值和工具价值。"目的"是指实现主体特定需求和能力的结果本身，某一对象若被认为具有"目的价值"，意味着它成了主体目的之内的因素；"工具"则是指实现目的所依赖的条件和过程，某一对象若被认为具有"工具价值"，则意味着它构成了实现主体目的的条件和过程。对于"法律的价值"，我们同样可以采用这种方式进行最基本的分类和概括。

法律具备工具价值，这一点似乎并无异议。回顾历史，法律在社会中扮演的角色被描述为"保障人权""维护自由""追求平等""落实民主""实现正义""维持秩序""调节利益关系""治国方略",甚至被誉为"国之利器""社会减压器"等,这些表述反映了对法律工具性价值的多元理解。这些表述无论是具体还是抽象,均指向法律作为工具所展现或应具备的社会价值。简而言之,法律不仅能够而且实际上一直发挥着强有力的手段功能。然而,法律作为工具的具体价值,会随着社会情境的不同而呈现出多样化和具体化的面貌,其范围实际上是无穷尽的。要准确描述特定法律在特定社会历史背景下的具体工具价值,关键在于将其置于具体的社会历史环境中,通过分析具体主体与客体之间的关系来把握。

在探讨法律的工具价值时,必须审慎对待两个核心问题:

第一,法律的价值主体性问题,即法律究竟为谁所用。在某些情境下,法律似乎成为众人维护权益的工具,任何人都可借助法律来捍卫自己的利益;而在其他情境下,法律似乎仅成为特定人群(如统治者或强势集团)的工具,他们掌握着立法和解释法律的权力,而公众则成为法律实施的对象。与此相关,法律思想和理念中对法律主体的界定也存在多种差异,有的强调个人,有的指向政府,有的侧重法官和司法系统,还有的依据社群等。法律属于谁,便为谁所用。鉴于"人与社会"之间实际存在的地位差异、利益分歧和能力差异,确保法律作为"利器"始终为真正主体(全体公民)所掌握,并保持其应有的公共性和整体性,便成为实现法律工具价值的先决条件。这一先决条件既是实践中的关注焦点,也常常是理论上的争议点。

第二,法律的目的性问题。若无目的,手段便无从把握。通常人们倾向于将一些直接具体的目的视为运用法律的目的,如解决纠纷、维护秩序、调节关系等。这固然不错,但若仅追求这些眼前的直接目的,满足于解决当前具体问题,而不考虑解决问题的方式将引导社会走向何方,不将法律体系本身的建设(如贯彻法治精神、完善法律制度、巩固法律权威、提升法律效率等)也视为目的,那么可能导致片面的法律功利主义和法律实用主义,使法律沦为形式主义的工具。这恰恰违背了法律的精神。从短期来看,这往往强化了"人治",而非"法治";从长远来看,则意味着将人本身工具化,而非将人视为目的。正因如此,在实践中是否包含并体现"法治"的目的性,最终成为衡量现实法律价值观的重要标准。

工具价值并不等同于工具主义。上述两个问题,即法律的主体性和目的性问题,是紧密相关的。它们表明,我们绝不能仅以工具主义的视角来审视法律的价值。因为无论如何,工具总是"可用则用,不可用则弃"的存在。那么,由谁来使用？如何决定着使用或不使用，并且即便在没有合适工具时也要努力寻找和创造工具以实现其"用"呢？这便是"目的"。在承认法律的工具价值的同时，逻辑的推导必然进一步引导我们去了解和辨识法律的另一个深层次价值——目的价值。

四、法律的目的价值

所谓"法律的目的价值"是指，法律的需求已成为人类及社会的基本需求，法律能力已成为人类及社会的基础能力，法治则被视为"人类文明进步的重要标志"。换言之，法律的实现本身蕴含了人类及社会发展之特定目的与目标，也是衡量工具价值的基准。从古代的"法与各种美德本身值得追求"，到现代的"法律必须被信仰"，均体现了这一理念。

承认法律的目的价值，本质上是承认人类主体的现实性，承认人类精神生活的丰富性及自我发展的能力，承认人类生存方式和发展目标的全面性。在现实层面，此价值既具有抽象性，也具有具体性；既具有相对性，也具有绝对性。对此，我们可以从两个层面进行探讨："法律的相对目的价值"以及"法律的绝对（终极）目的价值"。

法律的相对目的价值，是基于目的与手段之间的相对性而论。在人类活动的无限发展历程中，某些具体的目的与手段如同链条上的环节，它们之间的差异仅具有不断相互转化的意义：在某处为目的者，在另一处则为手段；反之亦然。这意味着，在总体上取其工具价值的同时，也不否认法律作为工具亦可成为局部目的。这是因为，法律并非仅需采摘而无需培育的果树，它自身亦有需求，需要智力和人力，需要条件和投入。人类及社会的发展，在特定情况下可产生对法律本身的特定需求。如体现法律精神，完善法律制度、巩固法律权威，提升法律效率等，成为社会发展某一阶段或情境下的目的性需求。当社会感受到其经济文化发展（目的）受到法制"瓶颈"限制时，亦会将法律的发展作为自身政策和战略的目的。从这一层面来看，法律的相对目的价值是其工具价值的必要补充，犹如"磨刀"之于"砍柴"的意义。

法律的绝对（终极）目的价值，是基于法律本质与人的本性之间的内在联系而理解的，指法律的价值在某种程度上展现了人的价值。法律的实质首先在于它是一种理性化的公共规则规范系统；而使公共生活依赖于日益理性化的规则和规范，以确保秩序、效率、安全和幸福，这种觉悟和行为标志着人类在实践中成长和成熟的一个阶段。从这一视角来看，法律的形成和发展与人类及社会的生存和发展具有直接联系：法律最终源自人，为了人，展现人；法律的提倡和发展、对法律成果的占有和享用，本身成为人类及社会的内在需求及能力之一。因此，所谓的"法律的绝对目的价值"，实际上是指法律的价值与"人是主体"的终极性和"人是目的"的绝对性之间的联系。它意味着，法律和法律精神成为人类文明发展的标志，法治生活方式成为人类及社会的一种适宜的生存发展方式。"法律的绝对目的价值"看似抽象，实则并非空洞。法律的绝对目的价值常通过法律的相对目的价值的必然性和无限性显现出来。在实践中，法律的这两种目的价值往往相互融合，通过人们对法律的全面追求和把握持续地体现出来。

"法律价值"这一概念深刻地体现了法律所追求的目的价值，并体现了相对性与绝对性的统一。以"立法价值"为例，它所指涉的并非是立法活动的效用或功能，而是立法主体的需求与立法所调整对象之间的互动关系，反映了立法主体在立法过程中所追求的道德规范和利益目标。因此，"立法价值"可被视为立法主体所追求的目的价值。

深入理解"法律价值"意味着将法律的进步与人的发展紧密联系，并使之协调一致。追求法律价值，即要求我们如同尊重人本身一样尊重法律，将法律视为目的而非仅仅是手段；不应仅将法律作为满足经济、政治、军事和文化等领域需求的工具，而应使这些领域的发展适当服务于法律的进步；不应仅以社会其他方面的发展成果来评价法律，也应以法律的准则来衡量其他领域的发展；社会决策不仅要考虑功利和道德目标，还应坚持法律的逻辑和原则，同时促进法律事业的发展和法律精神的培养。一个社会的日常活动及其重大决策所体现的法律价值，往往是该社会文明程度的具体体现。因此，法律的进步和完善应被纳入人类和社会整体发展及自我完善的目标体系中。

单纯"为法律而法律"，就像单纯"为道德而道德""为艺术而艺术"一样，往往被解读为一种脱离现实的极端立场，因此常常受到质疑。然而，在一定范围内，全心全意地"为法律而献身"，即为了满足人的法律需求和提升法律能力而发展法律，为了追求正义而捍卫法律，这不仅是社会现实中的重要组成部分，而且是一项崇高的事业。这表明，在理解人的需求和社会实践时，如果忽视了规范理性的需求同样是人的本质需求、忽视了法律实践本身是人类生存和发展实践的一部分，仅将法律理性视为"工具理性"，而未能认识到它也是人的"健全目的理性"的一部分，则是狭隘的、片面的。

因此，"法律价值"本质上是一种人文价值、文化价值、政治价值，它代表了在人类理性生存和发展达到高度自觉的层次上，一种高度自觉的人文关怀。这种关怀体现在法律对个体权利的保护、对社会秩序的维护以及对国家治理的规范上。通过法律的制定和实施，社会得以在公平、正义的基础上运行，个体的尊严和权益得以保障。法律价值的实现，不仅需要法律制度的完善，更需要全社会对法律精神的认同和践行。只有这样，法律才能真正成为维护社会秩序、促进人类发展的有力工具。

需要强调的是，"工具价值"与"目的价值"是相互关联的概念，它们不能被孤立地审视。在探讨法律的价值时，若仅将其视为工具，而忽视了其目的性，将难以全面深入地理解。反之，若能以"目的"与"工具"作为分析的框架，实际上能够找到一个视角，从而更全面地描绘出法律价值的全貌。法律本质上与一定社会的价值体系紧密相连。换言之，法律的存在即象征着某种社会价值体系的存在。法律的特质与意义在于，它通过强化目的与工具的统一性，致力于实现理想化的人类价值。因此，我们应当通过法律所体现的价值来审视法律，更加重视法律在社会价值体系中目的与工具统一的实践意义，以避免法律的封闭性和僵化性。法律与社会之间的价值关系，具体地反映了人类与社会在自我发展过程中需求与能力、应然与实然之间的矛盾，这自然也涵盖了工具与目的之间的统一。我们可以通过结合实际情况，深入挖掘和整理，以揭示其复杂、具体、多样化的形态和效果。

思考题：

1. 如何理解"价值"的涵义？
2. 法律有哪些价值？它们之间是何种关系？

参考文献与推荐阅读：

1. 李德顺：《价值论——一种主体性的研究》，中国人民大学出版社2020年版。
2. 李德顺：《我们时代的人文精神：当代中国价值哲学的建构及其意义》，北京师范大学出版社2013年版。
3. [美]哈罗德·J.伯尔曼：《法律与革命（第一卷）：西方法律传统的形成》，贺卫方等译，法律出版社2008版。
4. [美]罗纳德·德沃金：《身披法袍的正义》，周林刚、翟志勇译，北京大学出版社2010年版。

第二章

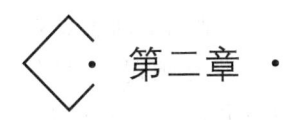

中外法文化的历史演进

第一节　中国传统法文化的理论内涵

在旷古悠久的历史长河中，中华文明涌现出了灿若繁星的法文化。这些智慧成果既是中华民族能够屹立于世界之林的稳固根基，也是中华民族能够稳步前进的重要动力。整理与研究传统法文化对当下法治文化建设具有重要意义，一方面，传统法文化是构建现代法治文化的重要理论资源；另一方面，法治文化也是中华优秀传统文化走向现代化的新形态。当下，传统法文化研究正逐渐成为热点。2022年10月16日，习近平总书记在中国共产党第二十次全国代表大会上做题为《高举中国特色社会主义伟大旗帜 为全面建设社会主义现代化国家而团结奋斗》的报告（以下简称二十大报告）。二十大报告指出，要坚持马克思主义在意识形态领域指导地位的根本制度。只有将马克思主义基本原理同中国具体实际相结合、同中华优秀传统文化相结合。要将马克思主义思想精髓同中华优秀传统文化精华贯通起来，同人民群众日用而不觉的共同价值观念融通起来。传统文化在马克思主义中国化中的重要地位由此凸显。法治建设也离不开对优秀法文化的创造性转化、创新性发展，中华传统法文化已成为了滋养我国法治现代化建设的重要文化资源。

一、中国传统法文化的发展历程

中华传统法文化经历了理论奠基、初步建立、体系成熟、制度完备四大阶段。

（一）先秦：理论奠基阶段

先秦时期是中华传统法文化的理论奠基阶段。传统法文化的基本法律理念和基本法律制度都起源于这个时期。夏商时期，天命神权思想盛行，法律呈现出遵从天命、代行天罚的特点，忽视对人的保障。西周建立之后，周人既保留了天命神权的基本理论，又根据自身政治需要赋予天命以新的内涵。他们的新思想是"以德配天""敬天保民"理论，反映在法律思想上就形成了"明德慎罚"原则。在该原则指导下，西周刑罚较先前的夏商两代更为宽缓，如规定对 7 岁以下的儿童和八九十岁以上老人不加刑。这对周初稳定社会、完善制度、安定人心起到了积极作用。"明德慎罚"在春秋战国时期为儒家所继承，并发展为"为政以德"的德治思想，对后世影响深远。

（二）秦汉魏晋南北朝：初步建立阶段

在秦汉魏晋南北朝时期，中华传统法文化的核心理念和主体制度逐渐定型。这一时期又可分为三个阶段：第一阶段，秦朝"以法为本"。统一后的秦王朝，以法家思想为指导，崇尚法治，实施重刑。虽然这种法治模式具有极强的可操作性和实用性，但是这种法往往会沦为君主权力的附庸，严酷的刑罚会激化社会矛盾，造成社会动荡。第二阶段，西汉初"无为而治"。西汉初年，统治者在反思秦政的基础上，认识到应放松社会管理，以"黄老学说"为治国理政的指导思想，推行"无为而治"的方针，与民休息。第三阶段，西汉中期开始"独尊儒术"。汉武帝时期，"无为而治"已不再适应于社会需求，国家治理应奋发有为。经董仲舒改造过的儒家学说成为指导国家治理的权威学说，并成为法律制定和运行的基本原则。一般认为，汉中期之后，在正统儒学的指导下，中国古代法文化经历了漫长的"法律儒家化"过程，并最终造就了人们所认识的中国传统法文化的基本面貌。

（三）隋唐：体系成熟阶段

隋唐时期，中华传统法文化全面成熟。隋唐是中国历史经历了一次大的社会动荡、南北分裂后的统一政权。政治上的统一是法文化成熟和完善的保障。其中最具代表性事件是《唐律疏议》的制定和颁布。唐高宗永徽元年（650 年），长孙无忌等人奉诏在武德、贞观两律基础上修订新律，次年完成。永徽三年（653 年）五月，高宗又诏长孙无忌等人为律作疏，旨在说明历史沿革和解释词义法理，于永徽四年（654 年）十一月完成，即《唐律疏议》，共十二篇，三十卷，502 条。《唐律疏议》制定和颁布标志着，儒家思想完成了对法律规范的改造，促进了中华文化精神与法律制度的深度融合，标志着中华法系的成熟。《四库全书总目提要》曾评价道"唐律一准乎礼，出入得古今之平。"东亚各国古代法典如日本的《大宝律》《养老律》，朝鲜的《高丽律》，越南的《刑书》《国朝刑律》等都深受其影响。

（四）宋元明清：制度完备阶段

宋代之后的中国古代社会逐渐向近代转型。随着商品经济的发展，促使与所有权、财产交易、契约合同、违约责任等相关的法律制度逐步建立。特别是在明清时期，法律制度逐渐完备和法律思想逐渐成熟。在制度上，根据国家治理、社会管理的新需求，全面强化通过法律手段，维护国家"大一统"格局，维护中央集权，建立系统的职官管理法律制度等。在思想上，明清之际启蒙思想家提出了儒家新法治思想，创造性地发展了传统民本思想，提出应当以将天下之利归之于天下之人，立法、司法、执法应以民为先。这种法思想被学者们视为是影响中国现代法治思想起源的重要法文化因素。①

二、中国传统法文化中的核心概念

中华传统法文化浩若烟海，"以民为本""礼法合一""德本刑用"是三个最能代表中华法文化特征的关键词。

（一）以民为本

中国古代法律思想中最重要的特征之一是重民。"以民为本"是中国古代法律思想的主要宗旨。

1. 历史演变。

（1）夏商时期：萌芽期。大禹受虞舜的禅让，建立夏朝之后，及时听取民众诉求，排难解纷，深得民心。禹之后启继位。启在位期间，率军征伐曾经反对传子制度的东夷和有扈氏，并且制定了以禹为名的禹刑。启死后，泰康继位，荒淫无道，外出游猎，十旬不返，遭到夏民反对，被另一位部落之长后羿乘机夺取了政权。泰康兄弟五人及其母流亡在外，艰难困苦的环境使他们想起大禹的"皇祖有训"，有感而作"五子之歌"，其中最重要的是追思是"皇祖有训，民可近，不可下。民惟邦本，本固邦宁"②。民可以亲近，不可以轻视，民是国之根本，只有巩固了国本，国家才能取得安宁。这是中国古代民本思想与民本理念最为精辟的总结，对后世影响深远。"民惟邦本，本固邦宁"最早地、最集中地、最鲜

---

① 参见马小红：《"一家之法""天下之法"——中国古代的两次法治思潮》，载《师大法学》2018年第2期。

② 《尚书·五子之歌》。

明地表达了中国古代的民本思想，成为传统法文化中最重要的内容。商朝建立以后，商王汤深知商朝的建立是因夏民反对夏桀无道，奋起反抗所致。因此，他在立国之初，极力宣扬以仁义道德化民、教民，以取得民的拥护。然而，传至末代帝王纣，却为"小邦周"所灭，原因在于，纣王以为得到祖宗神的庇佑并拥有强大的武装力量，肆意地"重刑辟"，实行法外极刑，剖比干之心，创炮烙之刑，屠杀忠良和无辜的百姓，丧失了民心。在关键的牧野之战中，赫赫不可一世的商朝瞬间覆亡。

（2）西周时期：确立期。周的统治者在治理国家的过程中深刻地认识到神权不足恃，民心向背才是决定国家兴亡的根本因素。周初统治者把"敬天"落实到"保民"上，神的地位遭到冷落，民的价值得到凸显，周初所推行的各项国家治理措施都归结到重民、保民和得民心上，并且第一次宣告了立法与司法的目的不在于刑人，而在于定是非、明曲直。周公特别赞赏司寇苏公刑用"中罚"以有效地惩治犯罪，保民不受损害。这种刑罚的目的论，对后世影响深远。

（3）春秋战国至明代中期：发展期。春秋战国时期"礼崩乐坏"的社会大变动，进一步彰显了民心向背对于国家兴衰所起的决定性作用。上帝天神的理论地位大幅度跌落，民的价值大幅度提升。在百家争鸣中，人本思潮泛起，儒、道、墨、法等诸多学派对人的本性、价值作了比较深入的探讨，使人的地位与作用相对强化，神的地位相对弱化。与此相应，"天"概念的神秘化色彩日渐减退乃至自然化。许多思想家甚至单纯从现实政治关系的解读思考政治问题，这进一步凸显了民的政治地位。人们普遍认识到民心向背决定着国家兴亡、政治兴衰、君主荣辱。"得民者昌，失民者亡"几乎成为全社会的共识。这说明在春秋战国兼并战争盛行的时代，凸显了人的价值，以至各派思想家都重视现实的社会生活，以务实的态度关注世事、人生，而对彼岸世界的神秘主义则存而不论，因此促进了人本主义思潮的发展。民本思想得到了许多君主的认同，并在一定程度上转化为重民政策。思想家、政治家们纷纷基于民本思想提出了系统的治民方略。诸子百家中儒家对中国古代民本思想的影响广泛而又深刻。儒家王道、礼治、仁政思想有浓厚的重民色彩。孔子的"富民足君"、孟子的"民贵君轻"、荀子的"君舟民水"、《周易》的"汤武革命"都是影响极其深远的民本思想命题。《尚书》《诗经》《周易》等文献中的民本思想命题也被纳入儒家思想体系。这些命题的基本意义是中国古代统治思想的重要组成部分。

（4）明末清初：成熟期。自汉代儒学被统治者奉为正统之后，民本思想一直贯穿于中国法律的思想与实践中。时至明末清初，儒家在传统民本思想的基础上产生了具有近代启蒙意义的新民本思想。这种新民本思想上承孔子、孟子等人提出的传统民本思想，下启近代革命人士民主理念，是中国古代历史民本思想的巅峰。黄宗羲是这种新民本思想的代表人物。在《明夷待访录·原法》篇中，黄宗羲提出应将"一家之法"变为"天下之法"，彻底扭转了中国古代以君为主的法文化，与现代民主法治思想有契合之处。

2. 理论内涵。中国古代法律思想中最重要的特征之一是重民。人们认为，国家的治乱兴亡以民心向背为转移。民众对政权存亡续绝的决定作用。这彰显了民在国家中的重要地位。从君民关系角度看，这要求统治者重民保民、察民情、得民心。例如，"民惟邦本"是指君因民而设，民为体君为用，民贵君轻。君主只有重视民众利益才能维持自己的地位，因此君主重民贵民的原因是为维护其统治。这在法律层面亦有反映。例如，唐太宗李世民就对侍臣说："为君之道，必须先存百姓。若损百姓以奉其身，犹割股以啖腹，腹饱而身毙。"① 在这一指导思想下，唐初进一步完善租庸、调法，承认农民占有死亡地主土地的合法性，以及使无地或少地的农民从国家那里分得一定份额的土地。同时，减轻农民的赋税徭役，合并省中央和地方政府机关，精简官吏人数，紧缩国家开支，以减轻人民负担。总之，以民为本仍是对文明发展规律的准确把握，能够为以人民为主体的法治建设提供史鉴价值。以民为本为路径指引，中华传统法文化形成了修己安人、为政以德、造福于民的法律理论和实践。

（二）礼法合一

中国古代儒家的国家治理思想中，礼与法都是君主治理国家的途径，二者在历史上呈逐渐融合的趋势。

1. 历史演变。

（1）商周时期：礼治时代。自商周时期开始，中国传统法文化礼法合一的进程就逐渐拉开了序幕。商礼注重神意，格外讲求"敬"，对触犯神灵者以酷刑相向。商周礼治一脉相承，又各具特色。与商礼注重神意不同，西周时期，人们更注重人伦，更注重"德"的作用，因而也更注重教化。西周时期，礼起到了根本法的作用，涉及社会生活的方方面面，上至国家立法行政、各级贵族官员的权力与义务，下至婚丧嫁娶、衣食住行，无所不包。周礼以维护宗法制度为核心的西周贵族政治制度为宗旨，不但体现了当时的阶级关系，也反映了贵族内部不

---

① 《贞观政要》（卷一）"论君道"。

同等级的权利与义务关系,这样就达到了上下有别、尊卑有序的制礼目的。在西周时期"法"主要是指刑。法只能作为礼的从属性概念。西周时期不存在独立于礼的法。礼是统摄性概念,法只是礼的"附属品"。礼治下的刑罚主要目的在于维护礼制,以正言行。

表2-1　西周礼治体系①

体系构成	内容	实施方式	作用	目的
礼义	礼的宗旨:亲亲、尊尊	教化(或礼教)	注重意识形态的控制	正其心
礼制(仪)	礼的规范:习俗、制度(包括法)	刑罚	注重制度完善	正其行

（2）春秋战国至秦时期：礼法并立时代。春秋战国至秦，由于诸子百家论战、法家的出现，法终于从"礼治"体系中独立出来并得到充分发展。在法家理论指导下形成的法制体系奠定了之后两千年余年法制发展基础。春秋时期的变革家管仲、子产是法家先驱。战国初期至中期，李悝、商鞅、慎到、申不害被称为前期法家，前期法家的特征是关注法治的实践、论证法治的合理性、否定传统礼治、批判儒家学说。战国后期法家的代表人物是韩非。韩非集法家诸派之大成，提出了"以法为本"，结合了法、势、术等法家理论以维护君主集权。法家的法治理论对春秋战国的社会变革，对统一的秦帝国的建立，对中国古代法律体系的形成与发展都起到了积极促进作用。秦始皇称帝后，采取了在全国统一法律的措施，就是把原有秦国的法律在整个秦朝推行。秦的刑罚格外严酷，统治格外残暴。传统的教化被"以吏为师""以法为教"所取代，任何有悖于"法治"理论的言行都会受到最严厉的制裁。这一时期，虽然礼治让位于法治，但儒家学说并没有因此消失，而是发挥着巨大的影响力。正是因为拥这种广泛的影响力，秦始皇才下令"焚书坑儒"。事实上，战国秦之后的立法指导思想是结合了儒法两家的结果。自荀子、董仲舒之后先秦儒家完成了脱胎换骨的涅槃，法家思想被融入新儒家体系中。

（3）汉至清时期：礼法合一时代。随着秦王朝的覆灭，法家淡出历史舞台，儒家学说逐渐复苏。经过秦"以法为治"的中断后，两汉之后重启了"礼法合一"的进程，一直延续至清代。从汉至清的中国传统法体系来看。这段时期是

---

① 马小红:《礼与法:法的历史连接》,北京大学出版社2004年版,第113页。

"礼法合一"确立和成熟的重要阶段，也是学者们所称"法律儒家化"的重要阶段。儒家并没有否定此前由法家创立的法律制度，而是视法律为礼治的工具并对其加以改造。

2. 理论内涵。礼法合一实际上是指礼的精神全方位贯彻于法的运行中。两千年来，不论王朝如何更迭，礼却一脉相承。在法制废弛、消亡、崩溃的情况下，礼都能起到复制、创制的作用，新王朝的制度无不建立在礼的基础上。

礼分为礼义和礼制两部分。礼义是指礼的精神，礼制是礼的形式。礼义又可分为"亲亲"和"尊尊"。"亲亲"是指爱自己的亲属，最重要的是要求子女孝敬父母，小宗服从大宗，分封和任命官吏则以与王室血缘关系的亲疏而定，使亲者贵，疏者贱，即"任人唯亲"。"亲亲"确定和维护的是宗法等级制度，与其相应的思想或道德规范则是"孝"，即所谓"亲亲父为首"。礼制包括制度、条文、规范、法制、刑制，等等。这些准则大都具有法律效力，起着规范人们行为、调整人们之间社会关系并最终维护国家统治秩序的作用，与国法规范本质是一致的。实施礼治的方式主要有两种，即教化与刑罚，教化注重潜移默化的作用，刑罚的目的在于维护礼制。二者适用的对象有所区别。教化主要用于本部落或本族成员，刑罚则用于敌对及臣属部落会和异族。①

汉代之后的思想家在批判秦法过于苛刻的同时，并没有将礼法关系决然对立，继而否定法的作用。相反，他们改造了法家"以刑为主"的法，将"法"的内涵进行了拓展。这里所称的"法"是广义上的法，即深入到政治与社会各个领域中的法。与礼相比较，中国古代的法具有"典"的特征，即官府明确公布，体系完备，条文规范。比如律、令、格、式、典、例等，都是"法"的表现形式。与西方同时代相比，中国古代的法不仅关注法的"禁止"作用，而且关注法的导向作用。

历朝历代中，唐朝立法和司法的实践最具代表性。立法上，唐律中许多法律条文直接渊源于礼。例如，《唐律疏议·名例律》"一曰议亲，二曰议故，三曰议贤，四曰议能，五曰议功，六曰议贵，七曰议勤，八曰议宾"。这直接渊源于《周礼·秋官·小司寇》"以八辟立邦法，附刑罚：一曰议亲之辟，二曰议故之辟，三曰议贤之辟，四曰议能之辟，五曰议功之辟，六曰议贵之辟，七曰议勤之辟，八曰议宾之辟"。在司法上，唐朝处理案件时礼法兼用。在"法无明文规定"时，礼可以直接充当裁判依据。在"法有明文规定时"，则有不同情形。有

---

① 马小红：《礼与法：法的历史连接》，北京大学出版社2004年版，第82~86页。

时，礼可作为变通裁判的依据，在疑难案件中平衡礼义与法理。有时，礼能起到丰富裁判说理或辅助定罪量刑的作用，以提高裁判的可接受度。

表2-2 汉至清的法律体系①

法的体系	构成	内容	融合方式	相互关系
	礼义	伦理道德	指导立法、司法	法的灵魂
	法制	律、令、科、比等法规、条例	纳礼入法	体现礼的宗旨和精神

总之，在汉至清"礼法合一"的进程中，礼与法构成了密切的、相辅相成的关系，二者实际上已经成为一个圆融统一的共同体。

(三) 德本刑用

中华传统法文化中，"德"不仅包括了道德治理的意义，更意味着实施有正当性的统治。由于古代社会中的"法"实际上指的是刑，所以人们常常提及的德法关系更多的表现为德刑关系。

1. 历史演变。

(1) 西周时期：德治时代。西周继承和发展了商代"德"的观念，使之从关注天命、神意走向了对人的关注。这正是《尚书》中所说"皇天无亲，惟德是辅；民心无常，惟惠之怀"所表达的意思。此时，"德"主要是指一种政治正当性依据，或者说是一种良善统治的理想状态。春秋战国时期的儒家将这种理想状态具象为一种社会治理模式，即"德治"。在西周时，"德"与"刑"并非是一个层次的概念，"德"是一种理想政治状态，是良善政治追求的最终状态，而"刑"只是实现这种状态的一种手段。②

(2) 春秋战国时期：德刑并立时代。春秋时期，"德""刑"关系尚且贯彻了西周以来的"德治"原则，在政治中以"德"为先。但是进入战国时期，随着时势发展，社会逐渐进入了"王道陵夷"而"霸道横行"的时代，"德治"秩序随着土地兼并和诸侯相侵而显得不合时宜，逐渐从一种理想政治状态演变为一种社会治理模式且一直为儒家所提倡。随着法家的兴起，"刑治"成为能与"德治"并驾齐驱的社会治理模式，出现了儒家"德治"和法家"刑治"对立的局

---

① 马小红、庞朝骥等：《守望和谐的法文明》，北京大学出版社2009年版，第7页。
② 参见李德嘉：《"德主刑辅"说的学说史考察》，载《政法论丛》2018年第2期。

面。儒家德治是以"王道"作为政治理想并引导民间自觉地生成有德性的生活方式。法家"刑治"则是霸道为追求并以推崇君权和实施重刑为策略。值得强调的是,虽然儒家推崇"德治"而反对"刑治",但并不意味着儒家反对使用"刑"或"法"。实际上,儒家始终强调"德""刑"并用,只是更看重"德"的作用。"德"不仅是社会治理中的重要手段,同时也是约束"刑"的规范。

(3)汉至清时期:德本刑用时代。汉初"德"与"刑"依然意味着两种对立的治理模式,经过汉初的思想争鸣和政治实践,最终汉儒调和儒法,定于一统,最终在治理模式上选择了"德",也吸收了法家"刑治"思想中的有益部分。汉之后历代选择了以儒家之德作为社会治理基本模式,同时在官员管理、权力监督等方面借鉴法家刑治的做法。这主要表现为三方面:一是追求国家治理之德性,为统治者的正当统治提供道德标准。儒家一直将德作为评价政治得失、制度良恶的客观标准。二是以德教提高民间个体德行,实现百姓的自我管理。古代社会中德、礼还包含了"扬善"的意义,即对符合儒家价值观的行为进行鼓励。国家更是通过制定礼仪来表达对某种价值的鼓励。三是德治强调形成"宽制以容众"的政治氛围,通过自下而上形成的德治秩序形成良好的社会治理机制,从而实现对民间经济的自由放任。后世儒家关于德刑关系的讨论都是在继承汉代"德治"模式的基础上展开并加以斟酌损益之结果,二者的关系一直延续到中华法系瓦解。

2. 理论内涵。总体来说,德和刑在社会治理中的关系是本与用,虽然二者在社会治理中不可偏废,但就地位而言,二者并非并列的手段关系,而是本用关系。在中国古代哲学中,"本"意味着本体,决定了事物的根本性质,而"用"则意味着器用,是实现目的的手段或由事物的性质决定的外在表现。"德礼则所以出治之本,而德又礼治本也。"这说明中国传统治理模式就性质而言是"德治"。这决定了中国传统法文化的基本结构与基本精神。可以说,儒家之"德治"是传统社会治理之本,决定了中国古代社会治理的基本方略和内在精神,而"刑治"中合理成为则是历代君主推行德治的有效手段。所以,相比"德主刑辅","德本刑用"能更准确地概括中国古代的德刑关系,也更利于传统法文化的现代转化。①

---

① 参见李德嘉:《论法治的价值观基础:社会治理中德法并举的本土资源》,载《法学杂志》2019年第5期。

三、中华传统法文化与中国式法治现代化

近代以来,人们在追寻现代化的过程中,对待中华传统法文化产生了复杂的感情,一方面难以忽视其影响,另一方面又认为其与现代化格格不入,甚至一度将之摒弃。随着中国式现代化的提出,如何处理好传统法文化与现代法治之间的关系再次成为时代主题之一。当下,人们已经逐渐达成了这样的共识,即中华传统法文化是中国式法治现代化的重要理论给养。

（一）传统法文化与法治现代化的冲突与融合

中华传统法文化传统与现代法治之间有"冲突"和"融合"两种关系。这种关系在日常生活中以不同面貌呈现。

1. 冲突。生活中处处可见传统法文化与现代法治之间的张力,主要有三点:一是风俗习惯与法律制度的冲突;二是人情与法理的冲突;三是人治与法治的冲突。

第一,风俗习惯与法律制度的冲突。风俗习惯是指社会生活中约定俗成并为人们所肯定和乐于践行的行为方式。法制是指在任何社会都可以建立的制度化法律法规体系。自1840年鸦片战争以来,中国无数的仁人志士一直在追寻法制现代化,追求完备且严密的先进法律制度。在此过程中,通过大量进行法律移植和立法实践,我国逐步搭建起了现代法制体系的框架。近代以来,风俗习惯与现代法制之间产生了剧烈冲突。一方面,重视风俗习惯的法文化传统仍在近现代社会发挥着影响。在古代,人们十分重视风俗习惯对处理司法案件的影响。例如,清朝方大湜在《平平言》中总结办案经验时说道:"自理词讼,原不必事事照例。但本案情节,应用何律何例,必须考究明白;再就本地风俗,准情酌理而变通之,庶不与律例十分违背。"① 当下,人们仍倾向于在依法裁判的同时兼顾一时一地的风俗,只有这样被认为是做到了依国法、应天理、顺人情。另一方面,宣称客观、公正、独立的现代法治要求在裁判时尽可能地屏蔽风俗习惯的干扰,以保证公正裁判。由此导致,在风俗习惯和现代法治之间时常产生冲突。时至今日,仍被人们不时拿来讨论的"秋菊困惑"就是这种"冲突"形象化的表达。

第二,人情与法理的冲突。在传统社会,"情法两尽"是人们所期盼的司法

---

① [清]方大湜:《平平言:本案用何律何例需考究明白》,载官箴书集成编纂委员会编:《官箴书集成（第7册）》,黄山书社1997年版,第653页。

裁判最终效果。司法官员在审判案件时往往会综合考量当事人所处的情感背景和法律关系。例如，唐代张鷟所撰拟判集《龙筋凤髓判》中记载了这样一个案件：太史令杜淹私下教习儿子天文并私自拥有"玄象器物"被人告发。在唐代私习天文是重罪。杜淹父子明显违反律条规定。张鷟却认为杜淹不应有罪，辩称子承父业，有情可原，应当做无罪判决。张鷟在品评案件时并没有拘泥于律文，而是依人情对其重新解释，谨慎地平衡了情与法之间的关系。在中国古代，这样的例子并不少见。时至今日，人们也希望在司法裁判时兼顾法理和情理。但是，在疑难案件中，人情与法理往往不能协调一致，有时会表现为明显的冲突。当下能够引发社会广泛关注的舆情公案往往是人情和法理纠葛不清的案件。人们认为在这些案件中法官裁判应当兼顾二者，或者在裁判时更偏重于人情。被社会公众所熟知的"彭宇案""药家鑫案""张扣扣案""于欢案"等舆情公案背后都有为人们所高度关注的人情因素。值得注意的是，在当下网络空间中，这类案件有导致社会情绪失控的风险。舆论往往使案件脱离了原有事实认定与法律适用的范畴。当下，法院、检察院等相关单位更倾向于通过轻罪治理、诉前调解、裁判说理等手段来缓和人情和法理之间的冲突，顺应天理、国法、人情兼顾的法文化传统，回应社会需求。

第三，人治与法治的冲突。中国具有深厚的人治传统。如何克服人治，弘扬法治是中国法治现代化不得不面对的关键问题。1979年至1982年间，中国法学界就法治与人治展开过一场学术大讨论，出现了三种主要观点，即"法治论""结合论"和"取消论"。"法治论"的主要观点是"要法治，不要人治"。"结合论"的主要观点是"法治与人治应当结合"。"取消论"的主要观点是"法治概念不科学，应当抛弃"。① 在依法治国的时代背景下，实施法治已经成为社会共识。虽然中国古代专制制度已不复存在，但与之相伴的人治思维所产生的弊端并没有完全消失。在当下，人治与法治的冲突仍处处存在。例如，在传统法文化中，以包拯、于成龙等人为代表的清官文化颇受人们青睐。人们普遍认为只有好官出现，就能一定能做到秉公执法，实现公平正义。实际上，期待"青天大老爷"仍是一种人治思维。这是将实现司法公正的希望仍寄托在"人"的身上，而忽视和否认"法"的作用和价值。真正的法治思维是，无论是谁作为法官，都应当依法做出公正裁判。这样人治与法治冲突的例子在生活仍有很多。

值得强调的是，传统法文化与现代法治之间的冲突不独属于中国社会，日

---

① 参见葛洪义：《中国法学发展中的若干重要理论问题》，载《光明日报》2010年2月9日，第11版。

本、印度、伊朗等传统法文化深厚的国家都面临同样的问题。本质上，这是任何国家地区在推动法治现代化时必须会面对的问题，只不过不同国家在选择如何处理传统法文化和现代法治时选择的方式不同。我们应当积极看待文化传统的作用，推动文化传统创造性转化、创新性发展，为建设社会主义法治文化提供传统资源。

2. 融合。尽管冲突时有发生，但传统法文化与现代法治更多的是向彼此靠拢，并在相互融合中寻求平衡。

第一，融合的前提。传统法文化与现代法治之所以能够实现融合，主要是因为二者有着同样的目标，也就是对美好生活的追求。2012年11月15日，习近平在中共十八届中央政治局常委同中外记者见面时指出"人民对美好生活的向往，就是我们的奋斗目标。"古往今来，追求美好生活是社会大众的生活理念。追求美好生活也是文化传统与现代治理的"最大公约数"。这在文化传统中表现为善政，在现代治理中表现为善治。融合二者就是将传统"善政"与现代"善治"统一。一方面，文化传统的理想目标是善政。在中国古代社会中，善政是指官员廉洁公正，像爱自己父母一样爱自己的子民，没有私心，没有偏爱。例如，孔子"不患寡而患不均"的思想是追求美好社会的典型。又如，《礼记》中所说："使老有所终，壮有所用，幼有所长，鳏、寡、孤、独、废己者皆有所养"也是人民对善政取得效果的期待。因此，中国古代统治者才常常将"以民为本"作为树立政权合法性的重要基础。另一方面，现代治理的终极目标是善治。在中国语境中，善治本质特征有三方面：一是以人为本。一切从人出发、以人为中心，要把人作为观念、行为、制度的主体，把人的解放和自由、人的尊严、兴趣和全面发展，作为每个人、每个群体的终极关怀。二是依法治理。法治是对政治权力的约束。三是公共治理。使公众以主体身份参与到国家治理中，既管理国家事务、经济社会事务，又对自身事务实行高度自治。善治最终要实现的目标是使人民具有美好生活，安居乐业。传统法文化与现代法治之间的统一，实际上表现为善政与善治的统一。促进二者统一的关键是明确其最终目的都是实现人们对美好生活的追求。

第二，融合的路径。一方面，传统法文化为现代法治提供土壤。传统法文化因素可以使现代法治更好地融入本土语境中并顺利运转。凡是自觉地利用了传统法文化作为支撑的法律制度，都能在实践中较为顺利地执行。比如现在的人民调解制度、综合治理等，就是以我国传统司法中的调停理念、教化思维为文化基础，在实践中基本能获得预期效果。反之，与传统法文化隔膜较深，硬从西方引进而又缺乏本土法资源支撑的法律制度,在实践中就往往会产生"南橘北枳"的现象。例如,晚清政府修律时大量直接移植西方法律,对中国企业运行状况、民间典买卖行为缺乏考量,使得相关立法《破产律》《大清民律草案(债编)》在运行中出现问题,无法在社会生活中发挥实际的调整效力。① 另一方面,现代法治为传统法文化提供机遇,使之在当下社会重新焕发生机。例如,中国古代"德本刑用"的社会治理经验可以借助于核心价值观入法的形式重新焕发生机。② 又如,中国古代家户传统可以通过《民法典》的条款得到继承与创新。③

第三,融合的形式。传统法文化与现代法治之间的融合是全方位的,至少可以在思想、制度和符号三个层面得到体现。其一,思想观念的传承。传统文化通过思想观念深刻地影响着现代人们的法律观。我们可以从立法和司法两个层面进行说明。立法上,传统法文化能通过原则性规定体现。例如,"常回家看看"条款。《中华人民共和国老年人权益保障法》第18条明确规定:"家庭成员应当关心老年人的精神需求,不得忽视、冷落老年人。与老年人分开居住的家庭成员,应当经常看望或者问候老年人。用人单位应当按照国家有关规定保障赡养人探亲休假的权利。"制定该条款的法理依据之一正是传统文化中的尊老敬老的道德风尚。"常回家看看"条款已成为传统文化影响当下立法实践的经典案例。司法上,传统法文化通过裁判说理进行融合。在一些裁判文书中,"引经据典"已经成为了一种强化说理的修辞手段。例如,研究表明在当下父母子女之间的纠纷中,作为修辞的引经据典一般都跟孝道有关。运用传统文化进行裁判说理有助于提高裁判的可接受度。④ 其二,古今制度的呼应。虽然随着中华法系的解体,古代法律制度不复存在,但在当今社会却仍具备影响力。例如,古代"亲亲相隐"制度与《中华人民共和国刑事诉讼法》(以下简称《刑事诉讼法》)之间的制度呼应。二者都体现法律允许一定范围内的亲属之间相互隐匿或包庇犯罪而不负刑事责任。"亲亲相隐"至少可被追溯至春秋战国时期。汉代时,正式被确立为法律原则。此后历朝历代皆依循,且有过之而无不及。2012年修正后的《刑事诉讼法》免除了被告人父母、配偶、子女强制出庭作证的义务,其第188条第1款

---

① 参见李伟:《家户制传统在民法典中的呈现与转型》,载《政法论丛》2020年第6期。
② 参见李德嘉:《论法治的价值观基础:社会治理中德法并举的本土资源》,载《法学杂志》2019年第5期。
③ 参见李伟:《家户制传统在民法典中的呈现与转型》,载《政法论丛》2020年第6期。
④ 参见谢晶:《裁判文书"引经据典"的法理:方式、价值与限度》,载《法制与社会发展》2020年第6期。

规定:"经人民法院通知,证人没有正当理由不出庭作证的,人民法院可以强制其到庭,但是被告人的配偶、父母、子女除外。"这被部分学者视为中国传统法文化的当代体现。其三,文化符号的继承。除了思想观念与法律制度之外,文化符号也是不能被忽视的重要融合形式。人们在现代法律场所中认识和了解文化传统的主要渠道就是符号。例如,中国古代神兽獬豸就是典型。獬豸是中国古代传说中的一种神兽,能够辨别是非曲直。它体型大者如牛,体型小者如羊,长相类似麒麟,全身通体长有黑色毛发,双眼明亮有神,额头上长有一角。獬豸见人争斗时,会以独角顶理亏之人。相传,皋陶被虞舜任命为法官后,审判疑案多用獬豸,以明是非。古汉字"灋"(法)结构中"廌"便是指獬豸,取其公正之意。至今,獬豸仍是中国多数法院、律师事务所、法学院所常用的标志性装饰,象征了人们追求正义的美好心愿。

总之,传统法文化与现代法治之间同时存在张力和引力。张力体现为守旧观念与新型思维的冲突,引力体现为二者因相同的目标追求而得以融合。总体来看,二者之间的引力大于张力,因此传统法文化与现代法治能够实现全方位的融合。

(二)融合传统法文化与法治现代化面临的挑战和机遇

文化传统与现代法治之间的冲突与融合问题实际上是中国式法治现代化所必然面对的问题。如何有效地融合二者才是解决以上问题的根本出路。面对这一议题,当下人们又面临着新的挑战和机遇。

第一是挑战。随着社会形势的不断变化,文化传统与现代治理面临着全新的挑战。在新形势下,二者如何结合成为我们需要解决的新问题。其一,全球化带来的新形势。20世纪初期,全球化是社会所关注的热门话题。法学界也把法制的全球化与本土化作为关键议题进行分析。人们期待中国的法治成为世界主流的一部分。但随着时代不断发展,在当今世界全球化出现了形式。例如,跨境数据流动、跨国电子平台的崛起,这都为全球化带来了不小挑战。近年来,逆全球化的出现。受多种因素影响,全球化进程出现了挫折,世界各国越来越倾向于保守和封闭,逆全球化已经开始被人们常常提及。如何应对新出现的逆全球化趋势也是考验现代治理的关键问题。其二,新兴技术带来的挑战。当下,"未来已来"成为一种流行语。这是因为,随着技术不断进步,人工智能、元宇宙、区块链等新事物的出现为现代治理带来了挑战。当代信息革命确立了以数据/信息为中心的扁平化、碎片化、智慧化的生产生活和分享共建共享秩序。① 为了应对这种新兴现象产生的治理变革。法学界积极回应了相关问题，推动数字法学建设，创新法学研究的内容和形式。其三，新兴概念带来的突破。随着人们观念的变革一些新议题成为人们关注的新对象，例如，环境保护问题、女性问题权益、动物保护问题、智慧城市治理问题成了人们所关注的前沿问题。在当今社会，人们在这些问题上仍没能达成共识。如何应对这些新兴概念及其带来的观念变革是考验现代治理所需面对的又一大难题。以上这些问题给现代法治带来了新的挑战。在这其中传统法文化处于什么样的位置，应当发挥怎样的功能都是留给我们继续思考的问题。

第二是机遇。当下，我们面对的是"百年未有之大变局"下的国内外新形势。有鉴于此，为世界贡献"中国方案"应当是当下法学研究的使命。习近平总书记指出："世界那么大，问题那么多，国际社会期待听到中国声音、看到中国方案，中国不能缺席。"② 构建现代法治"中国方案"的基础是中国文化。无论世事如何变化，最终我们都将依据文化来面对任何挑战，以不变来应万变。运用中国文化创设中国法治是历史给予当下的机遇。首先，文化决定了一个国家一个民族的整体思维。正如钱穆指出，一方面民族可以创造文化，另一方面文化也可以创造民族。世界上伟大的思想家如孔子、释迦牟尼、耶稣等生在不同地方，形成了不同的思想和信仰，这些思想和信仰又影响到了他们各自的民族文化。③ 其次，文化是一个国家一个民族创造规范的依据。有论者指出，虽然建设现代法治国已成为人类社会普遍的共识，但建设什么样的法治国将取决于每个国家的文化样态。每个国家民族构建起来的法治带有鲜明的文化烙印。最后，文化也塑造了人们的法治观念。受传统法文化影响，中国人拥有了属于自身文化特有的法治观念。例如，中国传统文化重视德法并举，这在当下社会治理中也得到呼应，当下人们呼吁"法安天下，德润人心"，主张德法兼用。④ 又如，重新发掘和整理中华法系的理论与实践资源，并以此为基础构建中国的现代法治形态。⑤ 这说明，中国法治现代化建设应当从传统文化中汲取营养，而不是仅是对域外法治资源的引

---

① 参见马长山主编：《数字法治概论》，法律出版社2022年版，第436~437页。
② 习近平：《国家主席习近平发表二〇一六年新年贺词》，载《人民日报》2016年1月1日，第1版。
③ 参见钱穆：《中华文化十二讲》，九州出版社2012年版，第64~65页。
④ 参见李德嘉：《论法治的价值观基础：社会治理中德法并举的本土资源》，载《法学杂志》2019年第5期。
⑤ 参见马小红：《"中华法系"辨正》，载《上海政法学院学报（法治论丛）》2023年第6期；施伟东：《新时代中华法系的伟大复兴：历史、现实与未来》，载《法学杂志》2024年1期。

介、加工和移植。只有这样才能创立属于中国自身的"自主型法治"。①

(三) 法治文化：中华传统法文化与中国法治现代化结合的新形式

法治文化为传统法文化与现代法治研究打开了新局面。《关于加强社会主义法治文化建设的意见》指出："推动中华优秀传统法律文化创造性转化、创新性发展。传承中华法系的优秀思想和理念，研究我国古代法制传统和成败得失，挖掘民为邦本、礼法并用、以和为贵、明德慎罚、执法如山等中华传统法律文化精华，根据时代精神加以转化，加强研究阐发、公共普及、传承运用，使中华优秀传统法律文化焕发出新的生命力。"随着《关于加强社会主义法治文化建设的意见》颁布，法治文化将成为融合传统法文化和现代法治的新形式、新平台。传统法律文化与现代法治能够在"法治文化"提供的新平台上更好地彼此融合、相互促进、共同发展。

法治文化将成为融合文化传统与现代治理的理想平台。法治文化的理论内涵有两方面：一方面，以文化构建法治；另一方面，以法治促进文化。以此观之，文化传统和现代法治的关系同样存在这样两个方面：一是以文化传统稳固现代治理的根基。西方的法治并非是放之四海而皆准，每个国家或地区都会根据自身的特点形成与塑造属于本土的法治形态。这一道路选择是历史条件所决定的。中国法治也不例外。近年来，如何构建属于中国自身的法治理论是学者们热衷讨论的问题。为了避免对西方现代国家亦步亦趋，应当重新发掘和思考传统文化中与现代法治、现代治理相关的关键问题。值得注意的是，即便是富有特色的中国式法治也应当认同和接受法治的普遍内涵，而非另起炉灶。二是以现代法治弘扬文化传统精粹的关键。中国传统文化中的优秀因素，特别是法文化因素将通过当下法治建设发挥持续影响。民为邦本、礼法并用、以和为贵、明德慎罚、执法如山等传统法律文化因素既塑造了中国式现代法治的基本面貌，也通过现代法治体系的实际运行使之持续发挥着文化影响力。所以从这两方面来看，法治文化是平衡、协调文化传统和现代法治的综合性概念。

综上所述，中华传统法文化与中国式现代法治都以人民的美好生活为最终目标追求，并且二者在向前发展的过程中都需要以彼此为依靠。因此，二者的结合早已箭在弦上。新时代、新征程给二者的结合带来了新挑战，而法治文化也为二者的结合提供了新路径、新平台。学理上的法治文化概念正在逐渐被政策所接

---

① 参见顾培东：《中国法治的自主型进路》，载《法学研究》2010年第1期。

受、所吸纳，中华传统法文化与中国式现代法治的结合也将成为法治文化研究中的重要议题。

思考题：
1. 如何理解中华传统法文化在现代法治建设中的作用？
2. 如果你是法官，在裁判时面临法理和人情困境时会如何做出抉择？

参考文献与推荐阅读：
1. 蒲坚编著：《中国法制史大辞典》，北京大学出版社2015年版。
2. 马小红：《礼与法：法的历史连接》，北京大学出版2017年版。
3. 马小红、庞朝骥等：《守望和谐的法文明》，北京大学出版社2009年版。
4. 马小红：《古法新论：法的古今连接》，上海三联书店2014年版。
5. 李德嘉：《"德主刑辅"说之检讨》，中国政法大学出版社2017年版。
6. 崔蕴华、李驰编著：《中国传统法治文化术语》，田力男、王敏译，外语教学与研究出版社2022年版。
7. 朱勇：《中华法系的形成与特征》，载http://www.npc.gov.cn/npc/c2/c30834/202209/t20220902_319185.html，最后访问日期：2023年7月13日。

第二节　西方法文化的特征和历史演进

西方的法律文化传统始于古代希腊罗马时期，同时受到中世纪教会的巨大影响。西方法律文化一开始便呈现出重视契约、强调自由与权利边界的特征；在教会内部，也有一套与身份密切相关的法律体系。近代商人和资产阶级崛起后，身份平等成为革命性趋势，他们借着复兴罗马法和自然法，打破身份上的法律枷锁；为自己争取到独立平等地位，同时也改变了西方的法律文化。

一、古希腊的法律观念

古希腊人提出了一些最基本、最重要的法律理念，沿用至今。比如，苏格拉底提出的契约义务论——公民应当遵守自己与城邦所订立的契约；柏拉图主张，正义就是以善报友、以恶报敌，官吏是法律的执行者，法治优于人治。柏拉图的学生亚里士多德阐述了较为完善的正义观与法治观，亚里士多德之后的斯多噶学派提出了自然法观念。这些观念成为罗马法的先导。

古希腊城邦具有较为发达的商品经济，催生了大量的借贷关系和契约，包括依附性契约。人身关系最初也是契约关系的一部分；后来，因为梭伦改革，人身关系得以从契约关系中解放出来。梭伦禁止以人身为担保的借贷，随后颁布解负令，解放债务缠身的农民，使债务人免于沦为奴隶。梭伦对借贷契约的改革，实际上是将人身关系与债权关系分离。后世视之为"从身份到契约"运动的前奏，为确立真正契约关系打下了基础。

在法治思想方面，亚里士多德强调法律是正义的体现，是人类的理性原则。因此，实行法治是为了公众的利益或普遍的利益，而不是为了某一个阶级或个人的利益。亚里士多德第一次将法律上升到至高无上的神圣地位，确立了法律的至上权威，为西方法治思想奠定了基础。

在此基础之上，希腊人形成了独具特色的理性自然法律观。希腊人将自然视为独立于人的整体。后来欧洲的自然法观念，均可溯源于古希腊早期的自然法观念。亚里士多德将法律正义分为两种：一为天理自然的（natural），二为人为约定的（conventional）。也就是说，一种法则系天理自然的，普世适用，不需要我们接受或不接受；另一种法则系人为约定的。人定法系人所制定之法，而自然法系上天所垂之则。其后，斯多噶学派又进一步提出，世界为理智和天意所主宰，理性渗透在世界的每个部分。作为宇宙一部分的人是理性动物，在理性的命令下，人根据其自身的自然法则处世立身。斯多噶学派的自然法思想影响了稍后的罗马法学者，是罗马万民法的前奏。

古代希腊法建立于城邦这一政治共同体基础之上，不管统治集团如何压迫和控制被统治者，统治集团内部却贯穿着平等与公开的精神，统治集团成员轮番为治，共同立法，抽签或选举产生领导人，通过公开、公平的程序来审理司法案件。

不过，与现代司法体制相比，古希腊的司法展现出惊人的非职业主义甚至反职业主义特征。在雅典的陪审法庭里，无论是主持程序的官员、陪审法官，还是原告、被告或是证人，都不是专业法律人士。在这样的非职业主义司法体制之下，很少会有人去专门梳理与研究法律，将其系统化，从而形成一门独立的学问。

事实上，雅典人是有意要维护司法的非职业主义。在古希腊人的视野中，司法从来都是政治事务的一个分支，虽然承担着实施法律和解决纠纷的功能，但更重要的是，它具有重要的政治教育功能。对属于统治团体的公民来说，参与统治事务是发展和完善个人德行的必要条件。如果实行职业主义，让一部分人固定地执政司法，其他人就会丧失平等参与统治的机会。民主政体要生存下来，就必须让自己的公民时刻不断地参与城邦的统治事务。对普通公民来说，参与审判不仅是一项权利，也是一项无法推脱的义务。

相较于司法体制，希腊城邦的政体实践与政体理论对于我们今天的影响更大。基于古希腊城邦丰富多样的政体实践而提炼出来的各种政体类型学说，直到今天还深刻地影响着我们对政治与宪法的理解。

当代西方将其民主、法治的源头追溯到古希腊时期的雅典。就"民主"来说，当代对"民主"的主流理解与古希腊的"民主"概念相去甚远。当代人用"竞争性选举"来界定民主，但选举在古希腊恰恰是寡头制和贵族制的政治技艺。当代民主强调"选贤与能"，古典民主制注重优先保障公民参政议政的机会平等。通过选票选出贤人来"代表"人民，更是古希腊人无法理解的政治思维方式。用希腊人的眼光来看，当代或许并没有真正的民主制，那些自称"民主"的政体不过是贵族制或是寡头制而已。

二、古罗马的法律贡献

民族文化秉性决定了法律的特质与秉性，法国思想家托克维尔称之为"民情"。古罗马的民情不同于古希腊，古希腊人力求美与善，向往理想主义的精神生活，所以希腊人的法律是理想国中完美的法，是敦促人民向善的法。在制定法律的取向上，古希腊人期望制定一部善法，而尽可能地避免产生恶法；而古罗马人则崇拜权威与道德，追求丰富利己的现实生活。罗马人富有行政与组织的天分，是政治型、社会型的民族，重视权力、效能与秩序。罗马人注重维护法律的权威，注重法律运行中所产生的法律秩序。

罗马法虽然形成于市民共同体的日常生活，但其最初的表述和真实含义却有赖于祭司及其解释。当时，人们主要是通过日常实践和口耳相传来延续法律的生命，人们遵循法律，但却未必能清晰明确地表述法律。因此一旦发生争议，就需要有专人澄清，古罗马早期的祭司就承担着解释法律的责任。

后来，随着法律的公开化和成文化，祭司的地位受到挑战。人们可以从其他途径——比如竖立在广场上的铜表，来了解法律。于是，人们诉诸祭司之外且同样理解这些规范的人——比如世俗法学家，来理解法律。这可能也是罗马法学兴起的一个重要原因。后来祭司也不得不顺应趋势，主动公布他们所掌握的法律尤其是诉讼知识。如此一来，随着关于法律知识与解释的公开，一些人有可能不依靠祭司而成为法律权威，这就是罗马世俗法学和世俗法学家的兴起。

法学家的活动形式主要包括，为民众和当政者提供法律咨询、法律意见，解答疑难法律问题，从事法律教育，撰写法律文书，甚至是亲身参与法庭诉讼，著书立说，法典编纂，部分法学家还担任了与法律相关或不相关的重要官职。

法学家对罗马法发展的最大贡献体现在理论和实践两方面。在理论上，罗马法学家利用希腊文化带来的辩证方法提炼和整理市民法，将罗马法律传统整理为规范化文字，从技术上完善罗马法。罗马法学家广泛参与法律实践，通过法律实践推动罗马法的发展。比如，法学家通过解释法律，让自己的学说具有了法律效力，从而使法学理论成为罗马法的渊源之一。

在帝制之前，罗马法具有多种法律渊源，而在走向帝制之后，罗马法的渊源从多元转为单一。帝制中期以前（大约公元前3世纪之前），罗马法的渊源呈现出多元化的特点，其渊源主要包括以下几种。

1. 市民法。市民法来自氏族时期的社会生活，更多体现为习惯。

2. 元老院立法。王政时期，元老院只是王的咨询机构，并不具有实际权力。共和体制建立后，元老院成为罗马政治生活中最为重要的机构，共和国的许多重要措施都要经过元老院同意，元老院在立法、财政、司法、外交、宗教等方面拥有广泛的权力。元老院的立法对全体罗马人都具有法律效力，它也因此以"法律"的形式为罗马法的发展贡献了重要的力量。

3. 平民大会决议。平民大会体现为多种形式，如以原来氏族为基础的库利亚民众会议、以军事组织为基础的百人团民众会议和以平民组织为基础的部落民众会议等。平民大会具有选举、立法和司法等职能。平民大会决议起初只对平民有效，但经过公元前449年和公元前339年以及公元前286年的改革，平民大会决议取得了和元老院立法同等的效力，即对全体罗马人都有法律效力，从而成为罗马法律的另一种重要渊源。

4. 万民法。万民法起源于罗马人与外邦人的交往。罗马城邦的形成本身就是一个本地人与其他人不断融合的过程，共和体制确立后，罗马开始了对外征服的进程，越来越多的外邦人与罗马人之间有了各种各样的联系。在这样的关系中，演化出了万民法。万民法的出现，从实体内容上丰富了罗马法，并大大拓展了罗马法的范围。

5. 裁判官法。裁判官是罗马掌管司法职权的主要官员，其设立缘于平民和贵族之间的斗争。平民动辄以退出城邦相威胁，迫使贵族不断让步：平民可以与贵族通婚，设立保民官；平民可以当选执政官，后来发展成2名执政官中必须有1名是平民。贵族在这场斗争中节节败退，但这更导致了双方更多的冲突。为了避免发生更严重的冲突,当时的独裁官采取了一项妥协方案:设立1名裁判官,与2名执政官共享治权,主要负责城邦司法权。裁判官通过听取诉讼的方式,保障和救济民众的实体性权利。在此过程中,裁判官拥有了一定的自由裁量权。

裁判官从司法中积累起来的经验,被后继的裁判官总结出来,并作为自己的司法依据,以永久告示的形式公布,在其任职内保持效力。这种"永久告示"的意义在于,它能够告诉人们,即将上任的裁判官将依据什么样的标准判决案件。

以上是帝制中期以前罗马法的主要渊源,其特点是多元性。正是这种多元性丰富了罗马法的内容,使之从一种褊狭、封闭、原始的地域性习惯转变为一种内容充实、表述精当、适用广泛的古代世界最为完备的法律体系。

帝制时期,罗马法的渊源出现了单一化倾向,即皇帝的谕令取代其他渊源成为最为重要的法律渊源。

此前在共和国时期对法律发展起着重要作用的法学家,也从创制法律转向了编纂法律。同样,随着帝制的发展,原来作为共和国时期执政官同僚的裁判官的地位也不断下降,皇帝通过增加人数、限制权力等措施使裁判官一步步沦为普通官僚,而其强大的造法功能也随之消失,最终成为普通的执法官员。

在共和体制下,社会中的各种力量都能发出自己的声音并通过适当的渠道促进法律发展;而在帝制时代,专制使皇帝的谕令几乎成为罗马法的唯一法律渊源,并以此作为维护专制体制的必须手段。此时,法学家所能做的不过是整理规则,而非创造法律,他们致力于整理先前的罗马法,法典编纂遂应运而生。

罗马法之所以被视为古代世界最完备的法律体系,主要是因为它被编纂成了法典。当罗马国家生机勃勃处于上升时期时,并没有编纂法典,相反,法典是罗马衰落时期的产品,与国家的衰亡同时发生。罗马法的真正法典化始于帝制中期以后,高峰出现在西罗马帝国灭亡之后的东罗马帝国时期,产生了优士丁尼皇帝主持编纂的《民法大全》。《民法大全》是罗马法发展史上的集大成之作,是对罗马法1000年来发展的归纳和总结。

维持帝制秩序需要统一法令,专制者之所以选择法典的形式,正是因为法典可以协调以前法律条文的矛盾和冲突,法典一出,以前的律条纷纷失效,从今往后,一切以法典为准,契合专制的要求。

当然,法典也有其自身的优点,比如能够使法律精简、统一、易于理解、可预测,并且便于公众查询和引用,更重要的还在于便于移植,可以超越原来的基础,这也是它能够为后来整个世界所接受的原因。

罗马法为什么会对世界产生如此大的影响呢？一是罗马法发现或揭示了社会经济生活中的基本规律。随着罗马征服范围的扩大和经济交往的增多，万民法出现，丰富了罗马法的内容。正是基于频繁的经济交往，罗马法发现了其中隐藏的规律，比如法律主体的确定性、财产权利的明确性、交易的自愿性和合意性、等价有偿性，诚信和善意规则，等等。这些都不仅仅只适用于罗马，而且适用于任何形式的经济交往。二是罗马法不仅发现和揭示了这些社会经济生活中的基本规律，而且对它们进行了经典表述。这主要是罗马法学家们的功绩。

三、教会法与罗马法之复兴

公元1世纪，基督徒并未为整个教会制定和颁布统一的法规，各个教宗都通过习惯、惯例、传统调整宗教生活和纠纷。后来，基督徒开始从福音书和经文里提取规则、规范。一些教宗还制作了为基督徒生活的方方面面提供指引的手册。

中世纪早期是基督教扩散的关键时期，尤其是日耳曼各个部族逐步接受基督教信仰，基督教成为各个君主国的国教。世俗政权力量与宗教教会力量相互支持。当然，较之于世俗政权，基督教会具有自身的优势，即垄断性地掌握着希腊文和拉丁文，而拉丁文又是通行的宗教语言。

教会法的发展恰好填补了罗马法所留下的空间。到公元4世纪之前，《旧约》《新约》《使徒传统》、宗教习惯与宗教会议颁布的教规构成了教会法的主要渊源。公元4世纪后，教父著作与罗马主教书信拥有了同样的效力，成为新的教会法来源。

中世纪教会法对西方文明的发展影响巨大而且深远。12世纪的教会法学家认为，自然法存在于每一个人内心深处，合乎人的理性，高于人所制定的任何法律，是判断是非和确立正义的标准。自然法不独禁止人们做某些事情，也允许人们做某些事情；由自然法推进到人的"天赋"自然权利，直接影响了西方近代的自然权利（人权）学说。教会法学家指出，按照符合理性的自然法原则，财富共有和私有制并不矛盾，私有制与穷人获得救助的自然权利也不矛盾。富人合法拥有自己的财富，但是在穷人有迫切需求的候，富人必须把自己"多余"的财富拿出来与穷人分享。按照自然法，这部分"多余'的财富是公有的。如果富人拒绝分享这部分财富，拿取这些财富的穷人并没有犯下盗窃罪，而是在行使自己的自然权利。中世纪教会法庭有所谓的"强制济贫法"。如果富人拒绝在饥荒时期救助民众，后者可以向主教控告他，而主教则可以用绝罚等手段迫使富人参加救助。也就是说，在私有制拥有合法地位的同时，穷人对富人的财产，在自然法规定的特定意义上，拥有天然的权利。济贫不是富人对穷人的悲悯，而是富人的义务，是穷人的权利和社会正义的体现。

教会法也具有保护妇女的传统，这主要体现在两个方面：其一是婚姻自主；其二是特定意义上的男女平等。中世纪西欧社会，无论在农民、市民还是贵族，农奴还是自由人，同阶级的男女还是自由人和农奴，相互同意便足以缔结婚姻。教会法所禁止父母或领主在婚姻上强迫、阻拦子女或农奴。

在性关系上，教会法坚持男女平等，认为女方与男方一样，有权利要求对方满足自己的性需求。教会法确立的原则是，在婚姻关系中，男女双方互为债权人，都有权要求对方满足自己。在这个问题上，女方的权利与男方完全平等。教会法庭处罚通奸罪的理由是，通奸者没有对自己的合法配偶履行性伴侣的义务，因此对男方通奸的处罚，应该与女方通奸是一致的。教会法在这个特定问题上所提倡的男女平等，不仅认可了婚姻关系中的感情要素，也在更加广泛的意义上催生了西方的男女平等思想。

此外，与近代西方代议制度有关的"代表""主权""主权在民"等观念都可以在教会法学家那里找到初步的阐释。教会法是西方文化传统的重要一环，而且教会法学家还借用和改造了罗马法的内容与法学思想，并通过教会法影响整个西方社会。在某种程度上可以说，教会法为延续罗马法，并为罗马法的复兴保存了必要的条件。

罗马法最初复兴于12世纪意大利地区的博洛尼亚。博洛尼亚位于南、北意大利贸易路线的枢纽中心，处于王权与教权所辖之地附近，博洛尼亚市民支持王权、反对教权与教皇，国王也支持在博洛尼亚设立法律学院。这些都为罗马法的复兴奠定了基础。

博洛尼亚法学院对罗马法的注释，主要是注释《民法大全》。博洛尼亚的罗马法研究与学习极为盛行，相继出现了一大批著名的罗马法学家，招来大批学生。此后，法律学院在各地迅速增加，传授罗马法的法学院遍布整个欧洲，自治的法学家阶层再一次出现。其中，注释法学与经院哲学关系密切，他们运用经院哲学家的辩证法，传授法律知识，进行辩论。注释法学家的态度同经院哲学之目标相契合，即协调与系统化他们心中的权威，运用理性来解释并证明他们所寻找与发现的规则，寻求有利于建立和谐秩序的权威。

注释法学派之后，中世纪的经院哲学方法还催生了评论法学派。评论法学派更关注实践，其重点不在于注释而在于研究，除《民法大全》外，他们研究的内容与主题还包括地方习惯法、教会法、海商法、商法、封建法以及这些法律与罗马法的比较。

评论法学派通过比较不同法律体系——诸如封建法、地方立法、教会法,最终将罗马法的因素渗入西欧各法律体系。

此后,伴随着中世纪晚期近代早期的人文主义对中世纪学术的不满,又出现了人文主义法学。人文主义法学家主要探研优士丁尼之前的罗马法律,尤其是古典罗马法。人文主义者拒绝承认法律文本的绝对权威,他们认为,法律文本的权威性是相对的。人文主义者的法律解释方法具有历史性与哲学性,主张解释法律文本的内容要结合文本的历史背景、作者的动机,以及政治、文化、社会经济与具体制度语境。人文主义者不同于中世纪前期的法学家,前期的注释法学家与评论法学家认为罗马法具有绝对权威,且绝对完善。人文主义法学视罗马法为一种极佳的法律体系,但不视为绝对权威。

罗马法研究之复兴,经由中世纪教会影响并演化为注释法学、评论法学、人文主义法学三个阶段,此后,以罗马法为中心的民法学体系大体完备。自由观念、私有财产观念、契约观念都在继承罗马法的基础上得以发展与完善。

四、近代自然法与法典

17~18世纪,近代自然法学出现。自然法的先驱雨果·格劳秀斯认为,自然法源自人的自然特性,人是群体性动物、只有合作才能解决生存问题;正是这一特性,让人类希望建立一个相互合作的社会。国家的基础建立在个人的认可之上,法律必须公正地对待每一个人,只有在战争时期,国家才能拥有至高无上的权力。

自然法的另一先驱托马斯·霍布斯经历了17世纪中期英国的残酷内战,也看到了北美的各种冲突。霍布斯认为,在自然状态之下,人和人的关系就像狼与狼一样,相互争斗。因此,每个人都应该放弃个人暴力,签订社会契约,服从国家的管理。国家的权力由立法机关决定,法律是当权者的命令,由国家强制机关保障实施。格劳秀斯提倡的法律认可理论和霍布斯提倡的法律强制理论,在西方思想界延续至今。

1672年,塞缪尔·普芬道夫出版《论自然法和万民法》,他融合格劳秀斯和霍布斯的理论,为自然法创建了明确的体系。他从霍布斯那里承继了自然状态思想,并补充了格劳秀斯关于法的社会性理论。普芬道夫认为,人们订立协约的基本原因是单一个人的力量过于弱小,联合起来群体的力量更强大,所以国家因人与人订立社会契约而出现,而并非像霍布斯所言,国家通过强制力量迫使个人服从法律、服从当权者。普芬道夫是历史上第一个将"人"界定为"法律主体"的法学家。在这部书里，他还第一次提出了一般性的人权理念："人类应享有最高的人格尊严，因为他有一个灵魂，一个出类拔萃的灵魂，这种出类拔萃借助的是人的理解之光，是人判定事物的能力，是人的自由决断，是人对多种艺术的了解。"这是他法学理论的核心思想，是从伦理自由中得出的人权。因为所有人都有人格尊严，所有人在法律属性和自然属性上都是平等的。

约翰·洛克在1690年出版的《政府论》中继续和发展了霍布斯的自然状态理论，但对人类的初始状态，他与霍布斯看法不同。洛克认为，为了保障社会秩序和个人权利，人们并没有向国家转让生命权、自由权和财产权，他们仍旧保有国家出现之前所拥有的这些基本性权利。所以，君主不是绝对的主权者。人们享有立法权，通过选举议会来保障个人权利和社会秩序。议会不仅与君主并列存在，而且是高于君主的国家最高权力机构。

洛克的分权理论得到了孟德斯鸠的进一步发展。孟德斯鸠于1748年出版《论法的精神》，其书中指出，一个国家除了洛克提到的议会和君主外，还应包括第三个国家权力机关，即司法机关，三者分别执掌立法权、行政权和司法权；而且，司法权不受君主控制，法官应该依据法律而不是依据君主意愿来判决案件。

1672年普芬道夫的自然法著作出版后，很快成为当时欧洲所有大学的法律教科书。在洛克、孟德斯鸠等理论先驱的鼓吹之下，自然法成为一种时代精神，并开启了法典化进程。1765年巴伐利亚编著了《巴伐利亚民法典》，1794年普鲁士也颁布了《普鲁士法典》，这是第一部自然法法典。在奥地利，维也纳大学成为自然法学派的中心，1811年奥地利颁布了《民法典》。

自然法在政治领域中的第一次伟大实践是1789年8月法国国民大会颁布《人权宣言》。在1791年的9月，法国在巴黎决议通过了三权分立的君主立宪制宪法纲领。1791年5月，波兰率先颁布了带有君主制特征的第一部欧洲宪法。

1800年，拿破仑成立"民法起草委员会"，编订民法草案，该草案成为19世纪最受人推崇的成文法典。

此前，《巴伐利亚民法典》在形式上遵循了罗马法立法体系，归纳和总结了巴伐利亚法地区许多旧有的立法，法典中消除了他们彼此间的矛盾之处，用明确、清晰的德语书写出来。1787年《普鲁士法典》草案公之于众，供民众讨论，之后于1794年正式颁布，普遍适用于普鲁士地区。这部法律附带着一些特殊的法律条款，诸如领主法、地主制，一直适用到19世纪。

1811年奥地利颁布施行《普通民法典》。这部法典要比《普鲁士法典》更为先进，其1502个段落中包含了9000多条的私法条款。奥地利《普通民法典》分三个部分：第一部分主要是涉及人身权利的"人法"和"婚姻法"；第二部分是"物权法"，基本上是有关所有权与占有权以及合同与侵权行为的相关规定；第三部分出现了欧洲立法史上的第一个"总则"，这是自然法学派创立的。大约一个世纪之后的《德国民法典》，在开篇中就设立"总则"，并且较之更为精细。奥地利《普通民法典》在19世纪和20世纪进一步补充后一直沿用至今，已经有200年的历史。

在欧洲国家尝试着将自然法的基本理念纳入民法典"总则"的同一时期，美洲殖民者也开始将自然法的基本原则宪法化，并以此作为人权保障的宪法基础。现代宪法概念出现在18世纪后半叶，即美洲殖民者为了争取独立与英国君主的斗争之中。现代意义上的宪法有以下几点含义：①它源于人民群众；②它必须以书面的方式写在一个单一的文件上；③国家权力不因执政者的变更而有所改变，国家权力的享有者有义务遵守宪法的相关规定；④宪法要受《人权宣言》的制约。

人权最早出现在1215年英国《自由大宪章》第39条（即自由权）中，1679年颁布的《人身保护法》进一步加强了对于人权的相关保护措施。

在美国，《人权宣言》开始于1776年。当时的新罕布什尔宪法、南卡罗来纳宪法、弗吉尼亚宪法，以及弗吉尼亚人权宣言中都规定了几种基本权利：生命、自由、财产、幸福与安全。1776年，13个英国殖民地脱离英国宣布独立，追求他们自己的生命、自由和幸福。美国于1787年颁布宪法，这份文件开头写到："我们美国人民"，表明宪法是由人民所订立的。

在欧洲，1789年法国爆发了大革命，1789年8月，法国国民大会表决通过了《人权宣言》，以"人生而自由，都享有平等权利"为开篇。《人权宣言》之后，1800年之前，法国共颁布了四部宪法：第一部宪法是1791年在国民议会决议中，以孟德斯鸠的学说为蓝本，规定法国要实行君主立宪制。1791年6月，第二部宪法经国民议会决议通过。1795年第三部宪法，由国民大会委员会制定。这部宪法规定，只有那些富裕的公民才有选举权。议会两院由这些富裕公民中所选出的更为富有的候选人组建。1799年第四部宪法，由拿破仑钦定的委员会决议，最终由全民表决。在1800年之后，法国又相继出现了两部由人民公决的宪法，最后一部宪法出现在1804年，凭借这部宪法，拿破仑成为"能够世袭的法国皇帝"。

五、当代自然法的复兴

自然法的基本原则进入宪法后，只能保证一国之内的基本人权，无法保障国家之间的冲突与战争，人类在 20 世纪经历的两次世界大战就是惨痛的教训。第二次世界大战之后，极权主义带来的灾难性后果震撼了西方世界，整个西方开始对西方文明的反思。尽管人们对极权主义的起源有着不同的看法，但都承认，这种可怕的政治形式孕育于"现代性"自身。一方面，极权主义往往以国家利益的名义剥夺个人的权利，甚至要求牺牲个体的生命，将国家和法律变成冷酷的杀人机器；另一方面，极权主义也时常披着"民族精神"等意识形态外衣，通过实证法来贯彻专制。这导致在历史法学、法律实证主义内部难以找到反思和批判极权主义的道德支点。于是，一些法学家开始重新回归价值论，审视法律的道德基础，考察法律与道德的关系这类具有自然法色彩的命题。

第二次世界大战结束后，盟国开始追诉法西斯元凶的战争罪责。1945 年 11 月，盟国组织国际法庭，在德国纽伦堡追诉纳粹战犯。追诉过程中，审判的法律依据及法庭的正当性引起了争议。有纳粹战犯主张，纽伦堡审判背后是成王败寇的逻辑，不具有正当性。他们作为政府人员，依据纳粹时期的法律行动，不算违法，因而无需承担法律责任。在当时的很多德国人看来，这不是"正义的胜利"，而是"胜利者的正义"，是胜利者对失败者的单方面审判。为了反思纳粹法律所造成的恶果，进而为审判纳粹提供法理基础，德国著名法学家拉德布鲁赫提出："正义与法律之间的冲突可以这样解决——通过法令和国家权力来保障的实在法是具有优先地位的，即便其在内容上是不正义的、不合目的性的；除非当实在法与正义的矛盾达到不能容忍的程度，以至于法律已经成为'非正当法'，法律才必须向正义屈服。在法律是'非正当法'与内容不正当但仍属有效的法律，这两种情况之间划出一条截然分明的界限，是不可能的，但最大限度明晰地做出另外一种划界还是有可能的：凡正义根本不被追求的地方，凡构成正义之核心的平等在实在法制定过程中有意不被承认的地方，法律不仅仅是非正当法，它甚至根本上就缺乏法的性质。"这就是著名的拉德布鲁赫公式。

鉴于第二次世界大战造成的严重后果，为了避免人类再次陷于巨大错误和惨痛灾难之中，联合国于 1948 年通过了《世界人权宣言》，首次促使全世界在人权问题上达成基本共识。在起草宣言的过程中，西方一些重要的自然法学家参与其中，做出了卓越贡献，使这份文本融入了很多自然法的语言和观念，将一些基本人权定位为"不可克减的"、具有普适性的权利。《世界人权宣言》是继法国人权宣言和美国独立宣言之后，又一篇具有里程碑意义的法律文件。从某种意义上讲，起草《世界人权宣言》的动议，受到了这些历史文件的启发，而这些历史文献无不受到自然法思潮的影响。这份宣言及后来制定并通过的相关人权公约，极大地促进了国际人权法的发展，成为战后绝大多数人权宣言和公约的样本；在某种程度上冲击了19世纪以实证主义为主的国际法观念，推动了自然法思想的复兴。

从根源上讲，自然法思想是西方哲学和法律传统中一个非常重要的思想潮流，被喻为西方法律文明和法文化中的"源代码"，虽然很多著名的思想家从不同角度质疑过自然法的真实性、有效性，但自然法思想如同常青树，不但没有彻底消失，反而时常在社会转型的历史时刻发挥影响。德国社会学家马克斯·韦伯认为，"自然法是独立并且超越于一切实定法的那些规范的总体"。自然法相对于实定法所拥有的独立性和超越性并非源于"正当的立法者，而是由于其内在固有的性质"，而这种"内在固有的性质"使自然法成为实定法的正当性源泉和尺度。

从某种意义上讲，自然法属于一种"深层次信念"，它难以被实证法体系所通约。自然法思想的着眼点在于法律与人类精神生活之间的内在关联，其核心关注点在于法律与道德之间相互关系，其主体内容在于对法律正当性的持续追问。在18世纪西方资本主义社会建立法治国家的过程中，自然法曾经发挥过重大作用，它不仅为确立现代国家的政治原则提供过理论资源，也为主观权利的概念提供了道德起点。韦伯曾指出，当西方从基督教世界脱离出来，向现代社会迈进的时刻，具有自然神论色彩的自然法思想是现代道德与法律观念的最佳中介。但到了19世纪，随着现代国家建构基本完成，主观权利不再需要自然法的支撑，权利天赋论为权利国赋论所取代，便使法律脱离了与自然法思想的关系，进入了法律实证主义的时代。法律实证主义主张法律与道德分离，从而将自然法驱逐出实证法的领域。

到了20世纪，纳粹德国所带来的惨痛教训震动人心，随着纳粹德国大规模屠杀犹太人的真相公之于世，越来越多的人为一个曾经拥有高度文明传统的民族沦为高效的杀人机器而震惊不已。清醒的人们意识到，很大的问题出在德国"法治国"传统的内在缺陷上；这一法治国传统过于注重法律的形式理性性格，过于注重其对于强大官僚体系的支持，缺少了稳固的民主过程，尤其是坚定的个人基本权利观念。这些问题促使人们重新检视法律与道德的内在关联，寻找反思和批评实证法的道义尺度，促使很多西方思想家借助古已有之的文化源代码来完成这一艰巨的任务，自然法思想由此成为重要的思想资源。

在这样的时代背景和思想冲击之下,自然法思想在实证主义的"死灰"中复燃。在 20 世纪的西方法文化思潮中,自然法思想主要沿着三条脉络开始复兴。

第一条脉络为新古典主义理论。它通过回溯古希腊与古罗马的思想传统,复兴一种以"美德"为核心内容的自然法,在英美国家,其代表人物包括美国的保守主义政治哲学家列奥·施特劳斯与英国的约翰·菲尼斯等,其中列奥·施特劳斯对美国新保守主义的政治思想产生了重大影响,而约翰·菲尼斯则成为迄今为止西方世界最为声名卓著的自然法学家。

第二条脉络为新托马斯主义,或新经院主义自然法学。它是通过重新阐释中世纪经院哲学家托马斯·阿奎那的思想,为重新发现自然法提供智识资源,其代表人物包括天主教神学家吉尔曼·格吕塞兹和天主教法学家罗伯特·乔治等。

第三条脉络则以美国的新自由主义思想家为主,包括法学家朗·富勒、罗纳德·德沃金以及哲学家罗尔斯等人。与前两条方向的自然法学家不同,他们承认,现代社会绝非病入膏肓,仍然具有解放的潜力,因此不需要回溯到传统社会的思想资源中去寻找治疗现代性疾病的良方。他们致力于从世俗而非宗教的角度,提出符合西方现代社会价值观念的道德理论和法律理论。如果说,新古典主义自然法学试图复兴的是"美德",其思想英雄是柏拉图与亚里士多德;新托马斯主义自然法学试图复兴的是"良知"与"人性",其思想英雄是托马斯·阿奎那;那么美国的新自由主义思想家试图复兴的是"选择"与"权利",其思想英雄是 18 世纪的启蒙思想家。在这一思想谱系中,德沃金与罗斯并不认为自己属于自然法学家的阵营,他们对传统自然法的理论基础、论证方式乃至实体内涵都颇有微词。尽管他们与同时代的很多自然法学家同样关心法律的道德性问题,也从自然法的思想传统中获取一些养分,却走上了与自然法理论截然不同的道路。

在这三条主要脉络之外,还有一个思想支脉值得一提。它并非来自新自然法学阵营,甚至是来自自然法学的论敌一方,即法律实证主义或社会法学的内部。其中有些思想家,由于受到自然法复兴的影响,有感于时代巨变提出的严肃问题,在与自然法学者论战的过程中,有意识地在既有理论体系内部改进观点、调整立场,甚至吸收了对手思想中的某些合理成分。其中较有代表性的有德国法学家拉德布鲁赫、英国法学家哈特与美国社会法学家庞德。从某种程度上讲,这些变化也是战后自然法复兴所带来的意外效果。

思考题:

1. 古希腊法律思想的基本特征。

2. 罗马法的主要渊源。

3. 中世纪教会法的贡献。

4. 近代与当代自然法的相通之处。

参考文献与推荐阅读：

1. ［美］塔玛尔·赫尔佐格：《欧洲法律简史：两千五百年来的变迁》，高仰光译，中国政法大学出版社 2019 年版。

2. ［德］乌维·维瑟尔：《欧洲法律史：从古希腊到〈里斯本条约〉》，刘国良译，中央编译出版社 2016 年版。

3. ［爱尔兰］约翰·莫里斯·凯利：《西方法律思想简史》，王笑红译，法律出版社 2010 年版。

4. 高鸿钧、李红海主编：《新编外国法制史》，清华大学出版社 2015 年版。

5. 高鸿钧、赵晓力主编：《新编西方法律思想史（现代、当代部分）》，清华大学出版社 2015 年版。

6. 高鸿钧、赵彩凤编：《法律文化读本》，清华大学出版社 2016 年版。

第三节　马克思主义关于法的批判理论及其意义

马克思早期关于国家与法的思想的转变过程，同时也是其创立唯物史观的艰难探索过程，而他在这一过程中的一些分析批判对于我们今天如何理解"法治"有着重要的现实意义。马克思在早期的现实批判与自我批判中，针对的恰恰是今天很多学者所持的观念。马克思在他早期的批判中，遇到了在国家与法的理论上的两组对立关系，其中一个是其思想自身之中的，即法理本质与现实法律的对立，另外一个则是表露在现实中的，即政治国家与市民社会的对立。这两对关系虽有不同，但都贯穿着马克思关于人的自由与解放的思想。马克思和恩格斯在 1845 年的《德意志意识形态》中，共同对他们以前的哲学信仰进行了清算，阐明了他们与德国意识形态对立的见解，即阐明了他们的历史唯物主义的基本原则，也正是在这样的基础上，关于国家与法的问题才得以科学的解决。

马克思主义关于国家与法的理论是建立在历史唯物主义的基础之上的，这一理论从形成到成熟完善经历了一个辩证的发展过程。马克思青年时代在大学学习的专业是法律，对法律问题做过深入的研究，虽然我们很少看到马克思专门论述法律问题的著述，但他一生都在关注法律问题并通过对资产阶级法的批判，完成了对法律的本质、法律的起源、法律的发展规律等问题的批判分析,提出国家和法最终将被"自由人的联合体"所替代。马克思曾在《资本论》第二版序言中指出:"辩证法不崇拜任何东西,按其本质来说,它是批判的和革命的。"可以说,马克思主义的方法论就是一种批判的视角,"从一开始,马克思就是对资本主义法律制度的一种批判,但同时马克思还认为'法典就是人民自由的圣经'。"可见,马克思主义法学的方法论意义就在于在批判中建构一种新的理论体系。同时,作为一种实践法哲学,马克思批判理论的意义还在于绘就了一幅没有国家和法律的理想社会图景。

一、马克思早期在解决国家与法问题中的思想展开

马克思在早期深受启蒙思想的影响,在黑格尔哲学的解体过程中,从革命的民主主义立场来理解黑格尔哲学的合理的、革命的因素,这构成了其思想发展的起点。马克思在不断地投身于当时的政治斗争和理论纷争之中,感受到了黑格尔哲学的巨大局限。他通过艰难的理论探索,逐渐摆脱了黑格尔哲学的束缚,才创立了一个崭新的历史唯物主义的理论。考察马克思的这一思想探索过程,也是为了更深刻地理解马克思主义法学理论的科学性。

(一) 倒转被颠倒的关系:法理本质与现实法律

马克思在柏林大学读书期间就曾有一个建立法哲学的抱负。在他 1837 年 11 月致他父亲的信中,说到他在专攻法学时,尤其渴望专攻哲学,因为两者是交织在一起的;而在试图使一种法哲学贯穿整个法的领域过程中,却遇到了这样困惑:"这里首先出现的严重障碍同样是现有之物和应有之物的对立,这种对立是理想主义所固有的,是随后产生的无可救药的错误的划分的根源。最初我搞的是我慨然称为法的形而上学的东西,也就是脱离了任何实际的法和法的任何实际形式的原则、思维、定义,这一切都是按费希特的那一套,只不过我的东西比他的更现代,内容更空洞而已。"[①] 这种困境在于,他一开始所接受的康德、费希特那样的数学独断论的形式,成了其认识真理的障碍。因为在认识生动的思想领域的具体表现方面,诸如法、国家、全部哲学等方面,这种形式无法使事物形成一种多方面展开的生动的东西。这种困境促使马克思开始从理想主义转向从现实本身中去寻求观念。所以,马克思这时才有了这样的认识:"我们必须从对象的发

[①] 中共中央马克思恩格斯列宁斯大林著作编译局编译:《马克思恩格斯全集》(第四十七卷),人民出版社 2004 年版,第 7~8 页。

展上细心研究对象本身,而决不允许任意的划分;事物本身的理性在这里应当作为一种自身矛盾的东西展开,并且在自身中求得自己的统一。"① 这种表述也正是黑格尔式的语言。在黑格尔那里,现实之中不仅包含着观念,而且观念必将在现实中实现自身。所以,麦克莱伦才这样指明了马克思转向黑格尔的必然性:"正是现实的东西和应有的东西之间的这种巨大反差,使马克思后来考虑用黑格尔哲学来克服。"②

马克思这时很快开始倾心于黑格尔的哲学,开始"从头到尾读了黑格尔的著作,也读了他大部分弟子的著作。"③ 黑格尔对他的影响是巨大的,马克思也把理念或理性视为最为真实的内容,而且也认为理念必定在现实之中实现自身。黑格尔就曾这样坚决反对应然与实然的对立,坚持认为"哲学所研究的对象是理念,而理念并不会软弱无力到永远只是应当如此,而不是真实如此的程度。"④ 马克思在1840~1841年之间关于伊壁鸠鲁哲学的笔记中这样写道:"象普罗米修斯从天上盗来天火之后开始在地上盖屋安家那样,哲学把握了整个世界以后就起来反对现象世界。现在黑格尔哲学正是这样。"⑤ 这里,马克思仍然是把应然与实然进行了二分,但并不把二者视为对立的,而是要用"应然"去统摄"实然"。

马克思在其后的《莱茵报》时期,在他写的关于新闻出版自由的辩论的论文(1842年3~4月)中,对于法律的性质与作用有这样的看法:"法律不是压制自由的措施……恰恰相反,法律是肯定的、明确的、普遍的规范,在这些规范中自由获得了一种与个人无关的、理论的、不取决于个别人的任性的存在。法典就是人民自由的圣经。"⑥ 把法律视为自由的体现,我们可以清楚看到马克思所受到的黑格尔的影响。所以,马克思当时的辩护必然要诉诸法律本身。马克思在《历史法学派的哲学宣言》(1842年7~8月)中,也继黑格尔之后,对历史学法

---

① 中共中央马克思恩格斯列宁斯大林著作编译局编译:《马克思恩格斯全集》(第四十七卷),人民出版社2004年版,第8页。
② [英]戴维·麦克莱伦:《卡尔·马克思传》,王珍译,中国人民大学出版社2005年版,第21页。
③ 中共中央马克思恩格斯列宁斯大林著作编译局编译:《马克思恩格斯全集》(第四十七卷),人民出版社2004年版,第15页。
④ [德]黑格尔:《小逻辑》,贺麟译,商务印书馆1980年版,第45页。
⑤ 中共中央马克思恩格斯列宁斯大林著作编译局编译:《马克思恩格斯全集》(第四十卷),人民出版社1982年版,第136页。
⑥ 中共中央马克思恩格斯列宁斯大林著作编译局编译:《马克思恩格斯全集》(第一卷),人民出版社1995年版,第176页。

学派的创始人物古斯塔夫·胡果进行了批判。在 1842 年初，历史法学派的萨维尼接受普鲁士国王的任命对普鲁士的法律进行修订，而这一派在当时反对法国革命中的资产阶级民主主义思想，反对制定普遍适用的法典。马克思参与了这次法律修订的讨论，并为《莱茵报》撰写了此文，其后又在《〈黑格尔法哲学批判〉导言》对历史法学派的面目进行了揭露。针对胡果宣称康德是自己的老师，马克思明确指出：胡果完全曲解了康德，只是一个否认事物的必然本质的怀疑主义者，"他根本不想证明，实证的事物是合乎理性的；相反，他力图证明，实证的事物是不合理性的。"① 胡果与康德的理论实质区别在于："如果说有理由把康德的哲学看成是法国革命的德国理论，那么，就应当把胡果的自然法看成是法国旧制度的德国理论。"② 我们从这里可以看到，马克思对胡果的批判也是从"理性"出发的。对于历史法学派的理论实质，马克思指出，他们把研究起源变成自己的口号，但这种研究无疑是以历史来为现实进行辩护，正如一年之后马克思所揭露的那样："有个学派以昨天的卑鄙来说明今天的卑鄙行为是合法的，有个学派把农奴反抗鞭子——只要鞭子是陈旧的、祖传的、历史的鞭子——的每一声呐喊都宣布为叛乱……因此，这个历史法学派本身如果不是德国历史的杜撰，那就是它杜撰了德国的历史。"③ 这对具有强烈的革命精神的马克思来说，是不能忍受，因而也是必须清算的。

在其后的《关于林木盗窃法的辩论》的论文（1842 年 10 月）中，涉及具体的物质利益之时，虽然马克思还肯定"人类的法是自由的体现"④，强调法律应该是"事物法理本质的普遍和真正的表达者"⑤，但已明确地认识到了不同利益集团的法律观念是不一样的，"'维护林木所有者利益的法理感和公平感'是一项公认的原则，而这种法理感和公平感同维护另外一些人的利益的法理感和公平感正相对立；这些人的财产只是生命、自由、人性以及除自身以外一无所有的公

---

① 中共中央马克思恩格斯列宁斯大林著作编译局编译：《马克思恩格斯全集》（第一卷），人民出版社 1995 年版，第 230 页。
② 中共中央马克思恩格斯列宁斯大林著作编译局编译：《马克思恩格斯全集》（第一卷），人民出版社 1995 年版，第 233 页。
③ 中共中央马克思恩格斯列宁斯大林著作编译局编译：《马克思恩格斯文集》（第一卷），人民出版社 2009 年版，第 5 页。
④ 中共中央马克思恩格斯列宁斯大林著作编译局编译：《马克思恩格斯全集》（第一卷），人民出版社 1995 年版，第 248 页。
⑤ 中共中央马克思恩格斯列宁斯大林著作编译局编译：《马克思恩格斯全集》（第一卷），人民出版社 1995 年版，第 244 页。

民的称号。"① 马克思在《论犹太人问题》（1843年10~12月）中，对现代国家的法律本质已有了明确的认识："在这个自私自利的世界，人的最高关系也是法定的关系，是人对法律的关系，这些法律之所以对人有效，并非因为它们是体现了人本身的意志和本质的法律，而是因为它们起统治作用，因为违反它们就会受到惩罚。"② 对于这时的马克思，法律不再是自由本质的体现。但是马克思并没有放弃他的人类自由解放的理想，他最终放弃的只是这种自由观念的抽象普遍的理解。对于应该怀抱一个什么样的自由观念，虽然马克思并没有给出一个明确的答案，但就如何由"实然"通达"应然"他已给出了一个明确的方法上的路径。他在1843年9月致卢格的信中，虽然还有黑格尔哲学的印迹，如他说到"理性向来就存在，只是不总是具有理性的形式"③，但总体来说，他已开始接近唯物主义。他这样指出："我们不想教条地预期未来，而只是想通过批判旧世界发现新世界。"④ 这里很清楚的是，对马克思来说，不再是预先设定"应然"并最后落实于"实然"，而是要从"实然"之中揭示"应然"，从现存的现实的特有形式之中引出作为它的应有的真正现实。这也预示了他即将展开的政治经济学的批判。

马克思一直被法国革命所鼓舞，但他从未认为法国革命就是他的"理想"，从未认为德国就应走法国的道路。他在《〈黑格尔法哲学批判〉导言》（1843年）明确提出："在法国，全部自由必须由逐步解放的现实性产生；而在德国，却必须由这种逐步解放的不可能性产生"⑤。马克思的分析是，在法国，从事普遍解放的角色曾分别由法国人民的各个不同阶级担任，但他们并不感到自己是一个特殊的阶级，而是自认为是整个社会需要的代表；但是，在德国，市民社会任何一个阶级，除非是由于自己的锁链本身的强迫，是不会有普遍解放的需要和能力。马克思宣称，德国解放的实际可能，恰恰就在于形成一个被戴上彻底的锁链的阶级，即无产阶级。

---

① 中共中央马克思恩格斯列宁斯大林著作编译局编译：《马克思恩格斯全集》（第一卷），人民出版社1995年版，第281页。
② 中共中央马克思恩格斯列宁斯大林著作编译局编译：《马克思恩格斯文集》（第一卷），人民出版社2009年版，第53页。
③ 中共中央马克思恩格斯列宁斯大林著作编译局编译：《马克思恩格斯文集》（第十卷），人民出版社2009年版，第8页。
④ 中共中央马克思恩格斯列宁斯大林著作编译局编译：《马克思恩格斯文集》（第十卷），人民出版社2009年版，第7页。
⑤ 中共中央马克思恩格斯列宁斯大林著作编译局编译：《马克思恩格斯文集》（第一卷），人民出版社2009年版，第16页。

(二) 揭露被歪曲的关系：政治国家与市民社会

马克思转向黑格尔后，很快因卷入现实政治问题，尤其是"遇到要对所谓物质利益发表意见的难事"，① 发现不仅"应然"与"实然"并未统一起来，而且"实然"自身也发生着分裂，出现了不可调和的矛盾。马克思由此产生了对黑格尔的批评，而这种批判的第一部著作就是他在1843年着手的对黑格尔法哲学的批判性分析。

马克思的《黑格尔法哲学批判》主要是对黑格尔《法哲学原理》一书第260~313节的全面分析与批判，而对市民社会与国家的关系的分析与批判则构成了中心的问题。在黑格尔那里，市民社会与政治国家只是绝对精神发展的两个环节，但又被视为相互对立的：市民社会追逐个人私利，而政治国家关注普遍事务。黑格尔力图解决两者的对立的方式则是以政治国家来统摄和吞食市民社会。马克思一方面这样高度评价了黑格尔："黑格尔觉得市民社会和政治社会的分离是一种矛盾，这是他的著作中比较深刻的地方。"② 另一方面也深刻揭露了黑格尔的唯心主义的性质，明确肯定了家庭和市民社会才是国家的前提；同时也明确批评了黑格尔满足于解决两者对立的表面现象，指出了这种政治国家与市民社会的分离，正是现代社会发展的结果。

在《论犹太人问题》中，马克思进一步分析，这种政治国家与市民社会的分离，导致了人权与公民权的分离。这里所谓的"人权"，只不过是市民社会的成员的权利，是与他人并同共同体分离开来的权利，因此，《人权与公民权宣言》中的自由，不过是"人作为孤立的、自我封闭的单子的自由。"③ 而自由这一人权的运用，实际上就是私有财产这一人权。"这就是说，私有财产这一人权是任意地、同他人无关地、不受社会影响地享用和处理自己的财产的权利；这一权利是自私自利的权利。这种个人自由和对这种自由的应用构成了市民社会的基础。这种自由使每个人不是把他人看作自己自由的实现，而是看作自己自由的限制。"④ 所

---

① 中共中央马克思恩格斯列宁斯大林著作编译局编译：《马克思恩格斯文集》（第二卷），人民出版社2009年版，第588页。
② 中共中央马克思恩格斯列宁斯大林著作编译局编译：《马克思恩格斯全集》（第三卷），人民出版社2002年版，第94页。
③ 中共中央马克思恩格斯列宁斯大林著作编译局编译：《马克思恩格斯文集》（第一卷），人民出版社2009年版，第40页。
④ 中共中央马克思恩格斯列宁斯大林著作编译局编译：《马克思恩格斯文集》（第一卷），人民出版社2009年版，第41页。

谓的公民权,就是一种政治权利,是在政治共同体即国家中与别人共同行使的权利。在现代社会之中,不是身为公民的人,而是身为市民社会成员的人,被视为本来意义上的人、真正的人。让马克思困惑不解的是,"一个刚刚开始解放自己、扫除自己各种成员之间的一切障碍、建立政治共同体民族,竟郑重宣布同他人以及同共同体分隔开来的利己的人是有权利的(1791年《宣言》)。"① 尤其令人困惑不解的是,"公民身份、政治共同体甚至都被那些谋求政治解放的人贬低为维护这些所谓人权的一种手段。"② 马克思的这种"困惑不解"正是通过"讽喻"的方式指出了政治国家与市民社会并非完全对立,恰恰相反,通过政治革命解放出了人,但这个人是利己的人,是孤立的单子,从而又把人与人之间分割开来;同时,政治共同体被那些谋求政治解放的人贬低为维护这些所谓的人权的一种手段。因此,马克思提出:"政治国家的建立和市民社会分解为独立的个体——这些个体的关系通过法制表现出来,正像等级制度中和行帮制度中的人的关系通过特权表现出来一样——是通过同一种行为实现的。"③ 马克思这时更多地是揭露政治国家与市民社会的分离及其所导致的人们不仅在思想中而且在现实中的二重化,即过着天国的生活与尘世的生活这样的双重生活。前一种生活,是在政治国家中的生活,人把自己作为社会存在物,把自己视为共同体的一员,而后一种生活,是在市民社会中的生活,人是作为私人进行活动,把他人并把自己视为工具。

马克思和恩格斯在《神圣家族》(1844年)中的重大思想进展,一是对市民社会与政治国家作了更为具体的说明;二是明确指出了市民社会与政治国家之间的具有内在的一致性。一方面,市民社会决定了政治国家。在市民社会中,那种利己主义的个人在他们的抽象之中把自己理解为原子,但是,市民社会的成员决不是原子,因为原子是自满自足的,它身外只是绝对的虚空。但是,作为现实的个人,"他的每一种感觉都迫使他相信他身外的世界和个人的意义,甚至他那世俗的胃也每天都在提醒他:身外的世界并不是空虚的,而是真正使人充实的东西。"④ 因此,在一个追逐身外的事物以满足其需要的个人同在他之外并拥有满

---

① 中共中央马克思恩格斯列宁斯大林著作编译局编译:《马克思恩格斯文集》(第一卷),人民出版社2009年版,第42页。
② 中共中央马克思恩格斯列宁斯大林著作编译局编译:《马克思恩格斯文集》(第一卷),人民出版社2009年版,第43页。
③ 中共中央马克思恩格斯列宁斯大林著作编译局编译:《马克思恩格斯文集》(第一卷),人民出版社2009年版,第45页。
④ 中共中央马克思恩格斯列宁斯大林著作编译局编译:《马克思恩格斯文集》(第一卷),人民出版社2009年版,第321页。

足这种需要的手段的个人之间，就必须建立起联系。可以说，正是利益把市民社会的成员联合起来了。在今天，"只有政治上的迷信还会妄想，市民生活必须由国家来维系，其实恰恰相反，国家是由市民生活来维系的。"① 马克思再次得出了市民社会决定国家的结论。另一方面，政治国家只是对其特殊利益的一种保护：1830 年的自由资产阶级，不再把立宪的代议制国家看成追求的理想，"而是把它看作自己的独占权力的正式表现，看做对自己的特殊利益的政治上的承认。"② 马克思在评点拿破仑时，就指出了他已懂得了现代国家是以私人利益的自由运动为基础的，但仍然以国家为目的本身，以致在资产阶级的物质利益与他的政治利益发生冲突时，他就弃这些物质利益而不顾，这也就成了拿破仑失败的重要原因。

在马克思看来，市民社会的成员屈从于利益的追逐，成为自己的利己需要和别人的利己需要的奴隶，"现代国家通过普遍人权承认了自己的这种自然基础本身。"③ 近代确立起来的法治原则，其实就是"原子"似的个人追求法律的上的自由与平等。但是，"这种市民社会的奴隶制在表面上看来是最大的自由，因为这种奴隶制看上去似乎是尽善尽美的个人独立，这种个人把自己的异化的生命要素如财产、工业、宗教等的既不再受普遍纽带束缚也不再受人束缚的不可遏止的运动，当做自己的自由，但是，这种运动实际上是个人的十足的屈从性和非人性。在这里，法代替了特权。"④ 法代替了特权，这为近代以来的法治观念奠定了基础。应该说，法代替特权是历史的进步，但却是以人的异化为代价的。

以法代替特权，有两个重要的后果：第一个后果是，政治国家与市民社会在表面上的分离，也就形成了公法与私法这两个相对独立的领域，故而，对于"法治"才有了这样一个经典的表述："私域自治、公权受限"。其实，这个表述不过是市民生活与政治国家之间、个人权利与国家权力之间相互对立、相互博弈结果的自由主义的表达，国家仅成为个人权利的捍卫者、自由市场的守夜人。这种对立有其现实的根据，那就是出于对私有财产的保护的目的。但这种对立只是经验层面上的现象，本质上却具有内在一致性，对此，马克思在《神圣家族》中

---

① 中共中央马克思恩格斯列宁斯大林著作编译局编译：《马克思恩格斯文集》（第一卷），人民出版社 2009 年版，第 322 页。
② 中共中央马克思恩格斯列宁斯大林著作编译局编译：《马克思恩格斯文集》（第一卷），人民出版社 2009 年版，第 326 页。
③ 中共中央马克思恩格斯列宁斯大林著作编译局编译：《马克思恩格斯文集》（第一卷），人民出版社 2009 年版，第 313 页。
④ 中共中央马克思恩格斯列宁斯大林著作编译局编译：《马克思恩格斯文集》（第一卷），人民出版社 2009 年版，第 316~317 页。

已对于资本主义社会中的这两者的内在一致做了深刻的揭示。把权利与权力对立起来的这种法治理念绝非马克思对于未来社会的一种构想。

第二个后果是，恩格斯后来明确指明的是"法律形式就是一切"，① 这也是马克思在《论犹太人问题》中指出的："在这个自私自利的世界，人的最高关系也是法定的关系，是人对法律的关系。"近代的法治观念，从根本上来说，也就是法律之治、规则之治，要求法律在形式上的普遍性，并且能够平等地对待所有人。但这种形式上的平等，虽然在一定的意义是一种历史的进步，但依然改变不了不平等的实质，包含着"实际上是个人的十足的屈从性和非人性"。

马克思这个时期，对于资本主义的利己的、原子的个人的批评，也预示着他把"自由人的联合体"作为对未来社会的构想，在他看来，这种构想必然会消除政治国家与市民社会之间的对立。马克思在《论犹太人问题》，阐述了政治解放与人的解放的深刻的关系。在他看来，政治解放有其局限性，那就是人自身的二重化："政治解放一方面把人归结为市民社会的成员，归结为利己的、独立的个体，另一方面把人归结为公民，归结为法人。"马克思接着指出："只有当现实的个人把抽象的公民复归为于自身，并且作为人，在自己的经验生活、自己的个体劳动、自己的个体关系中间，成为类存在物的时候，只有当人认识到自身'固有的力量'是社会力量，并把这种力量组织起来因而不再把社会力量以政治力量的形式同自身分离的时候，只有到了那个时候，人的解放才完成"。② 也就是说，市民社会与政治国家的对立，导致了人自身的二重化，表现为人的异化，因而，克服这种异化即实现人的完全复归，就在于"形成一个被戴上彻底的锁链的阶级，一个并非市民社会阶级的市民社会阶级，形成一个表明一切等解体的等级。"③ 马克思在这里将人类解放寄希望于一个新的阶级：无产阶级。这也就是马克思在《德法年鉴》时期的第二篇文章即《〈黑格尔法哲学批判〉导言》的重要结论。

马克思的思想在随后的一年多的时间中有了重大的推进。这个时候，他已发现现实中人的不自由，而这种"不自由"就表现为一种人的"异化"。马克思的异化概念也是随着他的思想发展越来越丰富起来的。在《论犹太人问题》中，

---

① 中共中央马克思恩格斯列宁斯大林著作编译局编译：《马克思恩格斯文集》（第四卷），人民出版社 2009 年版，第 308 页。
② 中共中央马克思恩格斯列宁斯大林著作编译局编译：《马克思恩格斯文集》（第一卷），人民出版社 2009 年版，第 46 页。
③ 中共中央马克思恩格斯列宁斯大林著作编译局编译：《马克思恩格斯文集》（第一卷），人民出版社 2009 年版，第 16~17 页。

马克思虽然肯定了政治解放的意义，但认为它远不是人的解放的最后完成。马克思的看法是，政治解放可以说是市民社会的革命，是市民社会从政治中解放出来，但在这个解放了的市民社会中，实际需要、利己主义构成了它的首要原则，"只要市民社会完全从自身产生出政治国家，这个原则就赤裸裸地显现出来。实际需要和自私自利的神就是金钱。"① 金钱成了统治一切的力量，剥夺了整个世界包括人的价值。但金钱不过是"人的劳动和人的存在的同人相异化的本质。"② 在随后的《〈黑格尔法哲学批判〉导言》中，他明确提出了私有制导致了无产阶级的贫困化和被奴役，直接提出了无产阶级革命的历史任务就是对私有财产的否定。在《1844年经济学哲学手稿》中，马克思虽然还没有深入地讨论资本主义的经济运行与结构，但通过对资本主义政治经济学的批判考察，提出了劳动异化的概念，强调这种异化从本质上来说则是工人与他的人的类本质即自由自觉的活动相异化。马克思指出只有通过消灭私有财产才能最终消灭人的异化。

马克思对于自由的理解，与自由主义的理解大异其趣。自由主义的理解，就是对于私有财产这一人权是"任意地、同他人无关地、不受社会影响地享用和处理自己的财产的权利。"借用当代政治哲学家以赛亚·伯林对两种自由的区分，可以说，自由主义一直倡导的就是这种所谓的消极自由。而马克思所倡导的则是一种积极的自由。他在《神圣家族》中，他对法国的唯物主义作了高度的评价，认为他们的思想汇入到了社会主义和共产主义。他这样指出："既然唯物主义意义上来说人是不自由的，就是说，人不是由于具避免某种事物发生的消极力量，而是由于具有表现本身的真正个性的积极力量才是自由的，那就不应当惩罚个别人的犯罪行为，而应当消灭产生犯罪行为的反社会的温床。"③ 在马克思这里，自由就是"表现本身的真正个性力量的自由"。马克思表达的意思非常明确，他要从法国唯物主义的环境造就人的结论中引出一个革命的结论，那就是要以合乎人性的方式造就环境。

我们可以看到，马克思关于自由的看法，最初是从自由主义的立场，把自由视为抽象的、普遍的，而后则是逐渐抛开了这种看法，开始关注现实的人的自由

---

① 中共中央马克思恩格斯列宁斯大林著作编译局编译：《马克思恩格斯文集》（第一卷），人民出版社2009年版，第52页。
② 中共中央马克思恩格斯列宁斯大林著作编译局编译：《马克思恩格斯文集》（第一卷），人民出版社2009年版，第52页。
③ 中共中央马克思恩格斯列宁斯大林著作编译局编译：《马克思恩格斯文集》（第一卷），人民出版社2009年版，第335页。

问题，得出了自由受制于社会的条件并通过改变这种条件来获取自由这样的结论。马克思关于国家与法的思想也随着他向唯物主义的推进而发生了重大变化。

二、马克思主义法理论的创立

马克思在1843年通过对黑格尔法哲学的批判性，已分析得出了这样的结论："法的关系正像国家的形式一样，既不能从它们本身来理解，也不能从所谓人类精神的一般发展来理解，相反，它们根源于物质的生活关系，这种物质的生活关系的总和，黑格尔按照18世纪的英国人和法国人的先例，概括为'市民社会'，而对市民社会的解剖应该到政治经济学中去寻求。"① 马克思与恩格斯在1845年，通过批判黑格尔以后的哲学的形式，共同清算了他们从前的哲学信仰，系统阐述了他们的历史唯物主义的原理，从而将关于国家与法的理论建立在了坚实的基础之上。马克思将这一重要的科学原理简要表述为："人们在自己生活的社会生产中发生一定的、必然的、不以他们的意志为转移的关系，即同他们的物质生产力的一定发展阶段相适合的生产关系。这些生产关系的总和构成社会的经济结构，即有法律的和政治的上层建筑竖立其上并有一定的社会意识形式与之相适应的现实基础……社会的物质生产力发展到一定阶段，便同它们一直在其中运动的现存生产关系或财产关系（这只是生产关系的法律用语）发生矛盾。于是这些关系便由生产力的发展形式变成生产力的桎梏。那时社会革命的时代就到来了。随着经济基础的变更，全部庞大的上层建筑也或慢或快地发生变革。"②

当黑格尔宣称国家就是地上的精神，国家的理念就是"现实的神本身"时，马克思和恩格斯在《德意志意识形态》中明确提出："国家是统治阶级的各个人借以实现其共同利益的形式。"③ 继此，马克思和恩格斯在《共产党宣言》中明确宣告，无产阶级要上升为统治阶级，将国家掌握在自己手中并用暴力消灭旧的生产关系，以至消灭阶级对立甚至消灭它自己这个阶级的统治。而正是在这里，马克思和恩格斯谈到，代替资产阶级旧社会的正是自由人的联合体。马克思后来在1871年版的《法兰西内战》中，还将"国家"视为依靠社

---

① 中共中央马克思恩格斯列宁斯大林著作编译局编译：《马克思恩格斯文集》（第二卷），人民出版社2009年版，第591页。
② 中共中央马克思恩格斯列宁斯大林著作编译局编译：《马克思恩格斯文集》（第二卷），人民出版社2009年版，第591~592页。
③ 中共中央马克思恩格斯列宁斯大林著作编译局编译：《马克思恩格斯文集》（第一卷），人民出版社2012年版，第584页。

会供养而又阻碍社会自由发展的"寄生赘瘤"。当然,他这里所意指的是资本主义的国家形式。恩格斯后来也敏锐地看到在德国的来自哲学的对国家的迷信甚至进入到很多工人的意识之中,所以就在1891年版《法兰西内战》的导言中非常尖锐地指出,"国家"不过是获得统治地位的无产阶级从资产阶级那里继承下来的一个"祸害"。

马克思后来在《哥达纲领批判》中,指出在资本主义向共产主义之间有一个革命转变时期,与此相适应也有一个政治上的过渡时期。马克思把这个过渡时期的国家称为"无产阶级革命专政"。马克思这时对国家的这种看法与他在《法兰西内战》时期的看法已有所不同。列宁在《国家与革命》中,对此做了进一步的阐释,认为马克思在《法兰西内战》对国家的看法只不过是这样:"马克思教导我们要避免这两种错误,教导我们要以敢于舍身的勇气去破坏全部旧的国家机器,同时又教导我们要具体地提问:看,公社就是通过实行上述各种措施来扩大民主制度和根绝官僚制,得以在数星期内开始建立新的无产阶级的国家机器。"① 在列宁的阐述中,对马克思的国家理论来说,无产阶级的"国家"仍然是一种国家机器,但更为重要的是它所发挥的积极的建构功能,如扩大民主制度等,而民主则意味着"在形式上承认公民一律平等,承认大家都有决定国家制度和管理国家的平等权利。"②

关于法的观念即关于法律的思想,亦不过是一种意识形态,是与一定的经济基础相适应的,因而,在阶级社会之中必定具有阶级性。被人们广为引用的《共产党宣言》中的一句就是:"法不过是被奉为法律的阶级的意志"。这句话的出自于《共产党宣言》中的这一段:

"但是,你们既然用你们资产阶级关于自由、教育、法(Recht/law)等等的观念来衡量废除资产阶级所有制的主张,那就请你们不要同我们争论了。你们的观念本身是资产阶级的生产关系和所有制关系的产物,正像你们的法(Recht/jurisprudence)不过是被奉为法律(Gesetz/law)的你们这个阶级的意志一样,而这种意志的内容是由你们这个阶级的物质生活条件来决定的。"③

---

① 中共中央马克思恩格斯列宁斯大林著作编译局编译:《列宁全集》(第三十一卷),人民出版社2017年版,第113页。
② 中共中央马克思恩格斯列宁斯大林著作编译局编译:《列宁全集》(第三十一卷),人民出版社2017年版,第96页。
③ 中共中央马克思恩格斯列宁斯大林著作编译局编译:《马克思恩格斯文集》(第二卷),人民出版社2009年版,第48页。

在这段话中，马克思和恩格斯在最初以德文版发表的《共产党宣言》中，并用了"法"（Recht）和"法律"（Gesetz）两个概念。德语中的这两个概念，在英语与中文都没有相应的表达。"法"（Recht）从外延上来说，涵摄了自然法、制定法、习惯法等；从内涵上来说，除了具有法律的整体和基础之义外，还有正义、正当、权利之义，但并不指具体的法律条款。因此，在德语的语境中，"法"（Recht）作为一种观念的存在常常被作为证成"制定法"（Gesetz）的一个基础。马克思在《莱茵报》时期，曾揭露了当时受启蒙精神影响的《普鲁士普通邦法》的妥协性质，指出"它把自然的、法的和合乎伦理的内容当作外在的、没有内在规定的质料加以吸收，它试图按照外部的目的来改造、安排、调节这种没有精神、没有规律的质料。"① "法"（Recht）实际上也是被当成法律的本质。但马克思和恩格斯后来越来越认识到，"法"（Recht）不外是一种观念，正如关于正义、权利、公平等观念，所以，马克思和恩格斯也很少正面使用这个概念，除非是在分析批判其他思想家对这个概念的使用时。至于"法"所具有的"权利"这个方面，更是马克思极为警惕的。人们广为引用的马克思的一句话"没有无义务的权利，也没有无权利的义务"②，但此话并非马克思的本意。他说，"权利""义务"等概念，是他在为国际工作协会起草《协会临时章程》（1864年10月）时，是在当时的几个小资产阶级民主派委员的坚持下写进去的，虽然后来又写入了马克思起草的1866年《国际工人协会章程和条例》。马克思1864年11月在给恩格斯等人的信中已作了说明，并称"对这些字眼已经妥为安排，使它们不可能造成危害"。③

《共产党宣言》中的这一段话，在恩格斯后来参与翻译和校订的1888年的英文版中，有两处对"法"（Recht）用了不同的英语单词来加以表达。第一个地方是在"法（Recht/jurisprudence）不过是被奉为法律（Gesetz/law）的你们这个阶级的意志"这句中的 Recht 被 jurisprudence 替代。Jurisprudence 这个词的意思就是有关法的知识或理论，常被译为"法理学""法理论""法哲学"。因此，用 jurisprudence 表达 Recht 所具有的观念之意也是比较恰当的。从这个英语表达

---

① 中共中央马克思恩格斯列宁斯大林著作编译局编译：《马克思恩格斯全集》（第一卷），人民出版社1995年版，第317页。
② 中共中央马克思恩格斯列宁斯大林著作编译局编译：《马克思恩格斯全集》（第二十一卷），人民出版社2003年版，第17页。
③ 中共中央马克思恩格斯列宁斯大林著作编译局编译：《马克思恩格斯文集》（第十卷），人民出版社2009年版，第215页。

中，我们可以这样的来理解，关于法律的观念在本质上是阶级性，作为这种表达的"法"就必然具有阶级性，但这里似乎还不能说"法律"现象本身就具有阶级性。第二个地方是在"资产阶级关于自由、教育、法等等的观念"中的"法"，此处的"法"（Recht）被英文的 law 来加以表达。马克思和恩格斯在这段话的上一段提到，资产阶级在攻击共产党人时，蔑称共产党人要终止"阶级的教育"就是终止一切教育。马克思和恩格斯认为这根本不值得一驳，因为消灭了阶级的教育，并不是消灭一切教育；马克思和恩格斯把"教育"与"法律"视为类似情况故而放在一起加以论述，因此，从消灭"阶级的法律"并不能推出"消灭一切法律"的结论。

但是，"法律"作为随着人类进入文明社会而产生的现象，也必然长期伴随人类社会的发展；而人类进入文明社会，就是进入了阶级对抗，法律自然就带有了阶级性，但我们相信随着阶级对抗的减弱，法律的阶级性也将会随之弱化。

三、马克思主义经典作家关于法的批判的主要著述

（一）马克思对资产阶级法的批判

1835 年 10 月，马克思从德国莱茵省南部特里尔中学毕业后进入波恩大学法律系学习，修完了普盖教授主讲的《法学全书》《欧洲国际法》《自然法》、瓦尔特教授主讲的《罗马法史》和《德意志法史》、伯金教授讲授的《法学阶梯》等法学专业课程，成绩优异。1836 年 10 月，马克思转入柏林大学法律系学习，修完了萨维尼教授讲授的《法学汇纂》、甘斯教授讲授的《刑法》和《普鲁士邦法》、赫弗特尔教授讲授的《教会法》《德国普通民事诉讼》《普鲁士民事诉讼》《刑事诉讼》、鲁多夫教授讲授的《继承法》等法学专业课程，成绩优异，并于 1841 年 3 月毕业。大学期间，马克思对法律问题做了深入细致的研究，其中对萨维尼论占有权的著作、费尔巴哈和格罗尔曼的刑法，以及罗马法和德意志法都做过广泛的涉猎和研究，把《学说汇纂》头两卷译成德文，为其后来深刻批判资产阶级法律做了充分的理论准备。在马克思给父亲的书信中可以看到，他曾经试图在康德法哲学的基础上构建一种贯穿整个法领域的全新法哲学，为此他撰写了约有 300 张纸的作品，可惜这部作品没有保存下来。澳大利亚法学家尤金·卡门卡就曾说过，"马克思的法律思想集中在 1842~1845 年这期间。"马克思在这几年间，撰写了包含着丰富法律思想的《评普鲁士最近的书报检查令》《关于新闻出版自由和公布省等级会议辩论情况的辩论》《关于林木盗窃法的辩论》《历史

法学派的哲学宣言》《黑格尔法哲学批判》等重要论著。马克思通过这些早期著述，完成了对资产阶级政治法律制度的批判，创立了历史唯物主义的法律理论体系。

在《关于林木盗窃法的辩论》一文中，马克思认为，枯枝和林木占有者之间没有任何有机的或人为的联系，枯枝并不是林木所有者的财产。多个世纪以来，穷人都在捡拾枯枝这一自然产物，因此，这是他们天然的习惯权利，是一种合法的占有。把许多无辜的贫苦群众"从活生生的道德之树上砍下来，把他们当作枯树抛入犯罪、耻辱和贫困的地狱。"① 这是在损害穷人的习惯权利。此时他的世界观还是黑格尔理性主义，批判也不是从经济方面，而是从政治法律方面。马克思不止一次地对恩格斯说过："正是对林木盗窃法的研究和对摩塞尔河地区农民处境的研究，推动他从纯政治转向研究经济关系，从而走向社会主义。"②

在《评普鲁士最近的书报检查令》一书中，马克思针对普鲁士反动政府曾在 1819 年 10 月颁布书报检查令，揭露了新的书报检查令的欺骗性和虚伪性。马克思认为普鲁士政府为防止"给德意志精神的发展带来了不可弥补的惨重损失"，所发布的书报检查令其实质是文化的专制主义，必将遭到人民群众的强烈反对。马克思通过对检查令的剖析和批判，指出检查令中不合理和自相矛盾的地方。马克思鲜明地批判普鲁士的书报检查令不是法律，而是"特权"。因为"追究思想的法律不是国家为它的公民颁布的法律，而是一个党派用来对付另一个党派的法律。"③

在《历史法学派的哲学宣言》中，马克思对德国历史法学派创始人胡果的代表作《作为实证法、特别是私法的哲学的自然法教科书》进行系统批判。历史法学派把研究法的起源变成自己的口号，提倡法的复古主义。胡果竟作出诊断："人在法律上的唯一特征就是他的动物本性。"④ 马克思讽刺历史法学派研究

---

① 中共中央马克思恩格斯列宁斯大林著作编译局编译：《马克思恩格斯全集》（第一卷），人民出版社 1995 年版，第 243 页。
② 中共中央马克思恩格斯列宁斯大林著作编译局译：《马克思恩格斯全集》（第三十九卷），人民出版社 1974 年版，第 386 页。
③ 中共中央马克思恩格斯列宁斯大林著作编译局编译：《马克思恩格斯全集》（第一卷），人民出版社 1995 年版，第 121 页。
④ 中共中央马克思恩格斯列宁斯大林著作编译局编译：《马克思恩格斯全集》（第一卷），人民出版社 1995 年版，第 237 页。

的是"动物法",认为"胡果是一个十足的怀疑主义者",① 历史法学派的哲学基础是庸俗的怀疑论。胡果只相信动物的本性,而对事物的本质,对人的理性,则持怀疑论的态度。历史法学派把对起源的研究推向极端,就必然对现实的立法活动和立法制度持否定态度。

1843~1844年间,马克思撰写了系统体现他法哲学思想的《黑格尔法哲学批判》《〈黑格尔法哲学批判〉导言》等著作,完成了从新理性主义法律观向辩证唯物主义法律观的转变。在这两部重要的著作中,马克思批判了黑格尔在市民社会、国家和法的关系问题上的唯心主义观点,提出"市民社会决定国家和法"的论断。通过剖析"长子继承制"这一法律问题,揭示了财产关系对法的决定作用,而非长子继承权决定财产关系;批驳了黑格尔关于国家与个人关系的原则,科学地解决了国家与个人之间的统一性问题;反对黑格尔对君主权力的崇拜,指出只有在真正的民主制国家才能实现"人民主权";运用辩证唯物主义的法学方法论,深刻批判了黑格尔把法哲学变成了应用逻辑学的唯心主义法学方法论。在《〈黑格尔法哲学批判〉导言》中,马克思从唯物主义立场出发,论述对宗教的批判与对现实世界的批判的关系,对黑格尔哲学的批判同对德国现实社会的批判的关系。马克思还提出"批判的武器不能代替武器的批判,物质力量只有用物质力量来摧毁;理论一经掌握群众,也会变成物质力量。理论只要说服人,就能掌握群众。理论只要彻底,就能说服人。"② 这样,无产阶级就要把哲学当作自己的精神武器,只有用哲学武装起来的无产阶级才能最终解放自己,就如"思想的闪电一旦击中这些朴素的人民园地",他们就会把自己"解放成人"。③

马克思在后来的代表性作品《1844年经济学哲学手稿》《德意志意识形态》《共产党宣言》《路易·波拿巴的雾月十八日》《资本论》等著作中都论述了法律并对资产阶级法律进行了全面批判。在《共产党宣言》中,马克思在批判资产阶级法律时指出,"你们的观念本身是资产阶级的生产关系和所有制关系的产物,正像你们的法不过是被奉为法律的你们这个阶级的意志一样,而这种意志的内容是由你

---

① 中共中央马克思恩格斯列宁斯大林著作编译局编译:《马克思恩格斯全集》(第一卷),人民出版社1995年版,第232页。
② 中共中央马克思恩格斯列宁斯大林著作编译局编译:《马克思恩格斯选集》(第一卷),人民出版社2012年版,第9~10页。
③ 中共中央马克思恩格斯列宁斯大林著作编译局编译:《马克思恩格斯选集》(第一卷),人民出版社2012年版,第16页。

们这个阶级的物质生活条件来决定的。"① 马克思主义的历史唯物主义法律观在《资本论》中得到进一步的论证和集中的体现。"《资本论》在直接层面是对资本主义经济过程的批判，但实际上也是对资本主义政治与文化的批判。"② 在《资本论》及其手稿中，马克思全面系统地分析了构成法的现象基础的经济关系，明确指出法律是由经济关系决定的，是"经济关系产生出法权关系"，而不是法权关系产生出经济关系，揭示了法律的阶级意志性与物质制约性的统一性。马克思提出一个著名的观点："这种具有契约形式的法的关系，是一种反映着经济关系的意志关系。这种法的关系或意志关系的内容是由这种经济关系本身决定的。"③ 马克思在批判资产阶级法律观的过程中，对法的本质、法与经济的关系、法的发展规律等一系列问题进行了深刻的分析，创立了马克思主义法学的科学理论体系。总体上看，虽然马克思没有直接表述过"法治"，但马克思是主张法治的，因为"马克思哲学的整体精神，是主张人的解放，最后必定走向法治，而不是人治。"④

（二）恩格斯对资产阶级法律的批判

恩格斯与马克思并肩战斗，不仅在他们合著的《德意志意识形态》《共产党宣言》等著作中，全面批判了资产阶级法律的本质是对自由、人权和博爱的标榜，其对工人阶级和劳动者而言依然与封建神学法律观是一脉相承的，都是维护占有生产资料者利益的统治工具。而且马克思逝世后，恩格斯坚决地捍卫了马克思的思想学说，并且根据新的历史条件，先后完成了《家庭、私有制和国家的起源》《路德维希·费尔巴哈与德国古典哲学的终结》（以下简称《费尔巴哈论》）等著述，从而完善和推进了马克思主义法学的新发展。恩格斯指出：资产阶级"新的世界观就不带任何掩饰地在法国出现了，这就是法学世界观，它应当成为资产阶级的经典世界观。"⑤ 资产阶级的法学世界观实际上是其经济要求在法权要求上的集中表现，而围绕法权要求就必然成为争取占有政治国家的斗争，由此也就促成了资产阶级"法学世界观"的确立。以前由教会和教条"批准"的经

---

① 中共中央马克思恩格斯列宁斯大林著作编译局编译：《马克思恩格斯文集》（第二卷），人民出版社2009年版，第48页。
② 仰海峰：《马克思哲学思想中的批判性之维》，载《光明日报》2015年5月14日，第16版。
③ 中共中央马克思恩格斯列宁斯大林著作编译局编译：《马克思恩格斯文集》（第五卷），人民出版社2009年版，第103页。
④ 李德顺：《马克思法治思想的哲学基础》，载李其瑞主编：《马克思主义与法律学刊（2018年卷总第二卷）》，知识产权出版社2019年版。
⑤ 《马克思恩格斯全集》（第二十一卷），人民出版社1965年版，第546页。

济关系，现在开始以权利为根据并由国家来创造了。于是人们就当然地以为"法律准则不是从经济事实中产生的，而是由国家正式规定的"。① 恩格斯通过对黑格尔、梅因、门格尔等人的法律批判，完成了他对马克思主义法律理论的卓越贡献。

1. 恩格斯对黑格尔的批判。1837~1848 年，在这一阶段是马克思和恩格斯摆脱新理性主义法律观的影响，逐步向唯物主义法律观转变的过程。1843 年夏，马克思完成了《黑格尔法哲学批判》，通过对黑格尔法哲学思想的批判，是马克思法律思想演变的重要里程碑，标志着马克思的法律思想从新理性主义法律观开始转变为历史唯物主义法律观。② 与马克思一样，恩格斯也经历了对黑格尔法哲学的接受到批判的过程。

自 1841 年始，恩格斯先后写了三篇文章，即《谢林论黑格尔》《谢林和启示》《谢林—基督哲学家，或世俗智慧变为上帝智慧》，虽然是基于青年黑格尔学派视角对黑格尔哲学的捍卫，但他也看到了黑格尔哲学的不足。他在《谢林和启示》中指出："费尔巴哈对基督教的批判，是对黑格尔创立的关于宗教的思辨学说的必要补充。"③ 从黑格尔到费尔巴哈再到唯物史观，恩格斯在客观评价黑格尔的同时，批判了其政治上的保守性和不彻底性。在 1884 年的《家庭、私有制和国家的起源》中，恩格斯针对黑格尔的国家学说指出："国家不像黑格尔所断言的是'伦理观念的现实'，'理性的形象和现实'。确切地说，国家是社会在一定发展阶段上的产物"。④

恩格斯对黑格尔全面系统的清算，是 1888 年出版的《费尔巴哈论》。正如恩格斯在该书序言里说："我越来越觉得把我们和黑格尔哲学的关系，即我们怎样从这一哲学出发并且怎样同它脱离，做一个简要而有系统的说明是很必要的。"⑤ 恩格斯在《费尔巴哈论》中深刻剖析黑格尔的唯心主义国家观，概括了黑格尔国家观的基本内涵，明确地指出："从传统的观点看来（这种观点也是黑格尔所

---

① 《马克思恩格斯全集》（第二十一卷），人民出版社 1965 年版，第 546 页。
② 马朱炎、邵诚、葛洪义主编：《马克思恩格斯法律思想述要》，中国政法大学出版社 1992 年版，第 18 页。
③ 中共中央马克思恩格斯列宁斯大林著作编译局编译：《马克思恩格斯全集》（第二卷），人民出版社 2005 年版，第 391 页。
④ 《马克思恩格斯全集》（第二十一卷），人民出版社 1965 年版，第 194 页。
⑤ 中共中央马克思恩格斯列宁斯大林著作编译局编：《马克思恩格斯选集》（第四卷），人民出版社 1972 年版，第 208 页。

尊崇的），国家是决定性的因素，市民社会是被国家决定的因素。"① 在黑格尔看来，国家是一个独立发展的领域。它的存在和发展与经济生活毫不相干，市民社会是由国家决定的，国家是社会发展的"真实基础"。恩格斯指出："国家、政治制度是从属的东西，而市民社会，经济关系的领域是决定性的因素。"② 黑格尔的家庭、市民社会、国家所组成的伦理学在形式上是唯心的，在内容上是现实的。黑格尔通过晦涩语言所表达的国家、市民社会和家庭都是以当时经验的实际社会生活状况为依托，因而是现实的。但是，从家庭到市民社会再到国家，这样一个相互包容和转化的形式却是彻底的唯心主义。因此，它完全颠倒了国家和法与经济活动之间的辩证关系。

通过对黑格尔的批判，恩格斯重申了历史唯物主义的基本原理以及国家、法律与经济基础的辩证关系，进一步澄清了国家、政治制度和市民社会的关系，从根本上揭开了一切政治和法律现象的谜底，捍卫和发展了马克思的历史唯物主义法律观。

2. 恩格斯对梅因的批判。马克思在《历史法学派的哲学宣言》中深刻批判了以萨维尼为代表的德国历史法学派的"神秘民族精神论"。同样，恩格斯在马克思的《摩尔根笔记》和《梅因笔记》的基础上，撰写了《家庭、私有制和国家的起源》，并对英国历史法学家梅因进行了有力批判。

恩格斯的批判，既揭露了资产阶级法学世界观的错误逻辑，也系统阐述了历史唯物主义的法律观。梅因在《古代法》一书中提出，所有进步社会的运动都是由"家族"的权利义务上的各种相互关系向个人与个人之间的契约关系移动。不断移动形成的新的社会秩序，都是因"个人"的自由合意而产生的。③ 梅因认为，资本主义社会全部的进步就在于从身份的状态进到自由契约所规定的状态。恩格斯指出："他自以为他的这种说法是一个伟大的发现，其实，这一点，就其正确之处而言，在《共产主义宣言》中早已说过了。"梅因在强调契约社会到来时，却没有看到"只有自由支配自身、行动和财产并且彼此处于平等地位的人才能缔结契约。"④

恩格斯以婚姻与立法的关系为例，深入分析了婚姻作为一种资产阶级理解的

---

① 《马克思恩格斯全集》（第二十一卷），人民出版社 1965 年版，第 345 页。
② 《马克思恩格斯全集》（第二十一卷），人民出版社 1965 年版，第 345 页。
③ ［英］梅因：《古代法》，沈景一译，商务印书馆 1959 年版，第 97 页。
④ 中共中央马克思恩格斯列宁斯大林著作编译局编：《马克思恩格斯选集》（第四卷），人民出版社 1972 年版，第 75~76 页。

契约行为，形式上看的确是双方在自愿基础上缔结的，但"大家都明白这一同意是如何取得的"。但问题的关键在于，"至于法律幕后的现实生活是怎样的，这种自愿是怎样造成的，关于这些，法律和法学家都可以置之不问"。① 恩格斯通过对梅因的批判，明确了人类社会的进步原因并非诸如契约制度的建立和立法形式的发展所致，财产平等是契约制度的前提和基础，而非相反。

3. 恩格斯对安东·门格尔的批判。1883 年 3 月 14 日，马克思与世长辞。恩格斯继续马克思和他们共同开创的事业，为捍卫马克思主义理论路线坚持不懈的斗争。在马克思逝世后的第三年，即 1886 年，奥地利法学家门格尔出版了《论十足劳动收入权的历史探讨》一书。该书企图用"法哲学"的观点来解释社会主义，鼓吹所谓社会主义的法学改造，通过和平改革现行法律以利于人民大众是当时法哲学的重要任务。在书中，门格尔还对马克思进行了诋毁，抨击马克思经济学理论没有独创性，只不过是爱尔兰经济学家空想社会主义者汤普逊"剩余价值"概念的剽窃者。恩格斯对此进行了坚决的回击，有力地揭露了门格尔所谓"社会主义法学改造"的实质，批判了门格尔资产阶级唯心主义法学世界观。

恩格斯在《法学家的社会主义》中指出，门格尔的"社会主义"本质上就是以工人运动的理论面目出现的资产阶级"法学世界观"。在门格尔狭隘的法学眼界里，经济关系和社会关系是以法权为根据并由国家法律所规定的，社会主义同经济事实的联系反而成为了人们认识社会主义的障碍。门格尔认为"社会主义的法学改造，是当代法哲学最重要的任务。这一任务的正确解决，将对通过和平改革来实现我们的法律程序的不可避免的变更做出重大贡献。只有当社会主义思想变成清醒的法学概念的时候，实际政治家才能认识到，可以在多大程度上改革现行法律程序以利于苦难的人民大众。"② 他想通过把社会主义作为法权体系来阐述的方式来实现这个改革。

恩格斯驳斥说"在社会主义思想中谈的恰好就是人民经济关系，首先是雇佣劳动和资本之间的关系"。③ 对社会主义的科学认识只能建立在历史唯物主义世界观的基础上，通过对资本主义社会经济关系的深刻分析和对人类历史发展规律的科学概括来实现。由此便产生了适合于无产阶级的生活条件和斗争条件的世界观。马克思的历史唯物主义法律观引导工人阶级能够切实地从生产资料的占有入

---

① 《马克思恩格斯全集》（第二十一卷），人民出版社 1965 年版，第 86 页。
② 《马克思恩格斯全集》（第二十一卷），人民出版社 1965 年版，第 566 页
③ 《马克思恩格斯全集》（第二十一卷），人民出版社 1965 年版，第 557 页

手争得权利,不再借助于"永恒正义""理性法律"的救赎,不再从法权和道德准则中寻找变革社会的根据,而是从现实的物质生活条件中去汲取变革腐朽社会制度的精神武器与物质力量。因为,"'思想'一旦离开了'利益',就一定会使自己出丑。"① 恩格斯通过对门格尔的批判,重申了法权关系在马克思的理论研究中从来都是次要的,相反,对占有方式和社会阶级产生的正当性的考察始终占着主要位置。

恩格斯除了对资产阶级法学家进行系统法律批判外,还在《反杜林论》《家庭、私有制和国家的起源》以及晚年的书信等重要著述中,系统论述了马克思主义的真理观、道德观、平等观、自由观和暴力观,并对法的起源问题、法的继承性和相对独立性等问题作了科学论证,进一步丰富了马克思主义法学。

(三) 列宁对资产阶级法律的批判

列宁的法律思想是马克思主义法学思想体系的重要组成部分,尤其关于社会主义法制建设的思想十分丰富。早在十月革命前,列宁就对法的本质做过精辟论述,他指出:"法律是什么呢?法律就是取得胜利、掌握国家政权的阶级的意志的表现。"② 而且"意志如果是国家的意志,就应该表现为政权机关所制定的法律,否则,'意志'一词不过是放空炮而已。"③ 当苏维埃国家政权建立以后,列宁再一次明确指出:苏维埃"所有的法令都体现了工人的利益。"列宁对马克思主义法学理论及其社会主义国家与法律的实践做出了卓越贡献。列宁在《什么是"人民之友"以及他们如何攻击社会民主党人?》《民粹主义的经济内容及其在司徒卢威先生的书中受到的批评》《俄国资本主义的发展》《唯物主义和经验批判主义》《国家与革命》等著作中深刻阐述了历史唯物主义法律思想的基本原理,揭示了俄国社会法权关系变动的规律性及其内在特征,进而不仅坚定地确立了马克思主义法律观,而且丰富了历史唯物主义社会哲学与法哲学的理论内容。列宁关于法律与自由、平等、公平的关系,对社会主义的立法、执法、司法、法律监督等问题的论述,完善和发展了马克思主义法学。列宁认为法律是自由的保障,工人阶级如果享受不了法律权利,那就毫无自由可言。他还进一步指出,法律是

---

① 中共中央马克思恩格斯列宁斯大林著作编译局编译:《马克思恩格斯全集》(第二卷),人民出版社 2005 年版,第 103 页。
② 中共中央马克思恩格斯列宁斯大林著作编译局编译:《列宁全集》(第二十七卷),人民出版社 1990 年版,第 487 页。
③ 中共中央马克思恩格斯列宁斯大林著作编译局编译:《列宁全集》(第三十卷),人民出版社 1985 年版,第 308 页。

工人阶级实现自身解放的重要方式，享有了法律权利才能从受奴役、受蔑视和受屈辱的处境中解放出来。

尤其在《国家与革命》中，列宁对国家的起源、本质、职能和国家消亡问题，以及马克思主义对待国家的态度等问题进行了系统分析。列宁指出："无产阶级不能简单地掌握现成的国家机器，并运用它来达到自己的目的，无产阶级应当打碎这个机器，而用新的机器来代替它。"① 在总结了1848~1851年欧洲革命、1871年巴黎公社革命的经验基础上，阐明了无产阶级必须用暴力打碎资产阶级国家机器建立无产阶级新型国家的思想。全面论述了无产阶级国家职能及其消亡问题，并且深刻批判了机会主义者在国家问题上对马克思主义的歪曲和篡改。

列宁之后，苏联马克思主义法学的代表人物有皮尔·斯图契卡、叶夫根尼·帕舒卡尼斯和安·扬·维辛斯基等。1921年，皮尔·斯图契卡出版了《论法律的革命作用与国家：法律通论》，这是苏联法学家建立独立的苏维埃法律理论的首次尝试。斯图契卡的学生帕舒卡尼斯于1922年出版了《法的一般理论与马克思主义》，他在该书中提出了著名的法律的商品交换理论。取代帕舒卡尼斯的法律的商品交换理论的是维辛斯基提出的法律阶级工具论，维辛斯基"那套法学体系，把马克思整个思想仅仅解释为一种阶级斗争的学说，这是对马克思思想的最大误解、扭曲。所以，我们需要从走出'维辛斯基法学'入手，首先恢复马克思思想的本来面目。"②

四、西方马克思主义者对自由主义法律理论的批判

马克思主义作为一种要解放人的主体性、解放生产力的学说，其中关于社会、经济、政治、法律的见解，基本上是在批判资产阶级理论的过程中建构起来的。马克思、恩格斯创立的马克思主义法学，其主要目标是批判资产阶级的法治理论和法律意识形态，同时建构了历史唯物主义法律观和无产阶级的法治理想。自20世纪以来，受马克思主义批判视角的影响，"西方一些信奉马克思的学者，尤其是一些法学家，他们通过对马克思主义法律思想的发展和阐释，产生出一些理论。"③ 由

---

① 中共中央马克思恩格斯列宁斯大林著作编译局编译：《列宁全集》（第三十二卷），人民出版社1985年版，第295页。
② 李德顺：《马克思法治思想的哲学基础》，载李其瑞主编：《马克思主义与法律学刊（2018年卷总第二卷）》，知识产权出版社2019年版。
③ 於兴中等：《国外马克思主义法学的多元方法路径及启示》，载李其瑞主编：《马克思主义与法律学刊（2018年卷总第二卷）》知识产权出版社2019年版，第198页。

此兴起了以批评自由主义政治哲学和法治实践为对象的西方马克思主义法学。西方马克思主义学者对资本主义法治的批判是他们批评社会理论传统的一个组成部分，但是，西方马克思者主义"既批判资本主义制度，也批判传统的社会主义制度，成为西方马克思主义法学理论批判的共同特征。"① 西方马克思主义学者以前所未有的热情致力于探究法律体系的本质和功能，其目标是不遗余力地攻击现代资本主义社会的权力组织以及资本的逐利性。为了揭示法律在权力组织中的功能，为了削弱现代社会无处不在的意识形态的影响，西方马克思主义学者检讨了法律的本质、法律的正当性等问题。② 他们认为，马克思主义法学不同于自由主义法学，后者以描述和分析法律和法律体系的基本概念为主要内容，并且假定了法律和法律体系的正当性和合理性。前者致力于法律批判，其目标是揭露统治的结构并颠覆它们赖以维系的信念和价值。对此，卡尔·伦纳、弗朗茨·诺伊曼、E. P. 汤普森、休·柯林斯、克里斯蒂·希普诺维奇等西方马克思主义学者对法治问题都有独到的理解，这些西方马克思主义法学代表人物的法治思想，基本上展现了西方马克思主义者对法治理论的影响和贡献。

自奥地利思想家卡尔·伦纳1904年出版《私法的制度及其社会功能》以来，西方马克思主义的研究者对法律问题的分析就开始呈现出一种多元化的态势。分析的马克思主义、批判的马克思主义、结构主义的马克思主义、女权主义的马克思主义、后现代的马克思主义等众多流派都从不同的视角对马克思的法律观作出新的解读。为什么会出现如此众多的解释和视角？究其缘由，大致上可以归纳为以下几点。

第一，马克思、恩格斯没有法律问题的专门论著，关于法律的观点分散于他们对资产阶级哲学、经济学、政治理论等的批判之中，从而导致西方马克思主义者对马克思法律思想解释的多样性。实际上马克思对法律问题最直接的论述是两个著名的批判，那就是《历史法学派的哲学宣言》（1842）和《黑格尔法哲学批判》（1843）。其中前者马克思在《莱茵报》撰写的批判历史法学派创始人胡果的观点，认为历史法学派在自由、婚姻、私法、国家法等方面的错误在于"认为自然状态是人类本性的真实状态"，"把研究起源变成了自己的口号，它把自己对起源的爱好发展到极端，以致于要求船夫不要在江河的干流上航行，而要在干

---

① 龚廷泰、程德文主编：《马克思主义法律思想通史》（第四卷），南京师范大学出版社2014年版，第6页。
② ［英］休·柯林斯：《马克思主义与法律》，邱昭继译，法律出版社2012年版，第1页。

流的源头上航行"；① 后者是马克思针对黑格尔的法哲学方法论所进行的批判，马克思指出黑格尔在家庭、市民社会与国家之间的关系上的"泛逻辑的神秘主义"，马克思以费尔巴哈为榜样，运用其所创造的"头足倒置"的方法，在费尔巴哈所没有涉足的一个全新的领域——社会历史领域，向黑格尔唯心主义法律观发起了挑战。通过对黑格尔法哲学的批判，可以清楚的看到马克思与黑格尔从此分道扬镳，即马克思的出发点是现实的社会历史经验，而黑格尔法哲学的出发点则是抽象的逻辑理念。在这两个"批判"之后，马克思对法律问题的论述大多散见于论述其他社会理论的文献之中。恩格斯所撰写的关于法律问题论述最直接的就是《法学家的社会主义》一文，在该文中恩格斯通过对安东·门格尔的批判，阐明了马克思主义法学与资产阶级"法学世界观"的界限。对此，英国学者玛琳·凯恩在《马克思恩格斯法社会学主题》一文中就认为："有关马克思、恩格斯法理论的文章很少，这大概是因为马克思从来没有形成系统的国家理论，——因而如果要把'马克思论法'的思想凑到一起，人们就不得不处理来自不同著作的相关部分，就好像它们的主题是相关的一样。"②

第二，西方马克思主义法学的研究者身份各异，也是造成研究路径多元的一个主要原因。纵观西方马克思主义法学研究者的职业身份，可以清楚地看出他们各自学术背景和政治身份的多元化，既有像伦纳、葛兰西这样的社会政治活动家，也有尤金·卡门卡、哈贝马斯这样的思想家。而且这两种身份的变化呈现出时间特征，那就是 20 世纪 50 年代以后，西方马克思主义法学越来越分布于学院式的研究群体。还有一个需要注意之处，就是这些研究者群体中有一部分是职业的法学家，另一部分则是哲学家、社会学家等非法学领域的研究者群体所构成。由此，也造成了西方马克思主义法学研究的视角多元，各种派别层出不穷，都从不同的视角对马克思主义理论做出了新的阐释。

第三，西方马克思主义者均持有一种对法律拜物教的批判态度，由此导致法律问题的认识必将是多维度和多元化的。法律拜物教是一种确信法律体系是社会秩序和文明的重要组成部分的理论态度和信念，为大多自由主义的政治法律理论所推崇。在方法论上，法律拜物教者认为法律是独一无二的社会现象和研究对象，

---

① 中共中央马克思恩格斯列宁斯大林著作编译局编译：《马克思恩格斯选集》（第一卷），人民出版社 2012 年版，第 229 页。
② Maurine Cain, "Marx and Eenles'Themes of Sociology of Law", *in Journal of Law and Society*, No 2, 1974.

认为将法律现象独立出来进而研究它们的本质是可能的。马克思主义不赞同"法律拜物教把法律描述为反对无政府状态的最后堡垒。"① 西方马克思主义学者认为,把法律视为现代社会权力组织的极度依赖的规则,假定没有法律,人们之间将会相互伤害的想法是不可信的。由于不相信法律是独一无二的,而坚信法律与诸如道德、习俗等其他社会规则之间存在着难以梳理的模糊界限,这就必然导致存在两种不同信念在研究方法上的封闭与开放、单一与多元之别。上述分析表明西方马克思主义法学的研究方法、路径、视角是错综复杂且有其深刻的历史和思想背景的。

五、马克思主义关于法的批判的理论启示和方法论意义

马克思主义经典作家的关于法的批判理论具有鲜明时代性、科学性、实践性,而西方马克思主义法学虽然其研究视角并非以唯物史观为理论基础,但其在方法论和文本分析方面还是有其可资借鉴的地方。正如习近平指出:"我看过一些西方研究马克思主义的书,其结论未必正确,但在研究和考据马克思主义文本上,功课做得还是可以的。相比之下,我们一些研究在这方面的努力就远远不够了。"② 因此,通过对西方马克思主义法学的研究,可以让我们从文本考据和多维视角上加以借鉴,并"将西方马克思主义放置在马克思主义法律思想发展的历史进程中加以考察……只有这样,我们才能真正担负起坚持和发展马克思主义法学的历史使命。"③

(一)重思法学在马克思主义理论中的地位和作用

马克思和恩格斯是伟大的思想家和哲学家,他们对法律问题有创造性的观点和系统的理论,但他们并非是职业的法学家,或者说他们根本就不想当法学家,因为他们认为人类社会发展规律仅仅用法哲学的解释是不够的,这也是他们对把眼光仅仅局限在"法学世界观"进行批判的缘由。在他们的眼里,"哲学家只不过用不同的方式解释世界,而问题在于改造世界"。④ 从马克思、恩格斯关于对资产阶级法的批判过程,我们可以深感马克思、恩格斯对资产阶级法哲学的轻蔑,以及反对"一个政党想要从自己的纲领中造出一个新的法哲学"的坚定态

---

① [英]休·柯林斯:《马克思主义与法律》,邱昭继译,法律出版社2012年版,第98页。
② 习近平:《在哲学社会科学工作座谈会上的讲话》,载《人民日报》2016年5月19日,第2版。
③ 公丕祥、龚廷泰主编:《马克思主义法律思想通史》(第一卷),南京师范大学出版社2014年版,总序。
④ 中共中央马克思恩格斯列宁斯大林著作编译局编译:《马克思恩格斯文集》(第一卷),人民出版社2009年版,第502页。

度，并且特意强调"就是在将来也不会想到要这样做"。① 马克思主义经典作家认为，虽然在现代社会法律是社会秩序的基础，但从长远来看，"法律是多余的，它将在共产主义社会消亡。"② 恩格斯在批判门格尔"法学观念是历史的动力"的假定后指出："就是在马克思的理论研究中，对法权（它始终只是某一特定社会的经济条件的反映）的考察是完全次要的；相反地，对特定时代的一定制度、占有方式、社会阶级产生的历史正当性的探讨占着首要位置。"③ 恩格斯在这里不仅重申了唯物史观与资产阶级法学世界观的本质区别，还深化了马克思关于"思辨的法哲学"是关注彼岸世界的"抽象而不切实际的思维"的论断。进一步明确了什么是社会发展过程中起决定性的东西，什么是被决定的东西。正如恩格斯在1894年《致符·博尔吉乌斯》的信中所指出的："政治、法律、哲学、宗教、文学、艺术等的发展是以经济发展为基础的。但是，它们又都相互作用并对经济基础发生影响。并不是只有经济状况才是原因，才是积极的，而其余一切都不过是消极的结果。这是在归根结底不断为自己开辟道路的经济必然性的基础上的相互作用"。④

（二）关注法学话语体系中法学语汇的来源和转生

语汇是语言中所有词语符号的总和，法学作为一种符号话语体系，其语汇形成和发展必然也经历了社会政治经济变化以及历史文化的传承和转生过程。恩格斯在《法学家的社会主义》中描述了资产阶级法学世界观的产生和发展过程后指出：这一过程资产阶级产生了自己的对立物——无产阶级，而"无产阶级起初也从敌人那里学会了法学的思维方式，并从中寻找反对资产阶级的武器"。⑤ 无产阶级也像资产阶级一样，基于"权利基础"向资产阶级展开斗争，以争取自己的权利，只不过与资产阶级奠立的"权利基础"不同而已。

法学概念和词语都有一个初始的含义，但随着社会政治经济的发展，其意蕴与所指也在发生改变，并赋予时代的特征。工人阶级由于新的资产阶级的生产方式而被剥夺了生产资料的所有权，他们就不能"在资产阶级的法学幻影中充分表达自己的生活状况的。只有工人阶级不是带着有色的法学眼镜，而是如实地观察

---

① 《马克思恩格斯全集》（第二十一卷），人民出版社1965年版，第568页。
② [英] 休·柯林斯：《马克思主义与法律》，邱昭继译，法律出版社2012年版，第95页。
③ 《马克思恩格斯全集》（第二十一卷），人民出版社1965年版，第557页。
④ 中共中央马克思恩格斯列宁斯大林著作编译局编：《马克思恩格斯选集》（第四卷），人民出版社1972年版，第506页。
⑤ 《马克思恩格斯全集》（第二十一卷），人民出版社1965年版，第547页。

事物的时候，它才能亲自彻底认清自己的生活状况"。① 同时，恩格斯也强调，社会主义者和积极的社会主义政党并非拒绝提出"一定的法权要求"。然而，问题在于"每个阶级的要求在社会和政治的改造进程中不断变化，在每个国家中，由于各自的特点和社会发展水平，这些要求是不同的。"② 但是，门格尔却"力求用法哲学的精神来解释社会主义"，并把它归结为一个简短的法权公式，使之成为社会主义新版的"基本权利"。

恩格斯一针见血的指出：门格尔简短的权利公式"马克思早在1847年（应该指的是《哲学的贫困》）就看透了，证明它不过是一种陈腐的东西"。③ 况且，马克思在"他的理论著作中根本没有提出过任何形式的法权要求"。可见，恩格斯对门格尔批判的同时也是在提醒人们要认识到"法学家的局限性"，不要把抽象的概念和语汇作为一劳永逸的真理四处套用，避免出现"法学家创造一个固定的法律用语，就继续一成不变地把它应用于早已不再适用的情况"。④

（三）避免陷入"制度万能论"和"法条主义"的范式陷阱

18世纪以来，资产阶级的法学世界观通过民主、自由、博爱、人权等作为普世价值，形成了一套特定共同体成员普遍采纳的一般原理和价值标准。依照这种原理和标准，逐渐形成了一种西方法治的衍生逻辑和理论命题，并以此套用其他非西方国家制度文明与否的法条主义的理想图景。这种理论范式和对所谓"西方化"的追求，自近代国门被西方暴力打开后，就成为中国学者百年来检视、反思自我现代化道路的一种基本持续不断的取向。

可以清楚的看到，至今关于"捍卫法条主义"、寻找"法条主义出路"之论仍不绝于耳，人们依然回旋于在如何看待法条主义的相互辩驳与争论之中。对此，邓正来先生多年前就批评这种法学研究的取向是"完全忽略了法律与社会、经济、政治乃至人之想象之间的关系……在他们的图景中惟有法律而别无其他。"⑤ 在中国特色社会主义法治理论体系和话语体系的构建过程中，良法善治、德法并举、公平正义既是一种思想理论，也是法治实践的必然之道。正如

---

① 《马克思恩格斯全集》（第二十一卷），人民出版社1965年版，第548页。
② 《马克思恩格斯全集》（第二十一卷），人民出版社1965年版，第568页。
③ 《马克思恩格斯全集》（第二十一卷），人民出版社1965年版，第556页。
④ 中共中央马克思恩格斯列宁斯大林著作编译局编：《马克思恩格斯选集》（第四卷），人民出版社1972年版，第10页。
⑤ 邓正来：《中国法学向何处去？（上）——建构"中国法律理想图景"时代的论纲》，载《法学论坛》2005年第1期。

习近平总书记指出的：既要讲法治又要讲德治，"发挥好道德的教化作用，必须以道德滋养法治精神、强化道德对法治文化的支撑作用。再多再好的法律，必须转化为人们内心自觉才能真正为人们所遵行"。①

（四）文本考察是回到马克思的必由之路

马克思、恩格斯关于法律论述的专门著作本来就不多，而为数不多的几种法律文献也没有给予足够的重视和研究，比如恩格斯《法学家的社会主义》一文，就是批判资产阶级"法学世界观"的代表性著述，是捍卫和发展马克思的历史唯物主义法律观的标志性文献之一。长期以来，恩格斯的这一重要法学文本却没有引起法学界的足够重视，更没有对该文本进行深耕细作的探究。即使已有的研究也只是把批判的焦点集中在门格尔所谓社会主义法学改造之谬论上，而对揭示资产阶级"法学世界观"的实质，以及法学世界观与唯物主义法律观之本质差别还不够深入。这样就无法真正理解恩格斯之所以批判资产阶级法学世界观的深远意义。

回到马克思，就要本着历史的逻辑与理论的逻辑相一致的原则，对马克思、恩格斯的原典进行文献学和年代学的考察。对此，意大利马克思主义者葛兰西曾经主张，要从"详细的文献学工作"入手，去研究一种世界观的诞生以及这种世界观是否被他的创始人系统的阐明过，这才是严谨的精确性研究。② 长期以来，西方自由主义法学世界观俨然成为一种所谓的"普世价值"，西方的"法学世界观"与马克思主义法律观的界限日渐模糊，甚至出现"非西方不法学"的思想"流亡式"的奇怪现象。甚至在"社会上也存在一些模糊甚至错误的认识。有的认为马克思主义已经过时，中国现在搞的不是马克思主义；有的说马克思主义只是一种意识形态说教，没有学术上的学理性和系统性"。③ 因此，只有加强对马克思、恩格斯经典著作的文本挖掘，才能避免浅尝辄止、蜻蜓点水式的浮夸态度，既不采取拘泥于文本的教条主义，也不能采取不顾马克思主义基本原则的实用主义。把坚持马克思主义与发展马克思主义结合起来，结合社会实践的新发展新变化不断做出新的理论创造。

总之，马克思和恩格斯创立的历史唯物主义法学，不是什么抽象的、空洞的和纯思维的"法哲学思辨"。恰恰相反，它展现的是具体的、充实的和现实的理

---

① 习近平：《加快建设社会主义法治国家》，载《求是》2015年第1期。
② ［意］安东尼奥·葛兰西：《狱中札记》，曹雷雨、姜丽、张跣译，中国社会科学出版社2000年版，第294页。
③ 习近平：《在哲学社会科学工作座谈会上的讲话》，载《人民日报》2016年5月19日，第2版。

论真理性和基于历史发展规律的科学方法论。正如恩格斯在《致威·桑巴特》中所指出的:"马克思的整个世界观不是教义,而是方法。它提供的不是现成的教条,而是进一步研究的出发点和供这种研究使用的方法"。① 只有深刻理解马克思批判理论所针对的对象,以及马克思所超越的资产阶级道德批判、经济学批判、社会批判的方法论意义,才能继承和发扬马克思主义关于法的批判理论之精神实质,在中国特色社会主义法学话语体系构建中解决"为了谁""服务谁"的问题。

思考题:

1. 如何理解马克思"市民社会决定法"这一论断?
2. 马克思关于法的批判理论与其他法学家的批判理论有何不同?
3. 试论恩格斯在《法学家的社会主义》中批判资产阶级"法学世界观"的历史意义。
4. 什么是"法律拜物教"?为什么马克思主义者对"法律拜物教"均持有一种批判态度?

参考文献与推荐阅读:

1. 公丕祥、龚廷泰主编:《马克思主义法律思想通史》,南京师范大学出版社2014年版。
2. 李德顺:《马克思法治思想的哲学基础》,载李其瑞主编:《马克思主义与法律学刊(2018年卷总第二卷)》,知识产权出版社2019年版。
3. [英]休·柯林斯:《马克思主义与法律》,邱昭继译,法律出版社2012年版。
4. 姚远:《解读青年马克思的黑格尔法哲学批判》,法律出版社2016年版。

---

① 中共中央马克思恩格斯列宁斯大林著作编译局编:《马克思恩格斯选集》(第四卷),人民出版社1995年版,第742~743页。

第三章

马克思主义中国化进程中的法治文化

第一节 革命根据地的法制建设

1927年8月7日,中共中央政治局在汉口召开了中央紧急会议(即"八七会议")。由此确定了开展土地革命、武装反抗国民党反动派的总方针,并先后发动南昌起义、秋收起义、广州起义,极大地振奋了各地革命力量。从此开启了建立根据地、农村包围城市的革命道路。中国共产党在根据地建设过程中,将马克思主义普遍真理与中国革命具体实践相结合,创建和发展了新民主主义法制,为巩固革命政权、推进新民主主义革命取得胜利发挥了十分重要的作用,也为新中国的法制建设奠定了坚实基础。

一、土地革命时期根据地法制建设的初创

1927年10月,毛泽东领导秋收起义后,开始在井冈山创建革命根据地。其后,农村革命根据地不断被开辟并巩固壮大,到1930年夏,全国已建立大小几十块根据地。在革命根据地创建和发展过程中,中国共产党也开始了新民主主义法制建设的初步尝试。

(一) 宪法性文件

中国共产党在创建革命根据地过程中相继制订并颁布了地区性施政纲领。如1927年11月,湖北黄安(今红安)县农民政府成立时即颁布了《黄安县农民政府施政纲领》。1928年1月,在井冈山革命根据地,毛泽东指导起草了《遂川工农兵政府临时政纲》。此外,其他革命根据地也制订了相应的施政纲领。这些施政纲领对革命根据地的发展起到了很大的积极作用。随着各个革命根据地的不断扩大和巩固,特别是中央革命根据地的形成,原来各自独立、不统一的根据地法

律便已然不适应形势的发展，迫切需要制订一部统一的根本大法。早在1928年11月，毛泽东在总结井冈山斗争经验时指出，"中央要我们发布一个包括小资产阶级利益的政纲，我们则提议请中央制订一个整个民权革命的政纲，包括工人利益、土地革命和民族解放，使各地有所遵循。"①

1930年7月，中共中央为筹备建立苏维埃中央政府进行了一系列准备工作。1930年9月，全国苏维埃代表大会中央准备委员会第一次全体会议在上海召开，会议通过了由中共中央提出的《中华苏维埃共和国国家根本法（宪法）大纲草案》。该草案明确了苏维埃根本大法的七大原则，即：实现代表广大民众真正的民权主义；真正实现劳动群众自己的政权；彻底地实行妇女解放；彻底地承认并且实行民族自决；争取并且确立中国经济上政治上真正的解放；实行工农民权的革命独裁；要彻底拥护工人利益，实行土地革命，消灭一切封建残余。同时草案还指出，在苏维埃政权的建立还未普遍到全中国，还不能够立刻就决定详细的国家根本法的具体条文，但必须明确地规定苏维埃国家根本法的原则，使全国劳动民众深刻地认识苏维埃是真正的他们自己的政权。

1931年11月，中华苏维埃共和国成立，并通过了《中华苏维埃共和国宪法大纲》。该宪法大纲首先明确了其任务："在于保证苏维埃区域工农民主专政的政权达到它在全中国的胜利"；"而且在那时，中华苏维埃共和国的宪法大纲才更能具体化，而成为详细的中华苏维埃共和国的宪法。"其主要内容包括：确定了中华苏维埃共和国的国家性质，规定了中华苏维埃共和国的政治制度和经济制度、公民的范围及其所享有的权利和义务、兵役制度、民族政策以及外交政策的基本原则等。该宪法大纲是中国共产党领导制定的第一部宪法性文献，是人民制宪的最初尝试，具有根本法与施政纲领的双重特点。虽然这个大纲还存在一些不足，规定了某些过"左"的条文，但其对推动全国革命运动的发展，发挥着十分重要的作用，也为后来的民主宪法提供了宝贵的经验和教训。

1934年1月，在江西瑞金召开的第二次全国苏维埃代表大会对宪法大纲进行了修订，除了个别字词的改动，其中最主要的变化是在第1条"团结广大贫农群众在它的周围"后面增加了"同中农巩固的联合"一句。这对纠正"左"的错误影响，坚持正确路线，扩大和巩固革命根据地都有积极影响，从而使宪法大纲更符合中国共产党在民主革命时期的阶级路线和基本政策。

---

① 毛泽东：《毛泽东选集》（第一卷），人民出版社1991年版，第78~79页。

(二) 土地立法

1927年8月12日，中共中央在阐释八七会议意义的《中央通告第一号——八七会议的意义及组织党员讨论该会决议问题》中指出，"客观上中国革命的发展已经到以土地革命为中枢的时期，土地革命就是土地所有制度的剧烈的改革，彻底的铲除封建制度"。[①] 因此，进行土地立法便成为巩固根据地政权的一项十分重要的工作。1927年8月，中共湖南省委讨论发动秋收起义中的相关问题，其中关于如何解决农民土地问题，毛泽东提出没收土地的办法，"制定一个土地政纲，将全部办法，要农协或革命委员会执行"。[②]

在此期间，中央发布了一系列有关土地政策的通告、决议案等。根据这些土地政策，各革命根据地工农民主政权制订并颁布了一系列有关土地问题的决议案和法规。其中最具代表性的是1928年12月《井冈山土地法》、1929年4月《兴国土地法》。

1928年5月，湘赣边界工农兵政府成立。在此期间，边界各县相继开展土地革命，着手解决农民的土地问题。至1928年7月，边界土地除小部分仍在进行分配中，其余大都已分配完毕。为了进一步指导和保障农民的土地斗争，湘赣边界政府总结土地革命经验，于1928年12月制定了《井冈山土地法》，这是工农民主政权的第一部土地立法。该土地法共9条，规定了土地和山林的分配方法、分配土地的数量标准、土地税征收和免纳的方法等。由于缺乏足够的经验，《井冈山土地法》也存在一些错误。1941年，毛泽东指出，"这个土地法有几个错误：（一）没收一切土地而不是只没收地主土地；（二）土地所有权属政府而不是属农民，农民只有使用权；（三）禁止土地买卖。"[③] 虽然有这些不足，但该土地法对推动当时的土地斗争起了十分积极的作用，也为后来的土地立法提供了宝贵经验。

1929年4月，赣南革命根据地得以创建。同月，毛泽东率领部队来到赣南兴国县，指导成立了兴国县革命委员会。为正确指导土地革命斗争的开展，毛泽东在调查研究基础上，结合实践经验，主持制定了《兴国土地法》。这个土地法是在《井冈山土地法》基础上修订而成，纠正了部分错误。对此，毛泽东曾指出，

---

① 中央档案馆编：《中共中央文件选集》（第三册），中共中央党校出版社1989年版，第312页。
② 时光主编：《中国新民主革命通史》（第4卷（1927-1931）星火燎原），上海人民出版社2001年，第63~64页。
③ 《毛泽东农村调查文集》，人民出版社1982年版，第36~37页。

"这是前一个土地法制定后第四个月,红军从井冈山到赣南之兴国发布的。内容有一点重要的变更,就是把'没收一切土地'改为'没收一切公共土地及地主阶级的土地',这是一个原则的改正。但其余各点均未改变,这些是到了一九三〇年才改变的。这两个土地法,存之以见我们对于土地斗争认识之发展。"①《兴国土地法》颁布后,红四军在分兵地区进行了广泛宣传。同时,毛泽东在兴国县城举办土地革命干部训练班,详细讲解了《兴国土地法》。②

此后,革命根据地的土地立法仍会受到来自"左"的错误干扰,对土地革命带来了一些不利影响。如1931年11月通过的《中华苏维埃共和国土地法》就是在"左"倾路线干扰下产生的。虽然如此,但中国共产党仍不断深入对国情和革命实践的认识,总结经验教训,坚持正确的土地政策,制定土地法规。1930年,中国革命军事委员会颁布的《苏维埃土地法》就改正了第二次"左"倾路线的许多错误主张。1931年2月,毛泽东以中央革命军事委员会总政治部主任的名义在给江西省苏维埃政府的信中明确指出,"省苏(编者按:指省苏维埃政府的简称)应该通令各地各级政府,要各地政府录令布告,推促农民耕种,在令上要说明过去分好了的田(实行抽多补少、抽肥补瘦了的)即算分定,得田的人,即由他管所分得的田,这田由他私有,别人不得侵犯。"③ 随后,江西革命根据地通过的一系列土地法案都明确规定了农民对分得土地的所有权,并可买卖继承,这是根据地土地立法的一大进步。

(三)其他方面的法制建设

土地革命时期,各个革命根据地在创建和发展过程中除制订宪法性文件和土地法规,也同样进行了相应的政权组织、劳动保护、婚姻及刑事司法等方面的法制建设,不断积累经验,为根据地的巩固和扩大发挥了十分重要的作用。

1. 政权机构组织法。依据中央的方针和任务,各个革命根据地政权大多制定和颁布了政权机构组织法规。然而,由于这个时期还没有建立全国统一的中央政权机关,各个革命根据地之间又互不隶属,大多是依据本地区政权建设的情况和需要,各自颁布只适用本地区的苏维埃政权组织法。如1927年11月颁布的《江西苏维埃临时组织法》在开篇即对此予以明确说明,"苏维埃组织,本来是一个全国的问题,一切组织的形式和产生的方法,均须由中央规定一个统一的组

---

① 《毛泽东农村调查文集》,人民出版社1982年版,第40页。
② 戴向青等:《中央革命根据地史稿》,上海人民出版社1986年版,第93~94页。
③ 中共中央文献研究室编:《毛泽东文集》(第一卷),人民出版社1993年版,第256页。

织法，方为合法。但目前中央既未颁布，而江西客观环境又急于需要此项组织法，特别是敌人力量空虚，土地革命潮流异常高涨的区域……对此需要尤急，当然不能不权宜行事，暂由省委规定一苏维埃临时组织法，交各地备参考。"① 因对当时的中国而言，苏维埃是新鲜的事物，故《江西苏维埃临时组织法》对苏维埃的来源、意义、任务以及苏维埃组织与资本主义国家机关组织的根本不同等进行了较为详细的解释说明。

但在政权建立初期，因经验不足且产生了一些错误，各地各级苏维埃组织很不完善。1928 年 11 月，毛泽东针对政权建设中存在的问题指出，"县、区、乡各级民众政权是普遍地组织了，但是名不副实……我们正在制订详细的各级代表会组织法（依据中央的大纲），把以前的错误逐渐纠正。"②

1931 年 11 月，中华苏维埃共和国临时中央政府颁布《苏维埃地方政府的暂行组织条例》，内容包括：总则，乡苏维埃，城市苏维埃（中央和省的直属市除外），区、县、省执行委员会，工作的方法，地方苏维埃政府的具体工作，地方苏维埃政府的财政，文件的署名，地方苏维埃政府工作人员的检查，附则，共十章，以及组织系统图。随即，临时中央政府于 1931 年 12 月 15 日发布关于苏维埃建设重要的训令要求，"各地各级政府须依照宪法及中央颁布的各种条例细则，重新划分行政区域，重新［组织］各级政府……依照地方政府暂行组织条例，从城乡苏维埃直到省苏维埃，一律重新建设起［来］。"③ 1933 年 12 月 12 日，又颁布《中华苏维埃共和国地方苏维埃暂行组织法（草案）》；1934 年 2 月，颁布《中华苏维埃共和国中央苏维埃组织法》。由此，从中央到地方红色政权建设的法律依据得以建立。

2. 其他法制建设。

（1）婚姻法。中国共产党自成立之日起就十分重视妇女解放、改革旧的婚姻制度。随着革命根据地的建立和土地革命的发展，群众对于实现妇女解放和婚姻自由的渴求更加强烈，工农民主政府顺应这一形势相继制定并颁布了一些婚姻法规。如 1930 年 3 月 24 日闽西第一次工农兵代表大会通过的《闽西婚姻法》和《闽西保护青年妇女条例》。因处于草创时期，这些法规大多形式比较简单，条

---

① 韩延龙、常兆儒编：《中国新民主主义革命时期根据地法制文献选编》（第二卷），中国社会科学出版社 1981 年版，第 101 页。
② 毛泽东：《毛泽东选集》（第二卷），人民出版社 1991 年版，第 71~72 页。
③ 韩延龙、常兆儒编：《中国新民主主义革命时期根据地法制文献选编》（第二卷），中国社会科学出版社 1981 年版，第 23 页。

文也比较抽象和概括,更多的是确立新的婚姻制度的原则。中华苏维埃共和国成立后,依据宪法大纲制定颁布了新的婚姻法——《中华苏维埃共和国婚姻条例》,对结婚、离婚、离婚后小孩的抚养、离婚后男女财产处理、非婚生小孩抚养问题进行了较为详细的规定。此婚姻条例在确定婚姻以自由为原则的同时,尤其强调在现实离婚问题中应偏于保护女子,而把因离婚而起的义务和责任多交给男子担负;另外因小孩是新社会的主人,婚姻条例还就小孩的看护进行了特别的规定。为了婚姻条例的顺利贯彻执行,《红色中华》还发布了关于婚姻条例的质疑与解答。1934年4月,新修订的《中华苏维埃共和国婚姻法》正式公布,与前者相比,增加了禁止"一妻多夫"和"红军战士之妻要求离婚,须得其夫同意"等条文。

(2)劳动法。中国共产党自成立后就十分重视劳动立法,革命根据地创建之时,许多地区在起义胜利后即将保障工人的政治经济权益载入革命政纲。除此之外,部分根据地还结合本地情况制定了单行劳动法规。如《上杭县劳动法》(1929年10月)、《劳动保护法》(1930年5月)、《湖南省工农兵苏维埃政府暂行劳动法》与赣西南《工会组织法》(1930年7月)等。这些劳动法基本确立了保护劳动的重要原则,对维护工人权益等发挥了积极作用。如1930年6月发表的《劳动保护法解释书》中指出,"综合本法八章四十二条看来,苏维埃政府对于劳动保护法重要原则悉已载入。"但受历史条件所限,当时的劳动法也存在部分过左条文,提出了一些超越客观实际的过高要求,造成了一定的不利影响。如1931年11月颁布的《中华苏维埃共和国劳动法》经过一年半的实践,被发现许多条文不合于当时苏区实际环境,在执行上发生困难,而且有许多实际事项没有规定进去。中央执行委员会结合各地的意见对重新起草的劳动法草案进行了审查修改,并于1933年10月重新颁布了《中华苏维埃共和国劳动法》。新修订的劳动法不仅结构形式更加完整,还修改或删除了原劳动法一些过左的条文,虽不彻底,但仍具有明显的进步性。

二、全面抗战时期根据地法制建设的拓展

全面抗战时期,随着民族矛盾上升为主要矛盾,国内矛盾变为次要矛盾,抗日民主政权的法制建设进入了一个新的阶段,各项法制不断发展并趋于成熟。同时,由于遵义会议结束了王明"左"倾冒险主义在中央的统治,中国共产党开始独立自主地运用马克思主义基本原理制定自己的路线、方针和政策,在政治方面更加成熟。这个时期的法制建设也相对比较顺利,创造了许多良好

的法律制度，积累了丰富的有益经验。其中施政纲领和土地立法最能体现中国共产党立足国情、依据形势变化制定和修改法规的状况，体现了政策的原则性与灵活性的统一。

（一）施政纲领的发展

1935年12月25日，瓦窑堡会议通过的《中共中央关于目前政治形势与党的任务的决议》提出建立"最广泛的反日民族统一战线（下层的与上层的）"，将苏维埃工农共和国改变为苏维埃人民共和国，"把自己的政策，即苏维埃工农共和国的政策的许多部分，改变到更加适合反对日本帝国主义变中国为殖民地的情况。"① 随着政权性质的变化，其施政纲领也会进行相应的调整。1937年8月25日，中共中央公布的《中国共产党抗日救国十大纲领》，成为建立最早的抗日人民民主政权制定施政纲领的指导方针。如1937年11月24日，中国共产党陕甘宁特区委员会提出的《陕甘宁特区政府施政纲领》就是"根据本党抗日救国十大纲领"特主张在陕甘宁特区施行的成果。

各抗日根据地根据中央方针并继承和发扬苏区的法制传统，逐步建立起符合国情的抗日民主法制。陕甘宁边区是全民族抗战的政治指导中心，也是革命根据地建设的典范，其法制建设也最具代表性。1939年1月，陕甘宁边区第一届参议会通过《陕甘宁边区抗战时期施政纲领》，明确"本着拥护团结、坚持抗战、争取最后战胜日寇的方针，本着三民主义与抗战建国纲领的原则，根据陕甘宁边区的环境与条件，特制定陕甘宁边区抗战时期施政纲领作为边区一切工作之准绳"。②

随着日寇侵华的日益加深，加之国民党顽固派的反共高潮，抗日根据地面临严重困难。抗战出现的新情况和新局面，对根据地民主政府建设提出新的问题，根据地民主政府需要调整政策以最大限度调动一切积极力量克服困难，争取抗战胜利。1941年11月，陕甘宁边区第二届参议会通过《陕甘宁边区施政纲领》，1942年1月1日由边区政府公布。这是抗日民主政权制定的最具代表性的宪法性文件，主要内容包括：阐述制定施政纲领的依据及抗日民主政权的主要任务；加强政权民主建设，保障人民民主权利；改进司法制度，厉行廉洁政治；规定边区

---

① 中央档案馆编：《中共中央文件选集》（第十册），中共中央党校出版社1991年版，第604、609~610页。
② 韩延龙、常兆儒编：《中国新民主主义革命时期根据地法制文献选编》（第一卷），中国社会科学出版社1981年版，第31页。

的基本经济、文化、卫生、民族、外交等各方面方针政策。

为了《陕甘宁边区施政纲领》更好的贯彻执行,早在1941年4月27日,中共中央就发出指示要求,"除令边区党以此加强教育并切实遵照实施外,在国民党区域、日本占领区域及海外华侨中,须广泛散布此纲领,在重庆、香港、上海、菲律宾、新加坡、纽约等地须召集座谈会,征求各界意见与批评,在其他压迫严重地方则秘密散布。在华北、华中各根据地及八路军、新四军中须与当地已经发布之纲领一并加以讨论,其中有些为当地尚未提出的(例如人民控告权、司法制度、廉洁政治、十小时工作制、新文字教育、华侨政策、游民政策、俘虏政策、外国人政策等),尤须着重讨论,使我全党全军全民了解此纲领之严重意义。在军队中机关中学校中均以此作教材,须加熟读,并利用邮局及其他办法,散发至国民党军队中去。""无论在选举前或选举后,一切为本党同志所领导之机关、部队、团体、学校,均须照此纲领坚决实施之。党员有违反此纲领之任何条文者,予以纪律之裁判。"① 该施政纲领既是抗日民族统一战线政纲的进一步发展和具体化,也是党依据抗战具体环境中的客观现实,"而规定出了一切领域和部门中的具体的政策。"②

此外,其他抗日根据地也多根据本地区实际制定了施政纲领。如1938年1月的《晋察冀边区军政民代表大会宣言》、1940年8月的《晋察冀边区目前施政纲领》、1941年9月的《晋冀鲁豫边区政府施政纲领》、1942年10月的《对于巩固与建设晋西北的施政纲领》、1944年2月的《山东省战时施政纲领》,等等。

(二) 土地立法

随着国内主要矛盾的变化,抗日根据地的土地政策法规也相应进行了调整以适应国情。1935年12月,党中央作出了改变对付富农策略的决定;1936年7月,党中央又发出指示改变对地主的政策。至1937年2月,党中央再次提出"停止没收地主土地之政策",以适应抗日民族统一战线的形势。此后,根据《中国共产党抗日救国十大纲领》确立的"减租减息"原则,各抗日根据地以此为指导,制定本地区的土地法规,开始实行抗日民族统一战线的土地政策。但不同时期不同区域的立法重点也有所区别。

---

① 张希坡编著:《革命根据地法律文献选辑》(第三辑第二卷·陕甘宁边区(上)第Ⅰ分册),中国人民大学出版社2018年版,第12页。
② 张希坡编著:《革命根据地法律文献选辑》(第三辑第二卷·陕甘宁边区(上)第Ⅰ分册),中国人民大学出版社2018年版,第15~16页。

第三章 马克思主义中国化进程中的法治文化

陕甘宁边区作为老革命根据地，1940年以前立法重点是制定停止没收地主土地和确保农民地权的法令、条例，之后才将立法重点转向制定减租减息的土地法规。如1938年4月1日公布的《陕甘宁边区土地所有权证条例》，使农民土地所有权在法律上得到了确认和保护。1939年4月4日公布的《陕甘宁边区土地条例》则是这一时期的重要立法成果，该法对土地所有权、土地登记、土地使用、土地行政及裁判等进行了较为详细的具体规定。1939年11月1日，在《中共中央关于深入群众工作的决定》中要求各根据地，"在经济改革方面，必须实行减租减息废止苛捐杂税与改良工人生活。凡已经实行的，必须检查实行程度。凡尚未实行的，必须毫不犹豫的立即实行。"① 随后，陕甘宁边区在施政纲领和有关条例中规定了减租减息政策，制定了相应的条例。如1940年的《陕甘宁边区绥德分区减租减息暂行条例草案》等。

虽然抗日根据地早已确定实行减租减息政策，但有些地方并未认真贯彻执行。1942年1月28日，中央政治局通过《中共中央关于抗日根据地土地政策的决定》指出，"在有些根据地内，还只在一部分地方实行了减租减息，而在另一些地方，或者还只把减租减息当作一种宣传口号，既未发布命令，更未动手实行，或者虽已由政府发布了法令，形式上减了租息，实际并未认真去做，发生了明减暗不减的现象"。② 由此，党中央在详细研究各根据地经验后，总结党的土地政策，制定了执行土地政策的具体办法。该决定确定了三条基本原则作为党的抗日民族统一战线及其土地政策的出发点，即承认农民（雇农包括在内）是抗日与生产的基本力量；承认地主的大多数是有抗日要求的，一部分开明绅士是赞成民主改革的；承认资本主义生产方式是中国现时比较进步的社会成分与政治力量。该决定还要求政府法令应有农民与地主权利和义务的两方面的规定，不应畸轻畸重。

其他抗日根据地也都先后制定了土地法规。如1938年2月《晋察冀边区减租减息单行条例》、1939年12月《晋察冀边区减租减息实施办法》、1940年11月《山东省减租减息暂行条例》、1941年4月修正公布的《晋西北减租减息暂行条例》等。抗日根据地实施的减租减息政策既减轻了农民的负担，提高了农民的政治觉悟，激发了他们的积极性，也团结了各阶层的人民，巩固了抗日民族统一

---

① 中央档案馆编：《中共中央文件选集》（第十二册），中共中央党校出版社1991年版，第191页。
② 韩延龙、常兆儒编：《中国新民主主义革命时期根据地法制文献选编》（第四卷），中国社会科学出版社1981年版，第182页。

战线，为争取民族抗战的胜利奠定了基础。

（三）其他法制建设

抗日根据地在其他方面的法制建设也取得了相当大的成就。如制定专门法律保障人权，是抗日根据地法制建设的一条重要历史经验。包括 1940 年 11 月 11 日公布施行的《山东省人权保障条例》、1941 年 11 月 17 日边区参议会通过的《陕甘宁边区保障人权财权条例》、1941 年 11 月 23 日公布的《冀鲁豫边区保障人民权利暂行条例》、1942 年 11 月 6 日修正通过的《晋西北保障人权条例》、1943 年 2 月 21 日公布施行的《渤海区人权保障条例执行规则》等。这些条例规定了人权的法律概念和保障人权的重要措施，为此后制定人民宪法提供了宝贵经验。

再如，刑事立法方面制定了诸如惩治汉奸、惩治盗匪、惩治贪污、禁烟禁毒、惩罚破坏金融法令、妨害婚姻、妨害公务违抗法令等方面的条例或办法。劳动法规方面制定了劳动保护条例、奖励生产技术条例、优待生产技术人员暂行办法、奖励生产技术办法、改善农业雇工生活暂行条例等。婚姻方面，各根据地大多制定了婚姻条例，此外一些根据地还制定了继承条例、军人婚姻暂行条例、抗属离婚处理办法等。诉讼法规方面制定了法院组织条例、审判委员会组织条例、军民诉讼暂行条例、县司法处组织条例、陪审制暂行办法、巡回审判办法、公安局暂行条例等。其中，较具代表性的是 1942 年起草的《陕甘宁边区民法条例草案》《陕甘宁边区刑事诉讼条例草案》和《陕甘宁边区民事诉讼条例草案》。

总体而言，抗战时期，中国共产党领导的抗日根据地创造性地将马克思主义基本原理与具体实践相结合，推动了新民主主义法制建设进入成熟阶段。其以抗日民族统一战线政策为指导，坚持群众路线和法律面前人人平等的原则，发扬自力更生、艰苦奋斗的作风，最大限度地体现了各阶层、各阶级的共同利益和意志。虽然抗日根据地的法制建设还有许多待完善的地方，但法制建设的成效十分显著，根据地的法律体系不仅进一步完善，还制定了一系列新的法律规定，法制观念进一步深化，法律制度执行更加规范，民主法制建设不断推进，为后来的法制建设提供了宝贵经验和理论基础，也奠定了新中国法律制度的基础。

三、解放战争时期解放区的法制建设

抗战胜利后，中华民族与日本帝国主义的民族矛盾得以解决，国内阶级矛盾又上升为主要矛盾。随着革命力量日益壮大，中国共产党威信空前提高，新民主主义革命进入准备夺取全国政权,为建立新中国而斗争的决战时期。解放区的法制建设也随之进入一个新阶段。

(一)抗日根据地法制向解放区法制的转变

自抗战胜利至1947年7月,人民解放军转入战略进攻之前,各解放区仍主要继续适用抗战时期确定的法律制度。某些地区则根据形势和任务的变化,重新修订了施政纲领和部分法律。如1945年12月31日苏皖边区临时参议会第一次大会通过的《苏皖边区临时行政委员会施政纲领》指出,"本府正式成立之际,正值抗日战争胜利结束,国内和平尚未实现之时,全边区以及全国人民迫切要求和平……本府为团结全边区人民,贯彻中国共产党新民主主义之主张,及和平、民主、团结之正确方针,加强本边区之政治、军事、经济、文化建设,保卫与进一步建设本边区,配合全国的民主运动,促成全国性的联合政府早日实现,特根据民主统一战线的原则及本边区具体环境制定本纲领,作为各级政府及全体人民奋斗目标。"但很多内容仍延续抗日根据地时期的政策,如"贯彻三三制政策,民选各级政府""实行减租减息、交租交息,保障佃权及资本家与雇主"等。①

到1946年,抗战时期的法规开始向解放战争时期的法规转变。有的解放区在筹备召开参议会,起草宪法。如1946年4月23日陕甘宁边区第三届参议会第一次大会通过的《陕甘宁边区宪法原则》,这是解放战争前期具有代表性的重要立法文献,成为当时陕甘宁边区政府施行的临时大宪章。其主要内容包括政权组织、人民权利、司法、经济、文化五部分,共26条。与过去施政纲领的区别主要体现在:在政权组织上,确立了"边区、县、乡人民代表会议(参议会)为人民管理政权机关",意味着人民民主政权的各级权力机关,逐步由抗日战争时期的参议会过渡到人民代表会议,为新中国的基本政治制度奠定了初步基础;在司法制度上,确立了"各级司法机关独立行使职权,除服从法律外,不受任何干涉"的原则,这为新中国确立司法领导体制提供了直接经验;在经济制度上,确立了"耕者有其田"的原则,将抗日战争时期的减轻封建剥削逐步转向彻底消灭封建剥削制度,对即将到来的大规模土地改革运动,做好了法律上的必要准备。②此外,1946年8月11日东北各省代表联席会议通过的《东北各省市(特别市)民主政府共同施政纲领》也提出"省制定省宪"的要求。

---

① 韩延龙、常兆儒编:《中国新民主主义革命时期根据地法制文献选编》(第一卷),中国社会科学出版社1981年版,第64~66页。
② 张希坡、韩延龙主编:《中国革命法制史》,中国社会科学出版社2007年版,第48~49页。

有的法规也带有较为明显的过渡性。1946年5月4日，中共中央发出《关于土地问题的指示》，即"五四指示"，决定将减租减息政策改变为实现"耕者有其田"的政策。该指示最能体现形势变化推动相关法规的调整与转变。抗战胜利后，各解放区群众实现"耕者有其田"的热情极高。在此情况下，党的方针就需要进行调整。该指示并没有规定土地改革的具体方式，只是对农村各阶级各阶层的政策、解决土地问题的方式、分配胜利果实的原则及其他有关问题作了规定。根据该指示，部分解放区制定了土地改革的单行条例，如1946年颁布的《山东省土地改革暂行条例》和《陕甘宁边区征购地主土地条例草案》等。刘少奇指出，"'五四指示'是由减租减息到彻底平分土地的过渡政策，有其历史的来龙去脉。"正因为其过渡性特点，也就带有一定的不彻底性，这是由当时的情况和环境条件所决定的，在当时"要求中央制定一个彻底平分土地的政策是不可能的"。①

（二）新的法制的创立

1947年7月以后，随着人民解放军由战略防御转入战略进攻，解放区面貌发生根本变化，党的工作重心也开始转向城市，为夺取革命取得最后胜利，建立人民共和国作准备。形势的变化，相应的也要求创立许多新的制度和法规。

1947年10月10日，毛泽东为中国人民解放军总部起草政治宣言——《中国人民解放军宣言》。该宣言公布了中国人民解放军的成立民主联合政府、实行人民民主制度等八项基本政策，这些基本政策表明了中国共产党当时最基本的政治纲领和对内对外政策，实际上是中国共产党领导的人民民主政权的政治纲领，对各解放区民主政权的法制建设具有根本的指导意义。该宣言要求，人民解放军所到之处，立即实施这些政策。

1947年10月10日，《中国土地法大纲》的正式公布很好地体现了解放区改变此前过渡性的不彻底的有关法规，使其成为一个彻底的比较完善的解决土地问题的革命纲领。该土地法大纲共16条，其主要内容包括：废除封建性及半封建性剥削的土地制度，实行"耕者有其田"的土地制度；没收、征收土地财产的对象和范围，以及分配的原则和方法；确认保护工商业原则；改革土地制度的执行机关和实施土地法大纲的保障措施；等等。相较"五四指示"，《中国土地法大纲》用没收地主的土地代替了以多种多样的方式从地主手中取得土地的规定，

---

① 《刘少奇选集》（上卷），人民出版社1981年版，第386页。

用征收富农的多余土地和财产代替了一般不变动富农土地财产的规定，用按人口平均分配土地代替了给几种人以照顾的政策。① 同时，在《中国共产党中央委员会关于公布中国土地法大纲的决议》中，要求各地民主政府、各地农民大会、农民代表会及其委员会，对于《中国土地法大纲》加以讨论及采纳，并订出适合当地情况的具体办法，展开及贯彻全国的土地改革运动，以完成中国革命的基本任务。

施政纲领方面的新法规较具代表性的有以下两点：一是 1947 年 4 月内蒙古人民代表会议通过的《内蒙古自治政府施政纲领》和《内蒙古自治政府暂行组织大纲》，确立了民族自治制度，其中很多内容为新中国相关法规的制定所吸收，为新中国解决国家结构问题和民族问题提供了重要经验。二是 1948 年 8 月华北临时人民代表大会讨论通过并公布的《华北人民政府施政方针》。该施政方针指出，"根据现在的情况，一方面我们要争取三年到五年根本上打败国民党，另一方面我们已经可以而且必须开始比较有计划地有步骤地进行各项建设工作。"该方针指出了根据中国革命的全局决定华北解放区的任务，还从军事、经济、政治、文化教育方面规定了实现基本任务的各项方针政策，并规定了关于新解放区与新解放城市的政策。

随着解放战争形势的迅速发展，为适应新形势出现了新的人民政权组织，与之相适应，各解放区也颁布了各种形式的政权组织法规，为新中国成立后的人民政权建设奠定了基础。

首先是为适应大解放区的形式，成立大区人民政府，颁布组织法。如 1948 年 8 月 16 日华北临时人民代表大会通过的《华北人民政府组织大纲》指出，"为适应华北形势发展，并根据人民要求，华北临时人民代表大会决议合并晋察冀与晋冀鲁豫两边区政府，成立华北人民政府，并制定华北人民政府组织大纲。"② 该组织大纲详细规定了华北人民政府的人员构成、行使的职权、下设各部门及人员组成、监察与司法机关等。1949 年初，陕甘宁边区与晋绥解放区合并，1949 年 4 月 9 日通过《陕甘宁边区政府暂行组织规程》，规定"陕甘宁边区政府为陕甘宁及晋南、晋西北之最高行政机关"。

其次是新解放城市的法规。如 1949 年 2 月的《中国人民解放军北平市军事管

---

① 萧甡主编：《中国新民主革命通史》（第 12 卷（1947-1949）最后的决战），上海人民出版社 2001 年版，第 138 页。
② 韩延龙、常兆儒编：《中国新民主主义革命时期根据地法制文献选编》（第二卷），中国社会科学出版社 1981 年版，第 453 页。

制委员会组织条例（草案）》、4月的《北平市人民政府公布令》，以及6月的《天津市人民政府关于变更区街组织的指示》、8月的《中国人民革命军事委员会长沙市军事管制委员会组织条例》等。这些法规对新解放城市社会秩序的安定，革命政权的建立等，都发挥了极大作用，也是人民民主政权建设中创造的成功经验。

最后是城市各界代表会议的法规。新解放城市情况极为复杂，无法立即召开民主选举的人民代表大会。为了找到人民政权与广大群众联系的最适当的组织形式，在总结新解放城市工作经验基础上，中共中央于1948年11月30日发布《关于新解放城市中组织各界代表会的指示》并指出，"在城市解放后实行军管制的初期，应以各界代表会为党和政权领导机关联系群众的最好组织形式。"①该指示还规定了各界代表会的人数及构成、职权、开会日期等。1949年8月，北平市召开第一届各界代表会议，通过了《北平市第一届各界代表会组织条例》。该条例规定了代表组成、各界代表会的任务等。各界代表会议是人民代表大会制度的过渡形式，在解放区人民民主政权建设史上具有重要地位，为民主政权的建设发挥了巨大作用。

（三）其他法制建设

除上所述，解放区在其他方面的法制建设也取得了相当的成就。劳动立法方面，如1948年《东北公营企业战时暂行劳动保险条例》、1949年的《关于在国营、公营工厂企业中建立工厂管理委员会与工厂职工代表会议的实施条例》等。婚姻立法方面，如1946年4月通过的《陕甘宁边区婚姻条例》。1948年3月的《关东地区婚姻暂行条例（草案）》、1949年7月公布的《修正山东省婚姻暂行条例》等。刑事立法方面，如有关惩治贪污、禁烟禁毒、惩治滥用浪费民力、惩治盗匪、惩治汉奸以及惩治扰乱金融罪等方面的刑事法规。司法制度方面，如1946年1月的《晋察冀边区各级法院状纸与讼费暂行办法》、1946年10月的《东北各级司法机关暂行组织条例》、1948年1月的《东北解放区人民法庭条例》、1949年3月的《华北人民政府关于确定刑事复核制度的通令》等。此外，人民调解制度也有了较大发展。如1946年2月的《冀南区民刑事调解条例》、1948年3月的《关东地区行政村（坊）调解暂行条例草案》等。1949年2月的《华北人民政府关于调解民间纠纷的决定》不仅阐明了调解的重要，还具体规定了调解的组织、调解的范围等，反映了新民主主义时期人民调解制度的日趋统一

---

① 中央档案馆编：《中共中央文件选集》（第十七册），中共中央党校出版社1992年版，第530页。

和完善。

1949年2月,《中共中央关于废除国民党〈六法全书〉和确定解放区司法原则的指示》发布,为划清新旧法律的原则界限和解放区司法制度改革,指出了明确方向。该指示指出,"在无产阶级领导的工农联盟为主体的人民民主专政的政权下,国民党的六法全书应该废除,人民的司法工作不能再以国民党的六法全书为依据,而应该以人民的新的法律作依据。"指示要求在目前人民的法律还不完备的情况下,司法机关的办事原则应该是,"有纲领、法律、命令、条例、决议规定者,从纲领、法律、命令、条例、决议之规定;无纲领、法律、命令、条例、决议规定者,从新民主主义的政策。"①

思考题:

1. 中央苏区法制建设的主要特点是什么?
2. 解放战争初期,解放区的法制建设为什么呈现过渡性特征?

参考文献与推荐阅读:

1. 中共中央党史研究室:《中国共产党历史·第一卷(1921-1949)》,中共党史出版社2011年版。
2. 张希坡、韩延龙主编:《中国革命法制史》,中国社会科学出版社2007年版。
3. 时光主编:《中国新民主革命通史》(第4卷(1927-1931)星火燎原),上海人民出版社2001年版。
4. 马成主编:《陕甘宁边区法制史概论》,高等教育出版社2019年版。
5. 韩延龙、常兆儒编:《中国新民主主义革命时期根据地法制文献选编》(第一卷),中国社会科学出版社1981年版。
6. 刘全娥:《陕甘宁边区司法改革与"政法传统"的形成》,人民出版社2016年版。
7. 韩延龙、常兆儒编:《中国新民主主义革命时期根据地法制文献选编》(第二卷),中国社会科学出版社1981年版。
8. 韩延龙、常兆儒编:《中国新民主主义革命时期根据地法制文献选编》(第三卷),中国社会科学出版社1981年版。

---

① 韩延龙、常兆儒编:《中国新民主主义革命时期根据地法制文献选编》(第一卷),中国社会科学出版社1981年版,第86~87页。

9. 韩延龙、常兆儒编：《中国新民主主义革命时期根据地法制文献选编》（第四卷），中国社会科学出版社1984年版。

第二节 新中国法治建设的曲折历程

中华人民共和国成立后，以马克思主义为指导，结合中国实际，逐渐建立起较为系统的社会主义法制体系。虽然其后经历了一些挫折，但"文化大革命"结束后，国家法制建设迅速步入正轨，并明确了建设中国特色社会主义法制的鲜明立场。为适应建立社会主义市场经济体制的迫切要求，社会主义市场经济法律体系得以进一步健全。至上世纪末，依法治国也被明确为"党领导人民治理国家的基本方略"。此后，在探索中国特色社会主义法治道路过程中，中国共产党领导人民取得了一系列历史性成就，为新时代法治建设奠定坚实基础。

一、中华人民共和国成立初期法制体系的创建（1949～1956年）

（一）旧法统的废除与新立法体制的确立

新中国法制体系的创建除吸收和继承新民主主义法制建设经验外，国民党政权旧法统的彻底废除、民主建政和新立法体制确立也是两个重要前提。

1949年4月1日，《华北人民政府为废除国民党的〈六法全书〉及一切反动法律的训令》中对比了国民党的法律与人民的法律本质区别后，提出"要彻底地全部废除国民党反动的法律""旧的必须彻底粉碎，新的才能顺利长成"。训令同时指出，人民的法律已有了解放区人民相当长期的统治经验，有的已经研究好，有的正在创造；各级人民政府，特别是司法工作者，应搜集与研究人民自己的统治经验，制作出新的较完备的法律来。[①] 这些文件及其指示精神为新中国社会主义法治的创立奠定了法理基础，具有十分深远的影响。

1949年9月21～30日，中国人民政治协商会议第一届全体会议在北京召开。会议通过了《中国人民政治协商会议组织法》《中华人民共和国中央人民政府组织法》（以下简称《中央人民政府组织法》）和具有临时宪法性质的《中国人民政治协商会议共同纲领》（以下简称《共同纲领》，已失效），选举产生了中央人民政府委员会。中华人民共和国的建立为新法制体系的创建和发展奠定了根本政

---

① 韩延龙、常兆儒编：《中国新民主主义革命时期根据地法制文献选编》（第一卷），中国社会科学出版社1981年版，第88～89页。

治前提和制度基础。

《共同纲领》《中央人民政府组织法》及其他相关法律对新中国成立初期的法制建设进行了明确规定,奠定了该时期立法体制的基础。如《共同纲领》第 17 条规定:"废除国民党反动政府一切压迫人民的法律、法令和司法制度,制定保护人民的法律、法令,建立人民司法制度。"《共同纲领》第 12 条第 2 款规定:"国家最高政权机关为全国人民代表大会……"《共同纲领》第 13 条第 2 款规定:"在普选的全国人民代表大会召开以前,由中国人民政治协商会议的全体会议执行全国人民代表大会的职权,制定中华人民共和国中央人民政府组织法,选举中华人民共和国中央人民政府委员会,并付之以行使国家权力的职权。"根据《中央人民政府组织法》规定,中央人民政府委员会可依据《共同纲领》行使如制定并解释国家的法律,颁布法令,并监督其执行;规定国家的施政方针;废除或修改政务院与国家的法律、法令相抵触的决议和命令等职权。中央人民政府委员会不仅拥有该组织法的解释权,在中国人民政治协商会议全体会议闭会期间,还拥有该组织法的修改权。

虽然这些法律标志着新中国法律体系构建的开始,但其也具有较为明显的过渡性质,并承袭了革命根据地时期的立法经验,形成分散立法格局。除中央层面的立法权,根据《大行政区人民政府委员会组织通则》《省、市、县人民政府组织通则》《中华人民共和国民族区域自治实施纲要》,县级及以上各级人民政府享有在相关法律规定范围内拟定与所辖地方政务有关的暂行法令、条例或单行法规的权力。这显然与当时正处于民主建政的初始阶段,人民代表大会制度尚未建立的现状相适应。

人民代表大会制度是中华人民共和国的根本政治制度。但中华人民共和国成立之初,并不具备召开普选的人民代表大会的条件,各界人民代表会议作为一种过渡的组织形式在该时期民主政治建设中发挥了极其重要的作用。1949 年 9 月 7 日,周恩来指出,"现在各地召开的各界代表会议,实际上就是地方的政治协商会议,也可以说就是中国人民政治协商会议的地方委员会。""在全国各地方未能实行普选以前,中国人民政治协商会议和它的地方委员会分别执行全国和地方的人民代表大会的职权。"[①] 1951 年 2 月,刘少奇又指出,"人民代表会议与人民代表大会制度,是我们国家的基本制度,是人民民主政权的最好的基本的组织形

---

① 全国人大常委会办公厅、中共中央文献研究室编:《人民代表大会制度重要文献选编(一)》,中国民主法制出版社 2015 年版,第 40、41 页。

式……目前的各级人民代表会议已在代行各级人民代表大会的职权，在不久的将来，就要直接地过渡为各级人民代表大会。"①

根据中央的指示，各地加紧召开了各级各界人民代表会议，加强人民政权建设。至1952年底，人民代表会议已经形成一种经常的制度在全国各地建立起来，为进一步建立人民代表大会制度奠定了基础。

随着召开人民代表大会条件的日益成熟，1953年1月13日，中央人民政府委员会通过决议，决定于1953年召开由人民用普选方法产生的乡、县、省（市）各级人民代表大会，并在此基础上接着召开全国人民代表大会。该决议还明确，在这次全国人民代表大会上，将制定宪法，批准国家五年建设计划纲要和选举新的中央人民政府。1953年2月11日，中央人民政府委员会通过《中华人民共和国全国人民代表大会及地方各级人民代表大会选举法》，建立人民代表大会的工作正式开始。1954年9月，第一届全国人民代表大会第一次会议在北京召开。大会通过了新中国第一部宪法以及全国人民代表大会组织法、国务院组织法、人民法院组织法、人民检察院组织法、地方各级人民代表大会和地方各级人民委员会组织法。会议还通过决议，明确自从1949年10月1日中华人民共和国建立以来，所有由中央人民政府制定、批准的现行法律、法令，除开同宪法相抵触的以外，一律继续有效。从而有利于实现国家法制的统一性、连续性与稳定性。

1954年9月，第一届全国人民代表大会召开。这标志着人民代表大会制度作为中华人民共和国根本政治制度的正式确立，也标志着中华人民共和国立法体制的确立。根据1954年《宪法》规定：全国人民代表大会是最高国家权力机关，是行使国家立法权的唯一机关，拥有修改宪法、制定法律、监督宪法实施等职权；全国人民代表大会常务委员会作为全国人民代表大会的常设机关，可以行使解释法律、制定法令等职权。该宪法是新的社会主义类型宪法，但还不是完全社会主义的宪法，而是一个过渡时期的宪法，反映了社会主义过渡时期的特点。其制定施行也是建设社会主义法治国家的良好开端。而宪法的起草也是一次全国范围的宪法学习和教育。两个多月时间内，在北京和全国各大城市各方面代表8000多人对宪法草案初稿进行讨论，提出修改意见；宪法草案交付全国人民讨论后，两个多月内共有1.5亿人参加，提出了很多修改和补充意见。根据这些意见，宪法起草委员会对原来的草案再度作了修改。这不仅使宪法内容臻于完善，更使宪法深入人心，是

---

① 全国人大常委会办公厅、中共中央文献研究室编：《人民代表大会制度重要文献选编（一）》，中国民主法制出版社2015年版，第111页。

中国制宪史上的一个革命。

人民代表大会制度建立的前几年，人大工作和法制建设很受重视。中央在决定重大问题时，毛泽东、周恩来常常问彭真是不是符合宪法，是不是符合法律程序，提醒"可不要违宪呐！"每次全国人大会议和常委会会议审议决定重大问题，彭真都要组织研究，提出是否符合宪法和法律的依据。①

1955 年 7 月，第一届全国人民代表大会第二次会议召开。会议认为：随着社会主义建设和社会主义改造事业的进展，国家急需制定各项法律以适应国家建设和国家工作的要求；在全国人大闭会期间，有些部分性质的法律，不可避免地急需常务委员会通过施行。为此会议通过《关于授权常务委员会制定单行法规的决议》，授权全国人大常委会依照宪法的精神、根据实际的需要，适时地制定部分性质的法律，即单行法规。②

（二）立法成就与新司法制度的建立

1. 主要立法成就。新中国高度重视以法治立国。早在 1948 年 10 月，董必武就指出，"建立新的政权，自然要创建法律、法令、规章、制度。我们把旧的打碎了，一定要建立新的……新的建立后，就要求按照新的法律规章制度办事。"由此，中华人民共和国成立后迅速形成了立法高潮。

第一，以《共同纲领》为基础开展了全国范围内的法制建设。除了许多重要法律，如工会法、劳动保险条例、土地改革法、婚姻法、兵役法、惩治反革命条例、惩治贪污条例等，政府还根据工作需要制定了许多单行条例和规章，发布了许多决定和指示，这些在实际上都发挥了法律的作用。但这个时期的法制并不完备，很多都带有暂时性、试行性和过渡性特点。对此，周恩来指出，在国家建立之初，特别是在过渡时期，政治经济情况变动很快，在各方面都制定带有根本性、长期适用的法律是有困难的；在这种情况下，国家颁布暂行条例、决定、指示等作为共同遵守的工作规范，是必要的、适当的。③ 据统计④，1949 年 9 月至 1954 年 8 月，中央颁布的法律、法令、法规性文件达 530 件。地方立法数量也具相当规模。如 1950~1953 年，浙江共制定暂行法令条例和单行法规 653 件；

---

① 《彭真传》编写组：《彭真传》（第二卷），中央文献出版社 2012 年版，第 858 页。
② 全国人大常委会办公厅、中共中央文献研究室编：《人民代表大会制度重要文献选编（一）》，中国民主法制出版社 2015 年版，第 295 页。
③ 周恩来：《第一届全国人民代表大会第四次会议上政府工作报告》，载《人民日报》1957 年 6 月 27 日，第 4 版。
④ 高培勇主编：《新中国法治建设 70 年》，中国社会科学出版社 2019 年版，第 109 页。

1950~1954 年 9 月，上海制定暂行法令条例和单行法规 799 件。

第二，依据宪法重新制定了一些有关国家机关和国家制度的各项重要法律、法令。据统计，从 1954 年到 1957 年"反右派"斗争前，全国人大及其常委会、国务院制定的法律法规和国务院各部委制定的较重要法规性文件共 731 件；一些重要的基本法律，如刑法、民法、刑事诉讼法等也在抓紧起草；到 1957 年刑法已修改 22 稿，并发给人大代表征求意见；民法已完成大部分起草任务，并开始向有关单位征求意见；刑事诉讼法开始起草，并于 1957 年 6 月写出初稿。①

2. 新司法制度的建立。根据《中央人民政府组织法》，在中央，设立最高人民法院为全国最高审判机关，并负责领导和监督各级审判机关的审判工作；设立最高人民检察署对政府机关、公务人员和全国国民之严格遵守法律，负最高的检察责任。在政务院下设公安部、司法部、法制委员会等，设政治法律委员会指导内务部、公安部、司法部、法制委员会和民族事务委员会的工作，设人民监察委员会负责监察政府机关和公务人员是否履行其职责。此外，在大行政区设公安部、司法部、人民监察委员会以及最高人民法院分院、最高人民检察署分署。在省、市、县除设公安部门，还设各级人民法院、人民检察署及人民监察委员会。1951 年，《中华人民共和国人民法院暂行组织条例》（已失效）、《中央人民政府最高人民检察署暂行组织条例》（已失效）、《各级地方人民检察署组织通则》（已失效）的颁布，明确规定了人民法院和人民检察机关的性质任务、职权范围、组织设置和各项基本工作制度以及人民法院与人民检察署的工作关系等。这些条例和通则的制定实施，有利于司法组织和诉讼程序的进一步完善，对巩固新生政权和恢复国民经济都起到了十分积极的作用。如西北地区到 1954 年 9 月已先后成立各级人民法院 346 个，处理各种类型的刑事民事案件 74 万余件，有力地配合了各项社会民主改革运动，从司法方面保护了人民的民主权利。②

1952 年 6 月至 1953 年 2 月，为了纯化司法队伍、提高司法效率，使人民的司法制度逐步建立和健全，一场以反对旧法观点、旧法作风和改革整个司法机关为主要内容的司法改革运动在全国范围内开展起来。此次运动基本达到了整顿组织与改造思想的目的，大批优秀人员充实进各级司法机关，旧司法人员几乎全被置换出去。仅华东区不完全统计，新补充到司法机关的即有 2100 多人；西南区为了加强人民法院的领导力量，全区已有 75% 以上的县配备了专职人民法院

---

① 高培勇主编：《新中国法治建设 70 年》，中国社会科学出版社 2019 年版，第 8 页。
② 马锡五：《五年来西北人民司法工作的成就》，载《人民日报》1954 年 9 月 30 日，第 6 版。

院长。①

时任司法部部长的史良在1952年9月曾总结新中国成立以来人民司法工作的三个重大成就：一是根据国家的纲领、政策与法令，以司法力量支持了广大人民群众在镇压反革命、"三反""五反"、婚姻法贯彻实施等运动中的各种正义斗争，并保证其有领导、有计划、有秩序地进行到彻底胜利。二是通过各种改造旧社会制度与建立社会秩序的群众运动，创造了"依靠人民、联系人民、便利人民"的组织形式和工作方法。各级人民法院除创造了人民陪审制、集体调解、就地审判、巡回审判、问事处、人民接待室等走群众路线的工作方法与制度外，还在各种群众运动中建立起人民法庭。三是通过开展全国范围的司法改革运动，不仅教育了全体人民司法干部，初步树立马列主义、毛泽东思想的国家观和法律观，划清新旧法律的思想界限，还创造了密切联系群众并吸收人民群众参加人民司法建设的新制度与新作风。②

各地在司法实践中也涌现了许多典型案例。1951年，福建省人民法院在检查婚姻法执行情况时，运用了人民法庭的经验，组织了检查组及巡回法庭，分别到闽北、闽侯、闽南地区实验司法工作的群众路线。其中闽南巡回法庭运用了土地改革中人民法庭的经验，取得很大效果：第一步，抓住一个杀妻犯为典型，先将处理意见发给全县区乡干部讨论，然后由各乡派代表参加公审，判以死刑；第二步，召集全县区乡干部、积极分子700余人的大会，宣传婚姻法，组织典型诉苦，以克服乡干部和积极分子中的封建思想，然后由乡干部和积极分子作自我检讨，并将典型案件在乡干部、积极分子会上宣判；第三步，巡回法庭分开到两个区去工作，也召开了同样性质的大会，宣传婚姻法、组织诉苦、自我检讨、提出案件；第四步，以巡回法庭干部作骨干，配合乡干部、积极分子混合组成临时人民法庭，分赴这两区的各乡，与群众一起处理婚姻案件；第五步，由两个试点区开展到全县。③ 至1954年9月，西北地区各基层人民法院建立了169个人民接待室。1953年9~12月，经过陕西南郑县人民法院接待室的说服解释，当事人自动和解或撤销的纠纷266件，占同期法院总收案数的48%，使法院能够集中力量处理重大案件。西部地区普遍建立人民调解委员会，仅陕西、甘肃两省的87个县、

---

① 《全国大部地区司法改革工作已收实效 少数地区有"夹生"现象还须进行补课》，载《人民日报》1953年1月28日，第3版。
② 史良：《三年来人民司法工作的成就》，载《人民日报》1952年9月23日，第2版。
③ 曾镜冰：《福建省的司法改革工作》，载《人民日报》1952年9月2日，第3版。

市，就有调解组织 9073 个，由群众选出的调解人员达 43 654 人；西北各地人民法院结合基层选举工作，选出了固定人民陪审员 20 745 人。这进一步建立和健全了人民陪审制度，吸引了广大人民群众参加国家审判工作。①

1954 年，《宪法》《中华人民共和国人民法院组织法》《中华人民共和国人民检察院组织法》《中华人民共和国逮捕拘留条例》（已失效）颁布施行，标志着中华人民共和国司法制度进入了新的发展时期。依照规定，人民法院分为地方各级人民法院（又分为基层人民法院、中级人民法院、高级人民法院）、专门人民法院、最高人民法院，人民检察院设最高人民检察院、地方各级人民检察院、专门人民检察院。自此，中华人民共和国司法工作的一些基本原则和制度建立和发展起来，至今仍是我国司法体制的重要基础。这些制度包括：公安、检察和法院三机关分工负责、互相监督、互相制约的制度，检察机关和审判机关依法独立行使职权的制度，法律面前人人平等原则，人民陪审员制度，公开审判和辩护制度，合议庭制度和回避制度，两审终审制和死刑复核制，等等。②

二、法制建设的艰难探索（1957~1977 年）

1956 年 9 月，中共八大召开，提出了社会主义法制建设的正确指导方针。会议明确提出发展社会主义民主政治必须依靠社会主义法制建设，只有社会主义法制建设的不断完善才能保障人民民主的切实实现。刘少奇在政治报告中指出，"为了巩固我们的人民民主专政，为了保卫社会主义建设的秩序和保障人民的民主权利，为了惩治反革命分子和其他犯罪分子，我们目前在国家工作中的迫切任务之一，是着手系统地制定比较完备的法律，健全我们国家的法制。""我们的一切国家机关都必须严格地遵守法律，而我们的公安机关、检察机关和法院，必须贯彻执行法制方面的分工负责和互相制约的制度。"③

董必武则在报告中对法制建设进行了更加翔实的阐述。他指出，新中国成立以来，虽然党领导的人民民主法制工作有显著成绩，但还缺乏一些急需的较完备的基本法规，如刑法、民法、诉讼法、劳动法、土地使用法等；同时，由于政治、经济情况的变化，还有许多应该修改的法规还没有修改，应该重新制定的还没有重新制定。虽然在新建的国家内法制不完备的状态不可避免地会存在一些时

---

① 马锡五：《五年来西北人民司法工作的成就》，载《人民日报》1954 年 9 月 30 日，第 6 版。
② 高培勇主编：《新中国法治建设 70 年》，中国社会科学出版社 2019 年版，第 8~9 页。
③ 中央档案馆、中共中央文献研究室编：《中共中央文件选集》（第二十四册），人民出版社 2013 年版，第 104、105 页。

候,他仍认为,无论就国家法制建设的需要来说,或就客观的可能性来说,法制都应该逐渐完备起来;法制不完备的现象如果再继续存在,甚至拖得过久,无论如何不能不说是一个严重的问题。他接着明确指出,必须进一步加强人民民主法制才能适应党所提出的任务,而依法办事是我们进一步加强人民民主法制的中心环节;依法办事有两方面的意义:必须有法可依、有法必依;同时,由于要办理的国家事务是具体的、千态万状的,而法是概括的、定型的,因此法只能是办事的准绳;只有从实际出发,对事务的本身和他相关联的各方面加以周密分析,才能达到妥善办事的目的。① 这反映出当时党和国家领导人对法制建设有着比较科学、清醒的基本认识。薄一波曾评价:"八大展示的探索成果,在经济领域以外的,要算董必武同志关于法制建设的观点最为重要……在群众运动一个接着一个的年代,他对法制建设的认识达到这样高的境界,是很可贵的。"②

然而,随着政治形势的演变,中共八大提出的正确指导方针并没有得到认真遵循和贯彻。1957年以后,中华人民共和国法制建设的发展速度开始放缓,并往下滑坡。但这一时期,法制建设不断在探索中艰难前行,总体上还是取得了一定成绩。

这主要体现在如下几个方面:

第一,党和国家领导人对法制建设的重视。1957年1月27日,毛泽东在省市自治区党委书记会议上的讲话中专门谈到法制问题。他强调,"一定要守法,不要破坏革命的法制。法律是上层建筑。我们的法律,是劳动人民自己制定的。它是维护革命秩序,保护劳动人民利益,保护社会主义经济基础,保护生产力的。我们要求所有的人都遵守革命法制,并不是只要你民主人士守法。"③ 1957年2月27日,他又在《关于正确处理人民内部矛盾的问题》中指出,"人民中间的犯法分子也要受到法律的制裁""但是发现了错误,一定要改正。无论公安部门、检察部门、司法部门、监狱、劳动改造的管理机关,都应该采取这个态度。我们希望人大常务委员、政协委员、人民代表,凡是有可能的,都参加这样的检查。这对于健全我们的法制,对于正确处理反革命分子和其他犯罪分子,会有帮助的。"④

---

① 中央办公厅编:《中国共产党第八次全国代表大会文献》,人民出版社1957年版,第257~258、262~263页。
② 薄一波:《若干重大决策与事件的回顾》(上卷),中共中央党校出版社1991年版,第496页。
③ 中共中央文献研究室编:《毛泽东文集》(第七卷),人民出版社1999年版,第197~198页。
④ 中共中央文献研究室编:《毛泽东文集》(第七卷),人民出版社1999年版,第207、219页。

1962年5月23日,刘少奇在同中央政法小组的一次谈话中,首先指出了近几年政法工作中存在的未能清楚、严格、细致地区分两类不同性质矛盾的问题;其次提出了"无产阶级法制,就是人民民主的法制,也就是社会主义法制。法制不一定是指专政方面的,人民内部也要有法制,国家工作人员和群众也要受公共章程的约束。法院独立审判是对的,是宪法规定了的,党委和政府不应该干涉他们判案子。检察院应该同一切违法乱纪现象作斗争,不管任何机关任何人。不要提政法机关绝对服从各级党委领导。它违法,就不能服从。如果地方党委的决定同法律、同中央的政策不一致,服从哪一个?在这种情况下,应该服从法律、服从中央的政策。"①

第二,立法、司法与法律制度方面的成就。据统计,从1957年到1966年3月,共制定法律、法规、法规性文件675件。1958年初到1966年7月间,全国人大及其常委会通过或原则通过了国家建设征用土地办法、户口登记条例、农业税条例、工商统一税条例(草案)、关于改进税收管理体制的规定(草案)、商标管理条例、外国人入境出境过境居留旅行管理条例等,批准了26项民族自治地方人大和人民委员会的组织条例。国务院及其各部委也制定和发布了许多行政措施和决议、命令、指示,对有关国民经济计划、工业、农业、财政、金融、公安、司法、外交关系等方面的事务和工作制度作了规定。②

这一时期,全国人大及其常委会在大多数时间里基本上开展了活动,行使了职权。人民法院也依照宪法和其他相关规定,依法审理了诸多刑事和民事案件。司法机关针对战争罪犯的特赦问题,也取得了很大成功,体现了人民民主专政对基本人权的重视。律师和公证制度在最初也曾取得了一定成就。从1956年司法部决定建立健全律师制度,到1957年6月,全国建立了19个律师协会,成立了800多个法律顾问处,2500多名专职律师开始执业。到1957年底,全国设立了51个公证处,有1200个市、县法院开始受理公证业务,培养了近千名专职公证人员,处理公证案件29万多件。③

1957年后,反右派斗争严重扩大化,改变了中共八大提出和制定的指导方针,党的指导思想出现"左"倾,法律虚无主义日渐抬头,法制建设遭遇挫折。1966年,"文化大革命"爆发。整个"文化大革命"时期,法制建设遭到严重破

---

① 刘少奇:《刘少奇选集》(下卷),人民出版社1985年版,第450、452页。
② 蒋传光等:《新中国法治简史》,人民出版社2011年版,第31页。
③ 亓光:《新中国法治建设历程》,世界知识出版社2011年版,第34页。

坏。从 1966 年 8 月至 1975 年 1 月，三届全国人大及其常委会都没有开过会，正常的立法工作也就无从谈起。随着全国各地相继成立了集党政军大权于一身的革命委员会，法制建设相应地失去了行政权支撑。

三、中国特色社会主义法制体系的形成（1978~2012 年）

中共十一届三中全会成为新中国社会主义法制建设的重大转折点，是建立法治国家的新的历史起点。继续发展社会主义民主，健全社会主义法制，自此成为中央坚定不移的基本方针。在新的历史时期，依法治国方针付诸实践，法制体系、法治观念等方面也都取得了令人瞩目的成就。

（一）法律体系的恢复重建与发展完善

1978 年 12 月 13 日，邓小平在中共十一届三中全会召开前的中共中央工作会议上的讲话中指出：当时的问题是法律很不完备，很多法律还没有制定出来，所以，应该集中力量制定刑法、民法、诉讼法和其他各种必要的法律。他还提出了立法的一些具体措施，"现在立法的工作量很大，人力很不够，因此法律条文开始可以粗一点，逐步完善。有的法规地方可以先试搞，然后经过总结提高，制定全国通行的法律。修改补充法律，成熟一条就修改补充一条，不要等待'成套设备'。总之，有比没有好，快搞比慢搞好。"同时，他还指出要大力加强对国际法的研究，以及"国要有国法，党要有党规党法"。①

邓小平对社会主义法制建设一系列重大问题的主张，都具有很强的针对性和深远指导意义。根据邓小平的讲话，中共十一届三中全会对民主和法制问题进行了认真的讨论，并要求"从现在起，应当把立法工作摆到全国人民代表大会及其常务委员会的重要议程上来"。②

根据中共十一届三中全会的精神，加强立法被迅速提上日程。1979 年，第五届全国人民代表大会第二次会议审议通过了七个重要法律，即刑法、刑事诉讼法、地方各级人民代表大会和地方各级人民政府组织法、全国人民代表大会和地方人民代表大会选举法、人民法院组织法、人民检察院组织法、中外合资经营企业法，并一致通过了关于修改宪法若干规定的决议。会议期间，邓小平曾讲到，这次会议后，要接着制定一系列的法律；我们的法律太少了，成百个法律总要有

---

① 邓小平：《邓小平文选》（第二卷），人民出版社 1994 年版，第 146~147 页。
② 中共中央文献研究室编：《三中全会以来重要文献选编》（上），1982 年版，第 11 页。

的，这方面有很多工作要做，现在只是开端。① 叶剑英在会议的闭幕词中也指出，"这次会议之后，人大常委会还将根据许多代表提出的意见，组织各方面的力量，抓紧民法、民事诉讼法、婚姻法、计划生育法以及工厂法、劳动法、合同法、能源法、环境保护法等各项法律的制订工作。国务院和地方各级人民代表大会、地方各级人民政府也要在自己的权限范围内制定各种必要的规章条例……一定要做到全国一切行政机关、一切企业事业单位在工作中都有法可依，有章可循，有制度可遵守。"②

虽然第五届全国人民代表大会第一次、第二次、第三次会议都对当时施行的宪法进行了修改，但其仍不能很好地适应社会主义现代化建设的需要。根据中共中央的建议，1980年9月，第五届全国人民代表大会第三次会议决定开始全面修改宪法。1982年12月，第五届全国人民代表大会第五次会议审议通过《宪法》。该宪法是在1954年《宪法》的基础上，根据中共十一届三中全会确定的路线、方针、政策，总结经验教训修改制定的，迄今仍在生效实施。此后，随着社会主义现代化建设的深入发展，全国人大于1988年、1993年、1999年、2004年先后四次对1982年《宪法》进行了必要的修正。这体现了宪法的与时俱进，随着党和国家事业的发展而发展，使其更加符合国情和时代发展的要求，以充分体现人民的共同意志和根本利益。

除了宪法及相关法律，其他立法工作也都取得了很大成就。经过不懈努力，到2010年底，我国已制定现行有效法律236件、行政法规690多件、地方性法规8600多件，并全面完成了对现行法律和行政法规、地方性法规的集中清理工作。中共十五大提出，"加强立法工作，提高立法质量，到二零一零年形成有中国特色的社会主义法律体系"，这一目标按期完成。2011年1月24日，吴邦国指出，"目前，涵盖社会关系各个方面的法律部门已经齐全，各法律部门中基本的、主要的法制已经制定，相应的行政法规和地方性法规比较完备，法律体系内部总体做到科学和谐统一。一个立足中国国情和实际、适应改革开放和社会主义现代化建设需要、集中体现党和人民意志的，以宪法为统帅，以宪法相关法、民法商法等多个法律部门的法律为主干，由法律、行政法规、地方性法规等多个层次的法律规范构成的中国特色社会主义法律体系已经形成，国家经济建设、政治

---

① 邓小平：《邓小平文选》（第二卷），人民出版社1994年版，第189页。
② 全国人大常委会办公厅、中共中央文献研究室编：《人民代表大会制度重要文献选编》（二），中国民主法制出版社2015年版，第404页。

建设、文化建设、社会建设以及生态文明建设的各个方面实现有法可依。"① 他接着指出，这是我国社会主义民主法制建设史上的重要里程碑，具有重大的现实意义和深远的历史意义。

（二）司法制度的恢复与发展

不断加强立法建设的同时，司法组织得到恢复和重建。1978 年 3 月，根据第五届全国人民代表大会第一次会议通过的《宪法》第 43 条规定，重新设立人民检察院。五届全国人民代表大会第二次会议又在 1954 年制定的法院组织法、检察院组织法基础上修改而成新的人民法院组织法和人民检察院组织法。其中，法院组织法修改较少，检察院组织法则作了较大修改：一是确定检察院的性质是国家的法律监督机关；二是把检察院上下级关系由原来的监督关系改为领导关系，地方各级人民检察院对同级人民代表大会和它的常务委员会负责并报告工作，同时受上级人民检察院领导，以保证检察院对全国实行统一的法律监督；三是检察院对于国家机关和国家工作人员的监督，只限于违反刑法，需要追究刑事责任的案件。② 此外，公安、司法行政和安全等机构得到恢复或重建，包括司法部、地方各级司法厅（局）、中央政法委员会等，律师制度也得以恢复。

司法制度体系不断发展健全，体现在颁布或修改了一大批司法制度方面的法律法规。如民事诉讼法、行政诉讼法、律师法、法官法、检察官法、人民警察法等都曾经历过多次修改完善，这有力地保障了司法活动的顺利进行。现代司法的一系列原则和制度得以确立。中共十一届三中全会指出，"检察机关和司法机关要保持应有的独立性；要忠实于法律和制度，忠实于人民利益，忠实于事实真相；要保证人民在自己的法律面前人人平等，不允许任何人有超于法律之上的特权。"③ 1979 年，刑法、刑事诉讼法通过后，中共中央随即发出指示要求：各级司法机关要严格按照刑法和刑事诉讼法办事，坚决改变和纠正一切违反刑法、刑事诉讼法的错误思想和作法；加强党对司法工作的领导，切实保证司法机关行使宪法和法律规定的职权，充分发挥司法机关的作用；迅速健全各级司法机构，努力建设

---

① 全国人大常委会办公厅、中共中央文献研究室编：《人民代表大会制度重要文献选编》（四），中国民主法制出版社 2015 年版，第 1503~1504 页。
② 全国人大常委会办公厅、中共中央文献研究室编：《人民代表大会制度重要文献选编》（二），中国民主法制出版社 2015 年版，第 453~454 页。
③ 中共中央文献研究室编：《三中全会以来重要文献选编》（上），人民出版社 1982 年版，第 11 页。

一支坚强的司法工作队伍。①

20世纪80年代末，司法体制改革启动，并不断向纵深推进。中共十五大提出，"推进司法改革，从制度上保证司法机关依法独立公正地行使审判权和检察权，建立冤案、错案责任追究制度。加强执法和司法队伍建设。"② 总体来说，这一时期的司法体制改革经历了以下阶段：20世纪80年代至2003年，主要实施了以强化庭审功能、扩大审判公开、加强律师辩护、建设职业化法官和检察官队伍为重点的审判方式改革和司法职业化改革；2004年至2007年，主要启动了完善司法机关机构设置、职权划分和管理制度的司法体制改革，司法体制改革走向整体统筹、有序推进的阶段；2008年至2011年，主要开展了以优化司法职权配置、落实宽严相济刑事政策、加强司法队伍建设和司法经费保障为重点的司法体制改革，司法体制改革进入重点深化、系统推进的阶段。③

（三）法治观念进一步深化

第一，民主与法制的关系。"文化大革命"时期一个严重错误就是将法制与人民民主对立起来。改革开放以来的法制建设首先是在"文化大革命"的反思中开始的。1978年12月，邓小平指出，因为过去一个相当长时间内，民主集中制没有真正实行，离开民主讲集中，民主太少，所以当前这个时期，特别需要强调民主。为了保障人民民主，必须加强法制，必须使民主制度化、法律化，使这种制度和法律不因领导人的改变而改变，不因领导人的看法和注意力的改变而改变。④ 随后他又指出，民主和法制都应该加强，要加强民主就要加强法制；没有广泛的民主是不行的，没有健全的法制也是不行；民主和法制两手都不能削弱。⑤ 叶剑英也曾明确指出，"要正确处理民主与法制的关系：只有在充分发扬民主的基础上，才能确立健全的社会主义法制，也只有认真贯彻执行社会主义法制，才能切实保障人民的民主权利。"⑥ 这些认识正确处理和理顺了民主和法制的关系，成为改革开放初期法制建设取得飞速发展的一个关键因素。

---

① 全国人大常委会办公厅、中共中央文献研究室编：《人民代表大会制度重要文献选编》（二），中国民主法制出版社2015年版，第459~464页。
② 中共中央文献研究室编：《十五大以来重要文献选编》（上），中央文献出版社2011年版，第28页。
③ 高培勇主编：《新中国法治建设70年》，中国社会科学出版社2019年版，第161~162页。
④ 邓小平：《邓小平文选》（第二卷），人民出版社1994年版，第144、146页。
⑤ 邓小平：《邓小平文选》（第二卷），人民出版社1994年版，第189页。
⑥ 全国人大常委会办公厅、中共中央文献研究室编：《人民代表大会制度重要文献选编》（二），中国民主法制出版社2015年版，第387页。

第二,有法可依、有法必依,法律面前人人平等。1979年9月9日,中共中央针对党内存在的否定法律、轻视法律、以党代政、以言代法、有法不依等问题指出,"如果我们不下决心解决这些问题,国家制定的法律就难以贯彻执行,我们党就会失信于民。"① 邓小平也强调:确实要搞法制,特别是高级干部要遵守法制。以后,党委领导的作用第一条就是应该保证法律生效、有效。没有立法之前,只能按政策办事;法立了以后,坚决按法律办事。② 他还曾提出:集中力量制定法律,加强检察机关和司法机关建设,"做到有法可依,有法必依,执法必严,违法必究。"叶剑英也强调,"法律和规章条例一经制定,就要有稳定性和连续性,要有极大的权威,只有经过法定的程序才能修改,而不能以任何领导人的个人意志为转移。"他接着指出,国家的法律是人人必须遵守的,一切公民在法律面前一律平等;各级领导干部,不论职务高低,决不允许有超越于法律之上的特权;共产党员中的领导干部,尤其要以身作则,模范地遵守国家法律。③

第三,法制与改革的关系。改革初期,法制建设主要围绕经济建设这个中心展开。1979年2月15日,叶剑英讲到,"健全法制以保障人民民主,使民主制度化、法律化,是党的十一届三中全会为加速国家的社会主义现代化建设而采取的一系列重大措施之一。"④ 胡耀邦在中共十二大上的报告中指出:要根据总任务的要求,从当前实际出发,大力推进社会主义物质文明和精神文明建设,继续健全社会主义民主和法制。⑤ 随着改革开放的不断深化,人们逐渐认识到法制建设与改革应并重,相辅相成。1986年1月17日,邓小平在中央政治局常委会上的讲话中强调,"搞四个现代化一定要有两手,只有一手是不行的。所谓两手,即一手抓建设,一手抓法制。"他还指出,经济建设我们搞得相当有成绩,这是国家的成功;但如果风气坏下去,会在另一方面变质,反过来影响整个经济变质,发展下去会形成贪污、盗窃、贿赂横行的世界。⑥ 1986年7月10日,中共

---

① 全国人大常委会办公厅、中共中央文献研究室编:《人民代表大会制度重要文献选编》(二),中国民主法制出版社2015年版,第460页。
② 中共中央文献研究室编:《邓小平年谱(1975—1997)》(上),中央文献出版社2004年版,第527~528页。
③ 全国人大常委会办公厅、中共中央文献研究室编:《人民代表大会制度重要文献选编》(二),中国民主法制出版社2015年版,第404~405页。
④ 全国人大常委会办公厅、中共中央文献研究室编:《人民代表大会制度重要文献选编》(二),中国民主法制出版社2015年版,第386页。
⑤ 中共中央文献研究室编:《十二大以来重要文献选编》(上),中央文献出版社2011年版,第11页。
⑥ 邓小平:《邓小平文选》(第三卷),人民出版社1993年版,第154页。

中央发布通知要求：在新的历史条件下，要认真贯彻落实"一手抓建设，一手抓法制"的思想，全党必须重视社会主义法制建设。① 中共十三大也明确提出，"我们必须一手抓建设和改革，一手抓法制。法制建设必须贯穿于改革的全过程……应当通过改革，使我们社会主义民主政治一步一步走向制度化、法律化。"②

第四，依法治国基本方略的提出与确立。1996年2月8日，江泽民在中共中央举办的法制讲座上的讲话中首次提出"加强社会主义法制建设，依法治国，是邓小平建设有中国特色社会主义理论的重要组成部分，是我们党和政府管理国家和社会事务的重要方针"。③ 随后，他在中共十五大报告中再次明确提出"健全社会主义法制，依法治国，建设社会主义法治国家"。④ 1999年，第九届全国人民代表大会第二次会议通过的《关于中华人民共和国宪法修正案（草案）的说明》规定：关于宪法第五条，增加规定："中华人民共和国实行依法治国，建设社会主义法治国家。"田纪云在宪法修正案（草案）的说明中指出：依法治国，是中国共产党领导人民治理国家的基本方略，是国家长治久安的重要保障。将"依法治国，建设社会主义法治国家"写进宪法，对于坚持依法治国的基本方略，不断健全社会主义法制，发展社会主义民主政治，促进经济体制改革和经济建设，具有重要的意义。⑤ 由此，依法治国成为党和国家执政的基本方略。此后，中共十六大又进一步提出，"发展社会主义民主政治，最根本的是要把坚持党的领导、人民当家作主和依法治国有机统一起来。"⑥

思考题：
1. 中华人民共和国成立初期取得了哪些立法成就？
2. 改革开放以后为建立中国特色社会主义市场经济体制进行了哪些法制建设？

参考文献与推荐阅读：
1. 中共中央党史研究室：《中国共产党历史·第二卷（1949-1978）》，中

---

① 中共中央文献研究室编：《十二大以来重要文献选编》（下），中央文献出版社2011年版，第23页。
② 中共中央文献研究室编：《十三大以来重要文献选编》（上），人民出版社1991年版，第46~47页。
③ 全国人大常委会办公厅、中共中央文献研究室编：《人民代表大会制度重要文献选编》（三），中国民主法制出版社2015年版，第1004页。
④ 中共中央文献研究室编：《十五大以来重要文献选编》（上），人民出版社2000年版，第26页。
⑤ 全国人大常委会办公厅、中共中央文献研究室编：《人民代表大会制度重要文献选编》（三），中国民主法制出版社2015年版，第1078、1082页。
⑥ 中共中央文献研究室编：《十六大以来重要文献选编》（上），中央文献出版社2005年版，第24页。

共党史出版社 2011 年版。

2. 蒋传光等：《新中国法治简史》，人民出版社 2011 年版。

3. 高培勇主编：《新中国法治建设 70 年》，中国社会科学出版社 2019 年版。

4. 亓光：《新中国法治建设历程》，世界知识出版社 2011 年版。

5. 李林主编：《新中国法治建设与法学发展 60 年》，社会科学文献出版社 2010 年版。

6. 李其瑞等：《马克思主义法治理论中国化 70 年》，中国法制出版社 2019 年版。

第三节　习近平法治思想的时代贡献

党的十八大以来，以习近平同志为核心的党中央，从全局和战略高度，对依法治国的政治方向、战略地位、工作布局、主要任务、重大关系、基础保障进行了一系列战略性思考和历史性探索，深刻回答了新时代为什么实行全面依法治国、怎样实行全面依法治国等一系列重大问题，形成了内涵丰富、科学系统的习近平法治思想。2020 年 11 月召开的中央全面依法治国工作会议正式提出"习近平法治思想"，明确了习近平法治思想在全面依法治国、建设法治中国中的指导地位。这在党的历史和国家法治建设史上具有里程碑意义。

习近平法治思想具有深厚的法治文化底蕴，对中国共产党领导法治建设的丰富实践和宝贵经验进行了科学总结，是一个内涵丰富、论述深刻、逻辑严密、系统完备的科学理论体系，具有鲜明的理论风格、思维特征和实践特色。

一、习近平法治思想的发展脉络

（一）中华优秀传统法律文化的传承和浸润

我国法治文明的历史源远流长。在几千年的历史进程中，中华传统法律文化逐渐形成了独特的法律精神和制度品格。习近平总书记指出："我们的先人们早就开始探索如何驾驭人类自身这个重大课题，春秋战国时期就有了自成体系的成文法典，汉唐时期形成了比较完备的法典。我国古代法制蕴含着十分丰富的智慧和资源，中华法系在世界几大法系中独树一帜。"①

---

① 习近平：《论坚持全面依法治国》，中央文献出版社 2020 年版，第 110~111 页。

1. 明法尊法，缘法而治。如果我们追溯中华法系的源头，会发现在夏商周时期就已经出现了习惯法，发展出奴隶制法律制度。春秋战国时期，法家主张"以法而治"，李悝的《法经》是中国历史上第一部比较系统的封建成文法典。这一时期，秦国奉行法家学说，强调"法必明、令必行"，"商鞅立木"就是典型一例。在秦国推行变法之前，商鞅担心民众不信任法令，于是放了一根木头在城墙南门，贴出告示：如有人将这根木头搬到北门就赏十金。一开始民众并不相信，直到将赏金提到五十金，才有一个壮汉将木头搬到了北门。商鞅如约赏给他五十金，以此来表明法令的效力，取得民众信任。秦统一六国后，依据法家的理论制定《秦律》，强调严刑峻法。湖北云梦出土的秦简中记载了秦代施行的律法，内容涉及农业、仓库、货币、贸易、徭役、置吏、军爵、手工业等多方面。可见在当时，秦朝已经有了比较完备的法律制度。

2. 德主刑辅，礼法并举。汉代推崇儒家思想，强调礼法并举，实行"春秋决狱"，也就是把儒家经典作为依据进行司法活动。司法官员引用《公羊春秋》断案最为常见，因而将这种引经决狱的裁判方式统称为"春秋决狱"。"春秋决狱"体现为一些司法原则，比如"原心定罪"原则：在审理案件的时候，依据客观犯罪的事实，着重考察行为者的动机是否与儒家道德相符合，如不合乎，必须严惩；如合乎，虽犯法也可以从轻论处。再如"亲亲得相首匿"原则，指亲属之间有罪应当互相隐瞒，不告发和不作证的不认为是犯罪，反之就要定罪，体现的是儒家强调宗法伦理与家庭教化作用。儒家学者以经义注释和施用法律之后，儒法汇通合流加速，礼与法形成"本"与"用"的关系。

3. 天理、国法、人情相结合。我国古代社会主要是农业自然经济，民众聚族而居、邻里相望，相互关系盘根错节、枝蔓相连。在此社会经济和文化传统下，和睦相处既是大众共同需要，也是统治者的希望。经过三国两晋南北朝，诸代君臣和思想家熔礼义刑德于一炉，中国传统法制呈现出天理、国法、人情融合的鲜明特色。到隋唐时期，中华法制文明逐渐定型与完备，中华法系日臻成熟。《唐律疏议》就是代表性的法典，并对后世宋元明清的立法产生深刻影响。不仅如此，《唐律疏议》的基本原则和具体制度还超越国界，成为古代日本、朝鲜等国家学习的范本。清朝末年以后，中华法系的影响日渐衰微。

除了中华法系，在世界法治文明的发展中，还形成了包括大陆法系、英美法系、伊斯兰法系在内的几大法系。与它们不同的是，中华法系是在我们国家特定历史条件下形成的，凝聚了中华民族的精神和智慧，这也正是习近平法治思想独特而深厚的法治文化底蕴。

（二）中国共产党领导的法治实践探索

1840年鸦片战争以后，中国逐步成为半殖民地半封建社会，中华民族遭受了前所未有的劫难，在这个艰难困苦的历史进程中，中国共产党登上历史舞台，带领中国人民走上了一条符合中国国情的革命道路。在革命的过程中，我们党历来重视法治建设。

在新民主主义革命时期，中国共产党就领导制定了《井冈山土地法》（1928）、《中华苏维埃共和国宪法大纲》（1931）、《陕甘宁边区宪法原则》（1946）等法律法令，建立了审判机关、检察机关、侦查机关，创造了"马锡五审判方式"、人民调解制度等。中华人民共和国成立后，我们党废除旧法统，在《共同纲领》和"五四宪法"的基础上确立了我国政治制度、法律制度、立法体制、司法体制，确立了社会主义法制原则，为巩固社会主义政权和进行社会主义建设发挥了重要保障和推动作用。改革开放以来，中国共产党深刻总结法治建设正反两方面的经验教训，走出了一条中国特色社会主义法治道路，把依法治国确定为党领导人民治理国家的基本方略，把依法执政确定为党治国理政的基本方式，推动依法治国取得重大进展。

党的十八大以来，以习近平同志为核心的党中央，在全面依法治国、建设法治中国的伟大实践中，以全新的战略视野和深刻的理论思维，结合中国的实际国情，不断深化对全面依法治国规律的认识。2012年，党的十八大提出，法治是治国理政的基本方式，要更加注重发挥法治在国家治理和社会管理中的重要作用。党的十八届三中全会通过《中共中央关于全面深化改革若干重大问题的决定》，将推进法治中国建设作为全面深化改革的重要方面作出专门部署，强调坚持依法治国、依法执政、依法行政共同推进，坚持法治国家、法治政府、法治社会一体建设。党的十八届四中全会专题研究全面推进依法治国，通过了《中共中央关于全面推进依法治国若干重大问题的决定》，规划了全面依法治国的总蓝图、路线图、施工图。这是我们党的历史上第一次专题研究、专门部署全面依法治国的中央全会，在我国社会主义法治史上具有里程碑意义。习近平总书记在这次全会上强调："全面推进依法治国是一个系统工程，是国家治理领域一场广泛而深刻的革命"。[1] 2017年，党的十九大就"深化依法治国实践"问题作出了专门部署，把坚持全面依法治国上升为新时代坚持和发展中国特色社会主义的基本方

---

[1] 习近平：《论坚持全面依法治国》，中央文献出版社2020年版，第102页。

略。党的十九届三中全会决定组建中央全面依法治国委员会,健全党领导全面依法治国的制度和工作机制。党的十九届四中全会对坚持和完善中国特色社会主义法治体系,提高党依法治国、依法执政能力,推进国家治理体系和治理能力现代化作出重要部署。

习近平总书记多次在党的中央全会、中央政治局会议、中央政治局集体学习,以及每年全国两会、中央有关委员会会议、工作考察等重要场合,就推进全面依法治国发表一系列重要讲话、作出一系列重要指示。习近平总书记强调党的领导是我国社会主义法治最根本的保证,必须贯彻到依法治国全过程和各方面;提出全面依法治国的战略任务并将其纳入"四个全面"战略布局;提出全面依法治国的总目标是建设中国特色社会主义法治体系,建设社会主义法治国家;部署推进司法体制改革、国家监察体制改革、行政执法体制改革等重大改革;推动加强宪法实施和监督、提高立法质量和效率等重大工作;指导编制法治中国建设规划、法治政府建设实施纲要、法治社会建设实施纲要;等等。在这一过程中,习近平总书记以马克思主义政治家、思想家、战略家的深刻洞察力和理论创造力,提出了关于全面依法治国的一系列具有原创性、标志性的新理念、新思想、新战略,形成了习近平法治思想。

2020年11月,党的历史上首次召开的中央全面依法治国工作会议,将习近平法治思想明确为全面依法治国的指导思想。习近平总书记在会议上发表重要讲话,从统筹中华民族伟大复兴的战略全局和世界百年未有之大变局、实现党和国家长治久安的战略高度,回顾我国社会主义法治建设的历程,强调推进全面依法治国要从立足新发展阶段、贯彻新发展理念、构建新发展格局的实际出发,围绕建设中国特色社会主义法治体系、建设社会主义法治国家的总目标,坚持党的领导、人民当家作主、依法治国有机统一,以解决法治领域突出问题为着力点,坚定不移走中国特色社会主义法治道路,在法治轨道上推进国家治理体系和治理能力现代化,为全面建设社会主义现代化国家、实现中华民族伟大复兴的中国梦提供有力法治保障。习近平总书记用"十一个坚持"系统阐述了新时代推进全面依法治国的重要思想和战略部署,即坚持党对全面依法治国的领导;坚持以人民为中心;坚持中国特色社会主义法治道路;坚持依宪治国、依宪执政;坚持在法治轨道上推进国家治理体系和治理能力现代化;坚持建设中国特色社会主义法治体系;坚持依法治国、依法执政、依法行政共同推进,法治国家、法治政府、法治社会一体建设;坚持全面推进科学立法、严格执法、公正司法、全民守法;坚持统筹推进国内法治和涉外法治;坚持建设德才兼备的高素质法治工作队伍;坚持抓住领导干部这个"关键少数"。

习近平法治思想深耕于中华优秀传统法律文化土壤，撷取世界法治文明优秀成果，是在历史中传承和凝练的思想精华，也是在实践探索中生成、在理论创新中升华的思想创造。习近平在纪念马克思诞辰200周年大会的讲话中强调，我们要"用鲜活丰富的当代中国实践来推动马克思主义发展，用宽广视野吸收人类创造的一切优秀文明成果，坚持在改革中守正出新、不断超越自己，在开放中博采众长、不断完善自己""不断开辟当代中国马克思主义、21世纪马克思主义新境界"。① 正因如此，我们在习近平法治思想中看到了经验的沉淀、理性的凝结、历史的淬炼，它们共同诠释着习近平法治思想的实践生命力、理论创造力和历史解释力。

二、习近平法治思想的重大意义

习近平法治思想以一系列具有原创性、时代性的新理念、新思想、新战略，在中国特色社会主义法治理论和实践上实现了重大突破、重大创新、重大发展，标志着我们党对共产党执政规律、社会主义建设规律、人类社会发展规律的认识达到了新高度，开辟了21世纪马克思主义法治理论和实践的新境界。学习习近平法治思想，要深刻把握其重大而深远的意义，切实增强政治认同、思想认同、理论认同、情感认同，做到学思用贯通，知信行统一。

（一）习近平法治思想是顺应实现中华民族伟大复兴时代要求应运而生的重大理论创新成果

1. 中华法治文明的传承与创新。习近平法治思想的形成具有悠久的历史传统，是从源远流长的中华法律文明传统中形成的伟大理论成果。在阐释"全面依法治国"等新理念新思想时，习近平总书记常常会讲述中国古代历史中的动人故事和典型案例，深刻总结我国古代法制的成败得失，比如以秦国商鞅"立木建信"，汉高祖刘邦同关中百姓"约法三章"，唐太宗以奉法为治国之重，来阐述"法治兴则国兴，法治强则国强"；或总结回顾中华优秀传统法律文化中的思想理念，如出礼入刑、隆礼重法的治国策略，民惟邦本、本固邦宁的民本理念，天下无讼、以和为贵的价值追求，德主刑辅、明德慎罚的慎刑思想。② 这些重要论

---

① 习近平：《在纪念马克思诞辰200周年大会上的讲话》，载《人民日报》2018年5月5日，第2版。
② 参见习近平：《论坚持全面依法治国》，中央文献出版社2020年版，第226页；习近平：《坚定不移走中国特色社会主义法治道路 为全面建设社会主义现代化国家提供有力法治保障》，载《求是》2021年第5期。

述都赋予了中华法治文明新的时代内涵,使中华法治文明焕发出新的生命力。

2. 中国特色社会主义法治理论的重大发展成果。习近平法治思想的形成具有丰富的法治实践基础,是从蓬勃发展的社会主义法治实践中形成的伟大理论成果。党的十八大以来,改革发展稳定任务艰巨繁重,全面对外开放深入推进,人民群众在民主、法治、公平、正义、安全、环境等方面的要求日益增长,全面依法治国在党和国家工作全局中的地位更加突出、作用更加重大。以习近平同志为核心的党中央,根据新时代中国特色社会主义法治建设出现的新情况新问题,从不同角度丰富和完善了中国特色社会主义法治理论的核心命题。从依法治国到全面依法治国,从建设中国特色社会主义法律体系到建设中国特色社会主义法治体系,从"有法可依、有法必依、执法必严、违法必究"到"科学立法、严格执法、公正司法、全民守法",从建设法治中国到在法治轨道上全面建设社会主义现代化国家,习近平法治思想扎根中国特色社会主义法治实践沃土,不断推动中国特色社会主义法治理论实现重大发展。

(二) 习近平法治思想是马克思主义法治理论中国化的最新成果

马克思主义法治理论是由马克思、恩格斯创立,并在国际共产主义运动中不断发展的科学法治理论。中国共产党在领导中国人民进行革命、建设和改革的伟大实践中,坚持把马克思主义法治理论和中国实际相结合,不断推进马克思主义法治理论中国化。习近平法治思想全面吸收了马克思主义法学基本原理,传承了马克思列宁主义关于国家与法的理论,毛泽东关于人民民主的法律思想,以及邓小平理论、"三个代表"重要思想、科学发展观中关于中国特色社会主义法治的科学内涵和根本要求,是马克思主义法治理论中国化的最新成果。

1. 全面吸收马克思主义法学基本原理。习近平法治思想坚持和贯彻了马克思主义法治理论的基本立场、观点和方法,如社会存在决定社会意识,生产力决定生产关系,经济基础决定上层建筑,人民群众是历史的创造者的基本观点,社会基本矛盾分析、阶级分析、历史分析的基本方法。习近平总书记强调,宪法作为上层建筑,一定要适应经济基础的变化。① 正如马克思所指出的,法的关系正像国家的形式一样,既不能从它们本身来理解,也不能从所谓人类精神的一般发展来理解,相反,它们根源于物质的生活关系。② 经济基础对法律上层建筑具有决定性作用,决定了法治建设的国别性特征和阶段性特征。中国法治建设必须植根于中

---

① 习近平:《论全面依法治国》,中央文献出版社2020年版,第213页。
② 参见《马克思恩格斯全集》,人民出版社1962年版,第8页。

国国情基础,与中国的生产力水平和发展阶段相适应。

2. 丰富和发展马克思主义法治理论的时代内涵。习近平法治思想根植于中华优秀传统法律文化及法治实践基础,通过总结当代中国法治建设的伟大成就和鲜活经验,在法治概念、法治价值、法治发展、法治关系等问题上有许多重大突破和重大创新,极大地丰富和发展了马克思主义法治理论的理论内涵。特别是在依法治国与以德治国相结合、程序正义与实体正义等方面,习近平法治思想对传统的理论观点进行了时代化提炼和升华。比如在第十八届中共中央政治局第三十七次集体学习会议上,习近平总书记着重阐述法治与德治的关系,"法律是成文的道德,道德是内心的法律。""法治和德治不可分离、不可偏废,国家治理需要法律和道德协同发力。"① 在中央全面依法治国委员会第一次会议上的讲话中,习近平总书记强调必须牢牢把握社会公平正义这一法治价值追求,努力让人民群众在每一项法律制度、每一个执法决定、每一宗司法案件中都感受到公平正义。这些具有主体性、时代性、原创性的法治理论成果,为我们认识法治、践行法治、研究法治提供了科学的解释系统和鲜明的理论旗帜。

马克思主义法治理论中国化的百年历程表明,每一个重大理论成果的取得,每一次历史性飞跃的实现,都充分反映了那个时代国家与社会发展进程的理论需求,体现了那个时代法治实践的现实要求。习近平法治思想以守正创新的科学精神,坚持和发展毛泽东思想、邓小平理论、"三个代表"重要思想、科学发展观中的法治理论精髓,在全面依法治国、建设法治中国新的实践中推进马克思主义法治理论中国化、时代化,创新发展了中国特色社会主义法治理论,为党和人民在新时代坚定不移走中国特色社会主义法治道路,在法治轨道上推进国家治理体系和治理能力现代化提供了科学的理论指导。

(三)习近平法治思想是习近平新时代中国特色社会主义思想的重要组成部分

1. 部分与整体的关系。从构成来看,习近平法治思想是习近平新时代中国特色社会主义思想的重要内容。党的十九大用"八个明确""十四个坚持"对习近平新时代中国特色社会主义思想作了系统概括和深刻阐释,"明确全面推进依法治国总目标""坚持依法治国"即在其中。2021年11月,中国共产党第十九届中央委员会第六次全体会议通过《中共中央关于党的百年奋斗重大成就和历史经验的决

---

① 习近平:《论坚持全面依法治国》,中央文献出版社2020年版,第165页。

议》，用"十个明确"对习近平新时代中国特色社会主义思想的核心内容作了进一步概括，其中之一就是"明确全面推进依法治国总目标是建设中国特色社会主义法治体系、建设社会主义法治国家"。全面依法治国既是"十个明确"之一，又与其他任何一项紧密关联、密不可分。可以说，习近平法治思想贯穿中国特色社会主义伟业的各个领域、各个方面、各个环节。习近平法治思想是习近平新时代中国特色社会主义思想的重要组成部分，具有充分的科学理据、实践依据和迫切的现实需要。

2. 要素与系统的关系。从逻辑上看，习近平法治思想与习近平新时代中国特色社会主义思想是要素与系统的关系。只有把习近平法治思想置身于习近平新时代中国特色社会主义思想这个大体系中，以系统思维、整体视角、贯通观点认识和理解两者之间的关系，才能更加准确地把握习近平法治思想的重大意义和科学定位。习近平法治思想与习近平经济思想、习近平外交思想、习近平强军思想、习近平生态文明思想等其他各方面的重要论述一起，构成了习近平新时代中国特色社会主义思想理论这一科学的宏大体系。此外，习近平法治思想还辐射到习近平总书记治党治国治军、内政外交国防各领域的新思想新战略之中。比如，社会主义市场经济本质上是法治经济；中国走向世界，以负责任大国参与国际事务，必须善于运用法治；要深入推进依法治军从严治军等。习近平法治思想是习近平新时代中国特色社会主义思想不断走向成熟的理论成果，只有真正学习领会和深刻认识习近平法治思想的科学体系、丰富内涵、精髓要义，掌握贯穿其中的马克思主义立场、观点和方法，才能更加深刻准确地把握习近平新时代中国特色社会主义思想。

（四）习近平法治思想是全面依法治国的根本遵循和行动指南

习近平总书记指出，"推进全面依法治国是国家治理的一场深刻变革，必须以科学理论为指导，加强理论思维，不断从理论和实践的结合上取得新成果，总结好、运用好党关于新时代加强法治建设的思想理论成果，更好指导全面依法治国各项工作。"① 习近平法治思想是在中国特色社会主义法治建设伟大实践中形成和发展的科学理论体系，是经过实践证明富有实践伟力的思想理论成果，是全面依法治国的根本遵循和行动指南。

1. 科学的理论指导和制度保障。习近平法治思想为全面依法治国提供了科学的理论指导和制度保障。在中央全面依法治国工作会议上，习近平总书记明确把"坚持在法治轨道上推进国家治理体系和治理能力现代化"作为全面依法治

---

① 习近平：《论坚持全面依法治国》，中央文献出版社2020年版，第6页。

国重大战略任务。无论是国家治理体系的完善,还是国家治理能力的提升,法治都扮演着"轨道"的角色,发挥着引领、规范、保障作用。习近平法治思想深刻阐释了国家制度与法律制度的关系、依法治国与国家治理的关系、法治体系与国家治理体系的关系等一系列重大理论问题,提出了加快建立健全科学完备的法律规范体系、推动执法司法公正高效权威、夯实依法治国社会基础等重大部署。这凝结着我们党治国理政的理论成果和实践经验,凝聚着中华民族治理国家的智慧和人类制度文明的精髓,成为支撑国家治理的强大力量。当前,世界百年未有之大变局加速演变,国际环境不稳定性不确定性明显上升,我国日益走近世界舞台中央,国内改革发展稳定任务日益繁重,全面依法治国在党和国家工作全局中的地位更加突出、作用更加重大。在此背景下,习近平法治思想的提出为深入推进全面依法治国、加快建设社会主义法治国家、决胜全面建成小康社会、开启全面建设社会主义现代化国家新征程、实现中华民族伟大复兴的中国梦,提供了科学的法治理论指导和制度保障。

2. "中国之制"的制度根基。习近平法治思想夯实了"中国之制"的制度根基。中华人民共和国成立70多年来,经济快速发展、社会长期稳定两大奇迹的实践证明,法治是国家治理体系和治理能力的重要依托,社会主义法治是我国制度之治最基本最稳定最可靠的保障。党的十八大以来,以习近平同志为核心的党中央从坚持和发展中国特色社会主义的全局和战略高度定位法治、布局法治、厉行法治,把全面依法治国纳入"四个全面"战略布局,创造性地提出了一系列全面依法治国新理念、新思想、新战略,领导和推动我国社会主义法治建设发生历史性变革、取得历史性成就。十八届四中全会专门研究全面依法治国,出台了《中共中央关于全面推进依法治国若干重大问题的决定》,对全面依法治国进行顶层设计、描绘了宏伟蓝图;党的十九大提出到2035年基本建成法治国家、法治政府、法治社会,确立了新时代法治中国建设的路线图、时间表;十九届三中全会站在加强党对全面依法治国的集中统一领导的高度,成立中央全面依法治国委员会,统筹推进全面依法治国工作;十九届五中全会在制定"十四五"规划和"二〇三五年远景目标"建议时,再次就全面依法治国作出部署,对立足新发展阶段、贯彻新发展理念、构建新发展格局的立法工作提出新的要求。在党的二十大报告中,首次对法治建设进行专章论述,从立法、执法、司法、守法四个环节推进全面依法治国,提出在法治轨道上全面建设社会主义现代化国家。在以习近平同志为核心的党中央坚强领导下,中国特色社会主义法治体系不断健全,法治中国建设迈出坚实步伐,法治固根本、稳预期、利长远的保障作用进一步发挥,党运用法治方式领导和治理国家的能力显著增强。

习近平法治思想是经过实践检验的具有强大解释力、预测力、变革力的法治理论体系,是新时代全面依法治国的定盘星、主心骨、度量衡。在全面建成社会主义现代化强国的新征程上,在深化改革、推动发展、化解矛盾、维护稳定的现实任务面前,我们要充分发挥习近平法治思想的实践伟力,筑法治之基、行法治之力、积法治之势,为实现中华民族伟大复兴的中国梦提供有力法治保障。

三、习近平法治思想的核心要义

习近平法治思想内涵丰富、博大精深,其核心要义和理论精髓集中体现为习近平在中央全面依法治国工作会议上明确提出并深刻阐述的"十一个坚持":坚持党对全面依法治国的领导;坚持以人民为中心;坚持中国特色社会主义法治道路;坚持依宪治国、依宪执政;坚持在法治轨道上推进国家治理体系和治理能力现代化;坚持建设中国特色社会主义法治体系;坚持依法治国、依法执政、依法行政共同推进,法治国家、法治政府、法治社会一体建设;坚持全面推进科学立法、严格执法、公正司法、全民守法;坚持统筹推进国内法治和涉外法治;坚持建设德才兼备的高素质法治工作队伍;坚持抓住领导干部这个"关键少数"。这"十一个坚持"是习近平法治思想主要内容的集中体现。学习习近平法治思想,要深刻领悟"十一个坚持"的科学内涵,厘清其中的内在逻辑,不断提高对习近平法治思想的认识水平和运用能力。

1. 坚持党对全面依法治国的领导。坚持中国共产党的领导是推进全面依法治国的根本保证,是中国特色社会主义法治之魂。全面依法治国必须坚持正确的政治方向,习近平总书记强调:"党政军民学,东西南北中,党是领导一切的。"① 中国共产党是中国特色社会主义事业的领导核心,处于总揽全局、协调各方的地位。党的领导地位不是自封的,是历史和人民选择的,是由党的性质决定的,是由我国宪法明文规定的。宪法作为国家根本大法,在总纲中明确规定"中国共产党领导是中国特色社会主义最本质的特征",党的领导是党和国家事业不断发展的"定海神针"。

2. 坚持以人民为中心。坚持以人民为中心,坚持人民主体地位,是中国特色社会主义法治区别于资本主义法治的根本所在。人民立场是马克思主义的根本政治立场。全面依法治国最广泛、最深厚的基础是人民,必须坚持为了人民、依

---

① 习近平:《中国共产党领导是中国特色社会主义最本质的特征》,载《求是》2020年第14期。

靠人民的基本原则。人民立场落实在法治领域,就是要使法律及其实施充分体现人民利益,努力成为为人民所需要的良法善治,更好地满足人民群众对美好生活的新要求新期待;要坚持人民主体地位,把人民作为依法治国的主体和力量源泉,用法治保障人民当家作主的权利,发展全过程人民民主。归根结底,要落实在依法保障人民权益这个根本目的上,保障和促进社会公平正义,切实加强人权法治保障,保证人民依法享有广泛权利和自由。习近平总书记多次强调,要努力让人民群众在每一项法律制度、每一个执法决定、每一宗司法案件中都感受到公平正义;要把体现人民利益,反映人民愿望,维护人民权益,增进人民福祉落实到依法治国全过程,保障人民在党的领导下通过各种途径和形式管理国家事务,管理经济和文化事业,管理社会事务。

3. 坚持中国特色社会主义法治道路。中国特色社会主义法治道路是社会主义法治建设成就和经验的集中体现,是建设社会主义法治国家的唯一正确道路。党的领导、坚持中国特色社会主义制度、贯彻中国特色社会主义法治理论,这三个方面构成了中国特色社会主义法治道路的核心要义,明确和确保了中国特色社会主义法治体系的制度属性和前进方向。坚持法治体系建设的正确方向,必须牢牢把握中国特色社会主义这个定性,坚定不移地走中国特色社会主义法治道路,正确处理政治与法治、改革与法治、依法治国与以德治国的关系。首先,政治与法治的关系,是关乎法治建设正确方向的根本问题。习近平总书记指出:"每一种法治形态背后都有一套政治理论,每一种法治模式当中都有一种政治逻辑,每一条法治道路底下都有一种政治立场。"① 在国家的政治体制中,政治理论、政治逻辑、政治立场对法治的影响是内在的、持久的、根深蒂固的。政治制度和政治模式的差异,必然反映在以宪法为统领的法律体系上。在我国,法是党的主张和人民意愿的统一体现,正确处理好党与法的关系是正确处理政治与法治的关键。要坚持党对政法工作的绝对领导,这是新时代政法工作的最高原则。党对政法工作的领导是管方向、管政策、管原则、管干部,但不是包办具体事务,不要越俎代庖。领导干部更不能借党对政法工作的领导之名对司法机关工作进行不当干预。同时,发挥政治和法律的各自优势,促进党的政策和国家法律互联互动。其次,改革与法治的关系,是全面深化改革和全面依法治国辩证关系的集中体现。改革和法治具有深刻的内在关联性。历史经验表明,把改革和法治紧密结合起来,既

---

① 中共中央文献研究室编:《习近平关于协调推进"四个全面"战略布局论述摘编》,中央文献出版社2015年版,第115页。

是改革的需要，也是法治的需要。改革和法治如鸟之两翼、车之两轮，我们要在法治下推进改革，在改革中完善法治。一方面，坚持改革决策和立法决策相统一、相衔接，立法主动适应改革需要，积极发挥引导、推动、规范、保障改革的作用，做到重大改革于法有据。另一方面，要坚定不移地推进法治领域改革，通过深化法治领域改革完善法治体系，以立法形式确认改革经验、完善法律制度。最后，依法治国与以德治国相辅相成、相互促进。法安天下，德润人心，法律和道德是两类重要的社会规范，依法治国与以德治国是两种重要的治理方式。习近平总书记精辟阐述了法律与道德、法治与德治的辩证关系："法律是成文的道德，道德是内心的法律"，要"把法治建设和道德建设紧密结合起来，把他律和自律紧密结合起来，做到法治和德治相辅相成、相互促进"。① 坚持推进依法治国与以德治国相结合，是推进全面依法治国，实现国家治理现代化的客观要求，也是中国特色社会主义法治道路的鲜明特点。中国特色社会主义法治道路，本质上是中国特色社会主义道路在法治领域的具体体现，要坚定不移地从我国革命、建设、改革的实践中探索适合自己的法治道路，不能盲目跟从西方的法治道路。

4. 坚持依宪治国、依宪执政。法治是国家治理体系和治理能力的重要依托，而宪法的崇高地位决定了它在整个法律体系乃至整个法治建设中的重要地位和作用。因而坚持依法治国首先要坚持依宪治国，坚持依法执政首先要坚持依宪执政。我国宪法规定了中国共产党领导制度和执政地位，规定了中华人民共和国的一切权力属于人民，人民行使国家权力的机关是全国人民代表大会和地方各级人民代表大会，规定了国家立法机关、行政机关、监察机关、司法机关等的职权范围和行使职权的程序，建立了有效的制约机制和监督体系，是国家机器有效运转的根本遵循和最高准则。只有坚持依宪治国、依宪执政，才能充分保证党坚持依法执政、领导人民依法治国，发挥宪法的规范、引领、推动、保障作用。因此，要把宪法作为根本活动准则，坚持宪法法律至上、维护国家法制统一、尊严、权威，把宪法制度更好地转化为治国理政的强大力量。

5. 坚持在法治轨道上推进国家治理体系和治理能力现代化。一方面，法治化是实现国家现代化的必然要求。法治是规则之治、制度之治。在现代社会，法治化是衡量国家治理体系和治理能力现代化水平的主要标准，同时也是实现国家治理体系和治理能力现代化的必然要求。习近平总书记指出："法治和人治问题是人类政治文明史上的一个基本问题，也是各国在实现现代化过程中必须面对和

---

① 习近平：《论坚持全面依法治国》，中央文献出版社2020年版，第165、24页。

解决的一个重大问题。综观世界近现代史，凡是顺利实现现代化的国家，没有一个不是较好解决了法治和人治问题的。相反，一些国家虽然也一度实现快速发展，但并没有顺利迈进现代化的门槛，而是陷入这样或那样的'陷阱'，出现经济社会发展停滞甚至倒退的局面。后一种情况很大程度上与法治不彰有关。"① 法治兴则国家兴，法治衰则国家乱。法治化既是现代化的应有之义，也是现代化的必由之路。另一方面，要发挥法治固根本、稳预期、利长远的保障作用。习近平总书记指出，"正反两方面的经验告诉我们，国际国内环境越是复杂，改革开放和社会主义现代化建设任务越是繁重，越要运用法治思维和法治手段巩固执政地位、改善执政方式、提高执政能力，保证党和国家长治久安。"② 当前，国际形势复杂多变，国内改革进入攻坚期和深水区，我们面对的改革发展稳定任务之重前所未有，面对的矛盾风险挑战之多前所未有。这就要求我们必须把依法治国摆在更加突出的位置，更好发挥法治固根本、稳预期、利长远的保障作用，坚持依法应对重大挑战、抵御重大风险、克服重大阻力、解决重大矛盾。只有把党和国家工作纳入法治化轨道，坚持在法治轨道上统筹社会力量、平衡社会利益、调节社会关系、规范社会行为，才能使我国社会在深刻变革中既生机勃勃又井然有序。同样，只有坚持依法治国，才能保证人民依法享有广泛的权利和自由，维护社会公平正义，实现好、维护好、发展好最广大人民根本利益。

6. 坚持建设中国特色社会主义法治体系。中国特色社会主义法治体系是推进全面依法治国的总抓手，为我国法治建设描绘了基本构架。习近平总书记指出："全面推进依法治国涉及很多方面，在实际工作中必须有一个总揽全局、牵引各方的总抓手，这个总抓手就是建设中国特色社会主义法治体系。依法治国各项工作都要围绕这个总抓手来谋划、来推进。"③ 中国特色社会主义法治体系是中国特色社会主义制度的法律表现形式，是国家治理体系的骨干工程。建设中国特色社会主义法治体系，就是要在党的领导下，坚持中国特色社会主义制度，贯彻中国特色社会主义法治理论，加快形成完备的法律规范体系、高效的法治实施体系、严密的法治监督体系、有力的法治保障体系，形成完善的党内法规体系。

---

① 中共中央文献研究室编：《习近平关于协调推进"四个全面"战略布局论述摘编》，中央文献出版社 2015 年版，第 99~100 页。
② 习近平：《坚定不移走中国特色社会主义法治道路 为全面建设社会主义现代化国家提供有力法治保障》，载《求是》2021 年第 5 期。
③ 习近平：《论坚持全面依法治国》，中央文献出版社 2020 年版，第 93 页。

7. 坚持依法治国、依法执政、依法行政共同推进，法治国家、法治政府、法治社会一体建设。全面依法治国是一个系统工程，需要整体谋划、系统布局，必须坚持依法治国、依法执政、依法行政共同推进，法治国家、法治政府、法治社会一体建设。这一工作布局阐明了法治建设内部各方面的关系，旨在解决法治建设中不协调、不平衡、各自为政、争权诿责的问题。依法治国是我国宪法确定的治理国家的基本方略，而能不能做到依法治国，关键在于党能不能坚持依法执政，各级政府能不能坚持依法行政。依法治国、依法执政、依法行政是有机联系的整体，三者本质一致、目标一致、成效相关，必须相互统一、共同推进、形成合力。法治国家、法治政府、法治社会三者各有侧重、相辅相成，法治国家是法治建设的目标，法治政府是建设法治国家的主体，法治社会是构筑法治国家的基础。党的二十大明确要求，到2035年基本建成法治国家、法治政府、法治社会，这就要求，全面推进依法治国，必须统筹兼顾，三者同步规划、同步实施，推动三者相互促进、相得益彰。

8. 坚持全面推进科学立法、严格执法、公正司法、全民守法。全面依法治国要有科学的战略安排，进行重点突破。推进法治领域改革，就必须解决好立法、执法、司法、守法等领域的突出矛盾和问题。首先，推进科学立法。立法是法治建设的首要环节。建设法治中国，必须加强和改进立法工作，深入推进科学立法、民主立法、依法立法，不断提高立法质量和效率，以高质量立法保障高质量发展、推动全面深化改革、维护社会大局稳定。其次，推进严格执法。法律的生命在于实施。行政执法是否严格公正，直接体现着政府依法行政的水平和能力，直接关系着人民群众对法治的信心。各级政府必须依法全面履行职能，坚持法定职责必须为、法无授权不可为，健全依法决策机制，完善执法程序，严格执法责任，做到严格、规范、公正、文明执法。再次，推进公正司法。公正司法是维护社会公平正义的最后一道防线。习近平总书记曾引用英国哲学家培根的话来说明司法不公的危害性："一次不公正的审判，其恶果甚至超过十次犯罪。因为犯罪虽是无视法律——好比污染了水流，而不公正的审判则毁坏法律——好比污染了水源。"① 全面推进依法治国，必须坚持推进公正司法，深化司法体制综合配套改革，强化对司法活动的制约监督，加快建设公正高效权威的社会主义司法制度，努力让人民群众在每一个司法案件中感受到公平正义。最后，推进全民守法。法治社会是构筑法治国家的基础。只有让法治信仰根植于人民心中，形成全

---

① 习近平：《论坚持全面依法治国》，中央文献出版社2020年版，第46页。

民守法的氛围，才能共建法治国家。要以传承中华优秀传统法律文化为抓手，进一步推进社会主义法治文化建设，培育全社会办事依法、遇事找法、解决问题用法、化解矛盾靠法的法治环境。

9. 坚持统筹推进国内法治和涉外法治。当今世界正经历百年未有之大变局，我国正处于实现中华民族伟大复兴的关键时期。立足国内和国际两个大局，着眼于法治建设，必须统筹推进国内法治和涉外法治。涉外法治不仅关涉国家主权、安全和发展利益，而且是国内法治与国际法治之间的桥梁纽带，是参与全球治理、贡献中国智慧、推动构建人类命运共同体规则体系的重要支点。统筹推进国内法治和涉外法治，一是要加快涉外法治工作战略布局，建立国内法域外适用及阻却外国法不当域外适用的法律制度，形成系统完备的涉外法律法规体系。二是提升涉外执法司法效能，完善国际商事争端解决机制，深化国际司法交流合作，更好维护国家主权、安全、发展利益。三是加强涉外法治人才培养，增强我国在国际事务中的话语权和影响力。四是维护以国际法为基础的国际秩序，共同建设相互尊重、公平正义、合作共赢的新型国际关系，推动构建人类命运共同体。

10. 坚持建设德才兼备的高素质法治工作队伍。为保障全面依法治国的顺利推进，还需要法治队伍的保障和建设。习近平总书记指出，"全面推进依法治国，建设一支德才兼备的高素质法治队伍至关重要。"[①] 在法治工作的政治性、专业性、技术性日益复杂的今天，法治工作队伍在全面依法治国中发挥着不可或缺的重要作用。加强法治队伍建设，要重点加强专门队伍革命化、正规化、专业化、职业化建设，提高立法工作人员、执法工作人员、司法工作人员的职业素养和专业水平；要加强法律服务队伍建设，引导律师、公证员、司法鉴定员、人民调解员等法律服务工作者坚持正确方向，依法依规诚信执业，认真履行社会责任；加强涉外执法司法、国际组织法律人才培养，更好服务对外工作。

11. 坚持抓住领导干部这个"关键少数"。领导干部具体行使党的执政权和国家立法权、行政权、监察权、司法权等职权，是社会主义法治建设的重要组织者、推动者、实践者，在全面依法治国中担负着重要责任。我们要用制度保证领导干部发挥"关键少数"的作用，推动领导干部带头尊崇法治、敬畏法律，了解法律、掌握法律，不断提高运用法治思维和法治方式深化改革、推动发展、化解矛盾、维护稳定、应对风险的能力，做尊法学法守法用法的模范。

---

① 习近平：《论坚持全面依法治国》，中央文献出版社2020年版，第115页。

思考题：

1. 如何理解习近平法治思想形成发展的历史逻辑、实践逻辑？
2. 如何理解习近平法治思想的重大意义？
3. 如何理解习近平法治思想的核心要义？

参考文献与推荐阅读：

1. 习近平：《论坚持全面依法治国》，中央文献出版社 2020 年版。
2. 习近平：《习近平谈治国理政》（第一卷），外文出版社 2014 年版。
3. 习近平：《习近平谈治国理政》（第二卷），外文出版社 2017 年版。
4. 习近平：《习近平谈治国理政》（第三卷），外文出版社 2020 年版。
5. 习近平：《习近平谈治国理政》（第四卷），外文出版社 2022 年版。
6. 中共中央文献研究室编：《习近平关于协调推进"四个全面"战略布局论述摘编》，中央文献出版社 2015 年版。
7. 中共中央宣传部、中央全面依法治国委员会办公室：《习近平法治思想学习纲要》，人民出版社、学习出版社 2021 年版。
8. 习近平：《坚定不移走中国特色社会主义法治道路 为全面建设社会主义现代化国家提供有力法治保障》，载《求是》2021 年第 5 期。
9. 习近平：《坚持走中国特色社会主义法治道路 更好推进中国特色社会主义法治体系建设》，载《求是》2022 年第 4 期。

第四章
法治文化的规范形态

第一节 法治社会的规范特征

规范性是法律的核心属性,法治社会的规范体系具有自己的特点,法治文化视角下的社会规范探究则需要注重培育社会的规则文化,形成优良的规则文化是法治社会成熟的重要体现。规则文化以权利文化为基本证成,以契约文化为重要支撑,并构成说理文化的核心内容。法治国家与法治社会的相互塑造则描述了规则文化形成的动态过程。

一、法治社会的规范体系

(一) 何谓法治社会

法治社会的涵义在学界存在争议,广义的法治社会概念与法治中国等总体和综合的概念并无二致。然而,在"法治国家、法治政府、法治社会一体建设"的政治话语中,法治社会则被赋予了相对独立的涵义。如姜明安指出,如果把法治国家、法治政府、法治社会三个概念放在同一时空使用时,法治国家指整个国家公权力的法治化;法治政府主要指国家行政权行使的法治化;法治社会则主要指政党和其他社会共同体行使社会公权力的法治化。[①] 这种论述可能会窄化法治社会的主体范围,而过于限缩法治社会的涵义。江必新、王红霞则指出,可以从制度面、心理面、秩序面对法治社会进行框架性描述。其一,制度面。社会生活的方方面面均有国家正式法律与社会自治规则及习惯等形成的完备的、融贯的、科学的规则系统。其二,心理面。社会群体和成员在思想、观念上对规则之治的理念与精神的认同,并由此在行动和生活中自觉服从与践行,即法之认同。其

[①] 姜明安:《论法治国家、法治政府、法治社会建设的相互关系》,载《法学杂志》2013年第6期。

三，秩序面。由上述二者作为内在支撑的社会自主运行，社会各类组织、成员与国家各职能部门形成自治与统治分工协作，即跨越统治与自治之共治秩序。① 事实上，作为法治文化建设基本目标的法治社会建设与这种法治社会的框架性解释具有更大的亲和性。法治文化的制度层面、理念层面、行为层面和制度面、心理面、秩序面存在大致的对应关系。此时，建设法治社会是在为法治建设夯基固本，也是法治中国建设的重心所在。

法治社会具有自己的价值目标，社会主义核心价值观社会层面的其他总体性价值都和法治社会具有亲和性。法治社会在社会层面捍卫自由，维护平等，促进公正。法治社会的培育过程是法治社会化和社会法治化的统一。法治社会化是由法治而社会，意为法治在社会中获得更多的接纳，法治成为多种社会主体自觉的生活方式。社会法治化则是由社会而法治，社会自我生成的结果提炼为法治的基本框架。社会是理解和考察文化最为重要的维度，文化的社会基础也是文化之所以深邃、广博、厚实、持重的内在原因。对于法治文化的考察和研究同样如此，社会法治文化是法治文化最为重要的表现形式。如我国近代著名学者梁漱溟在考察西人所长吾人所短时曾指出，中国人缺乏集团生活，主要表现在四个方面，即公共观念、纪律习惯、组织能力和法治精神等缺乏。② 梁漱溟这里所阐释的法治文化方面就是侧重于社会而非国家，是普通人的生活方式或"活法"中体现的文化方面。

法治社会是一个理性社会，敢于公开运用自己的理性是现代启蒙理性的基本诠释。③ 理性社会以知识和真理为中心，通过理性批判的方式发现真理；理性社会的个人受实践理性的约束，遵守道德、法律等社会规范。由法治社会涵养的理性方面则强调遵守公共规则、信守契约观念、讲究公共说理，注重提升公共理性的水平。④ 法治社会是一个多元、宽容的社会，在法治的基础上，每个人都可以持有自己的价值观，选择自己喜欢的生活方式，法治社会给予了社会主体广泛的生成空间，享受法治约束之下的自由。宽容意味着容忍，容忍比自由更为重要，容忍是自由的进一步发展，自由社会中的人们难免被自由所冒犯，容忍就显得尤其重要，然而容忍并不是无限度，法治成为了容忍的底线。⑤ 法治社会是一个阳

---

① 江必新、王红霞：《法治社会建设论纲》，载《中国社会科学》2014年第1期。
② 梁漱溟：《中国文化要义》，上海人民出版社2005年版，第59页。
③ 参见[德]康德：《历史理性批判文集》，何兆武译，商务印书馆1990年版，第22页。
④ 参见[美]约翰·罗尔斯：《公共理性观念再探》，时和兴译，载哈佛燕京学社·三联书店主编：《公共理性与现代学术》，生活·读书·新知三联书店出版社2000年版，第1~5页。
⑤ 胡适：《容忍与自由》，吉林大学出版社2015年版，第324页。

刚的社会，法治文化则是一种阳刚文化。① 良好的法治状态并不否认社会中各种纠纷的存在，阳刚社会处理纠纷的方式会讲究正面对抗，基于理由而被说服，基于规则而对抗，从而使得社会"阴谋"减少，成为一个"简单社会"。法治社会是一个开放社会，理性批判、多元主义、言论自由等元素组合起来，为开放奠定了基础，在法治社会的基础上向着人们的现实生成开放，向着未来开放。② 法治社会维护社会的公共秩序和善良风俗，捍卫集体意识和集体情感，并最终通向基于法治社会的共同体。

（二）法治社会的规范体系

规范体系作为制度的核心构成，同样是文化的核心层面。规范体系是在人们的思想感情和行为中被认同和遵循的导向、分寸和界限，如道德规范、法律体系、经济和政治方面的政策措施等。它通过要求和引导人在任何事情上"怎样去做，不怎样去做"，来显现和保持一种文化体系的性质和特征。③ 法律是一种典型的社会规范，然而除了法律以外还有多种类型的社会规范。法治社会的规范体系不仅有硬法体系，如各种国家法律、行政法规、规章、自治条例和单行条例等，还有软法体系，如习惯、道德、村规民约、社区自治规约、行业规范、企业内部制度等。软法在国内主要由行政法学者提出，多为了有效地规范公共关系、解决公共问题，各国运用各种公共制度资源，即存在于政法惯例、公共政策、自律规范、合作规范、专业标准、弹性法条等载体形态之中的软法规范。"硬法"是指那些需要依赖国家强制力保障实施的法律规范，而"软法"则指那些效力结构未必完整、无需依靠国家强制保障实施、但能够产生社会实效的相关规范。④ 法治社会的规范体系是表现为软硬法结合的体系，并且软硬法处于同等重要的地位，甚至软法发挥更为实际和具体的效力。

法社会学创始人埃利希指出，"重要的不是在手册和专著的导论部分可以找到的定义，而是法学实际运用的法概念。"⑤ 埃利希的法概念是一种实践的法概

---

① 文化同样具有阳刚和阴柔的气质，参见李德顺等：《人的家园——新文化论》，黑龙江教育出版社2013年版，第120~125页。

② ［英］K.R.波普尔：《开放社会及其敌人》（第一卷），陆衡等译，中国社会科学出版社1999年版，导言。波普尔对黑格尔的国家观、马克思的历史观的批判并不一定有道理，但开放社会作为对社会价值的张扬有其意义。

③ 李德顺：《什么是文化》，载《光明日报》2012年3月26日，第5版。

④ 参见罗豪才、宋功德：《认真对待软法——公域软法的一般理论及其中国实践》，载《中国法学》2006年第2期。

⑤ ［奥］欧根·埃利希：《法社会学原理》，舒国滢译，中国大百科全书出版社2009年版，第9页。

念，这时，法的概念的本质特征不在于它来自的国家，也不在于它充当法院或其他国家机关的基础，或者构成此种判决之后的法律强制的基础，而在于"法乃是一种秩序"，①很多社会团体的内部秩序都可以算作法。埃利希的"活法观"尽管被指过于宽泛，却可以从社会科学的角度理解法律的实际效用，描述法治社会遵守规范的多样性。这些多样性的社会规范体系具有相似的规范作用：如指引、预测、教育、评价、强制人们的行为等，不同的社会规范体系也具有相似的社会功能，如维护秩序和稳定等。

法律规范和其他社会规范也展现为极为丰富的相互关系。社会规范体系需要相互分工、相互配合，才能更好地发挥作用。法律的规范性可以从一种后规范性（meta-normative）②来理解，一条被公布出来的正式的法律规则经常把已有的习惯纳入法律当中，法律规则对社会行为规则的内容作出权威性宣告，其他规则如习惯、道德、礼仪等在有了同样的法律规则之后就只是辅助的行为规则体系，他们都依赖于法律规则而发挥作用。在道德、习惯、礼仪或其他规则都可能规范的情况下，法律的出现则可以排斥其他理由。正如奥地利法社会学家埃利希所提醒的，"假如生活只由法律来规制，那么生活必定变成地狱。"③生活首先需要交给道德、习惯、各种自治规约、内部制度等进行规范，其次才是法律规范发挥作用，法律是一种二阶规范，需要在道德、习惯等众多一阶规范的基础上才能更好地发挥作用。因此，在法治社会的规范体系中我们需要摒弃一种"唯法律主义"，即在社会治理过程中动不动就要制定法律进行规制。法治社会的培育需要更多仰赖法律之外社会规范体系的制度生成，如此才能理解"活法""实践中的法""行动中的法"等概念。

二、从规范体系到规则文化

有规范体系不一定形成规则文化，对一个良好的法治社会状态来说，形成稳定的规则意识、规则信守和规则敬畏等规则文化，是法治社会形成的重要体现。规则文化遵守"规则就是规则"的信条，尽管法律是规则最为典型的形态之一，但规则文化则不仅是国家层面拥有，而是具有社会弥散性，化身于各种社会细节和社会规范当中。规则文化是社会演进过程中形成的约束人们行为的社会文化体

---

① ［奥］欧根·埃利希：《法社会学原理》，舒国滢译，中国大百科全书出版社2009年版，第25页。
② ［英］休·柯林斯：《马克思主义与法律》，邱昭继译，法律出版社2012年版，第82~85页。
③ ［奥］欧根·埃利希：《法社会学原理》，舒国滢译，中国大百科全书出版社2009年版，第61页。

系,是社会法治文化的首要涵义。规则文化中的规则不仅包括了法律,也包括了道德、习惯、行规、教规、校规、村规民约、市民公约、社区公约、企业章程、各种内部规则等多种社会规范。

法律和其他社会规范具有明显的区分,法律规范由国家强制力保障实施,体现国家意志(总体和抽象的人民意志);其他社会规范则是依靠社会的软强制,如依靠舆论压力、内部强制等方式,体现具体的现实的人民意志。由于法律规范的国家意志性,它的表现形式也比较单一,一般表现为国家机关制度的法律法规,而其他社会规范的表现形式则更加多元多样,制定主体也更为丰富。法律规范有完整的形式特点,如有明确的形式法典,具有普遍性、一般性、清晰性、明确性等特点;其他社会规范形式特点则可能比较稀疏,有些体现为各种自在的体系,缺少正式、明确的形式表达,有时甚至是模糊的。法律规范的公共性具有总体和宏观的特点,适用范围比较广泛;其他社会规范(除了道德外)则可能是在各种次级的社会团体中适用。法律规范只能规范人们的行为,而不能涉及人们的思想;其他社会规范规训范围则可能更为广泛,既规范人的行为,也规范人的思想。法律规范只能提出一些底线的普遍性要求,其他社会规范则可以对人提出更高的要求。法律需要依靠他律,需要国家强制力保障实施,其他社会规范则是自律和他律的结合,甚至自律更为重要。法律规范的制定方式、运行方式一般有严格的程序性,而其他社会规范的程序性特征则可能并不明显。违反特定规范所引发的救济方式也差别较大,法律规范的救济方式有一种可诉的渠道,而侵犯其他社会规范的解决方式则并不一定是可诉的。①

然而,法律和其他规则体系也分享相似的特点,首先,规则具有优先性,规则优先于个人的决定,是一种事先的规则而非事后的规则。其次,规则具有普遍性,规则存在就意味着适用于规则之下的所有人,任何人不得享有规则之外的特权。还有,规则具有约束力,能指引、预测、评价、教育、强制人们的行为,其他诸多社会规则体系甚至还以是否具有现实的约束作用作为其存在的判准。另外,规则的内容具有特定的社会共识基础,通常体现一定的公共意志和集体情感。② 这些不同规则体系的共性也成为规则文化的一般性涵义。

---

① 参见郭道晖:《法理学精义》,湖南人民出版社 2005 年版,第 377~382 页;周永坤:《法理学——全球视野》,法律出版社 2016 年版,第 136 页;孙莉:《德治与法治正当性分析——兼及中国与东亚法文化传统之检省》,载《中国社会科学》2002 年第 6 期等。
② 参见[法]埃米尔·涂尔干:《社会分工论》,渠敬东译,生活·读书·新知三联书店 2017 年版,第 42 页。

规则文化不应该泛化理解，而应该从规则自身去解释。规则文化在社会中的存在一定是以人们稳定的规则意识作为基础。细探之下，规则意识具有几个重要的分层。

第一，规则意识需要有规则的认知意识，如张文显指出的需要具备规则知识，即关于什么是规则的认知。规则就是要求人们做什么、禁止人们做什么的规定；规则就是规范人们的行为、调整社会关系、维护社会秩序的准则；规则是关于人们的权利、义务和责任的宣告。① 这种认知并不一定都是显意识的，规则文化还需要更多表现为规则意识的下意识或潜意识，文化的潜台词更为真实。② 文化可能处于人们日用而不知的状态，并不一定为使用者所明确感知。对于规则的认知意识同样如此，但具有特殊性。因为诸如法律、行规、教规、校规、村规、社区规约、企业内部规章等一般都有较为明确的表现形式，需要以存在者的认知作为理论前提。另外需要强调的是尽管这里试图用分析的方法揭示规则意识的内在分层，但现实中认知——认同——遵守可能是难以分离的复杂过程。

第二，规则意识需要有规则的认同意识。英国著名法学家哈特曾从规则的角度解释法律的概念，认为法律是初级规则和次级规则的结合，初级规则是科以义务的规则，次级规则是承认规则、改变规则和裁判规则的体系。从哈特的角度解释规则的认同意识，即是人们对规则所持有的"内在观点"，对违反规则的人持反思和批判的态度。哈特指出，"持有此观点的人，不只记录和预测遵从规则的行为，而且也使用规则作为他们自己和其他人之行为的评价标准……内在观点以最简单的形式呈现出来，亦即人们使用这些规则作为批判的基础，以及对遵从的要求的合理化，与对违规行为所施加的社会压力与惩罚。"③ 社会规则需要具有社会认同的基础，即社会上大多数人因规则的存在而持一种反思和批判的内在观点。规则文化的培育即是需要增强规则的认同意识，使得社会中的更多人对各种社会规则持强烈的内在观点。

第三，规则意识需要有守规则意识。守规则意识是规则的认知意识和认同意识的自然延伸，也是对知和行界限的跨越。如在十字路口，人们知道存在不准闯红灯的规则存在，也对这种规则的存在具有认同，但这并不能保证行人不闯红灯。内在观点的存在也不能完全排除知和行的分离状态。规则的认知、认同意识

---

① 参见张文显：《法治的文化内涵——法治中国的文化建构》，载《吉林大学社会科学学报》2015年第4期。
② 参见李德顺等：《深思浅喻：李德顺哲理比喻小集》，中国青年出版社2018年版，第111~113页。
③ ［英］H. L. A. 哈特：《法律的概念》，许家馨、李冠宜译，法律出版社2006年版，第93页。

与守规则意识的结合,才是提升规则意识的知行合一状态。守规则意识具有不同的强度,并和人们的行为对应。① 轻微的守规则意识只能是一个表面的行为理由,现实当中会基于各种理由或借口而随时改变。具有中度的守规则意识的行为人会做出工具合理性的衡量,会在遵守规则和不遵守规则之间进行现实的利益衡量。高强度的守规则意识才可能进入价值合理性的范畴,其最能保障守规则意识的实现。规则意识的培育至少要让大多数人进入中度的守规则意识水准,使得规则成为一个较强的行为理由。

第四,规则意识要有规则的敬畏意识。美国法学家伯尔曼的名言"法律必须被信仰,否则它将形同虚设"② 在法学界一再被提及,而事实上伯尔曼所说的法律信仰即是一种对法律的敬畏感。他指出,"在任何一个社会,法律自身都促成对其自身神圣性的信念,它以各种方式要求人们的服从,不但诉诸他们的物质的、客观的、有限的和合理的利益,而且还有他们对超越社会功利的真理、正义的信仰呼吁,也就是说,以一种不同于流行的现实正义和工具主义的理论方式确立法的神圣性。"③ 伯尔曼这里所说的"神圣性"毋宁是一种对规则的尊重和敬畏,正是这种敬畏感能够产生对人们行为的决定性影响。敬畏感可以脱离工具主义束缚,而与规则背后的远见卓识和神圣性因素通感。遵守规则尽管不一定具有眼前利益,但可促进长远利益的实现。培育规则文化是提升社会信用、减少交易成本的有力手段,使社会沐浴在规则文化确立的诚信文化之中。规则的普遍形式一定会具有自己的精神属性,由规则所守护的社会正义、法治精神、普遍情感、社会共识等是敬畏感产生的重要源头。

三、规则文化的进阶考量

(一) 规则文化以权利文化为基本证成

个体是法治社会最重要的主体之一。法律上权利的主体首先是从个体上来讲的,作为公民的个体在法律上享有权利,权利主体逐渐才从个体扩张到群体而主张集体人权(如环境权等)。权利是法治的元概念,"元"概念在这里指基础、本源、来源的意义。美国法律社会学家弗里德曼曾提出现代法律文化(正在形成

---

① 如尤伊克和西贝尔区分了法律意识的三种强度,敬畏法律、利用法律、对抗法律。[美]帕特里夏·尤伊克、苏珊·S. 西贝尔:《法律的公共空间——日常生活中的故事》,陆益龙译,商务印书馆2005年版,第300页。
② [美]伯尔曼:《法律与宗教》,梁治平译,中国政法大学出版社2003年版,第3页。
③ [美]伯尔曼:《法律与宗教》,梁治平译,中国政法大学出版社2003年版,第18页。

过程中的现代化、工业化、先进的社会中的法律文化）的核心是权利或权能。①法律的历史源头上，古罗马表示法律的词 Jus 和 Lex 两个词，Jus 一般兼指法、权利，同时也有正义、衡平、道德的涵义，其意义更为抽象、广泛。Lex 则指具体、明确的规则。在其他语言当中都有相应的表达，在法语当中为 Droit 与 Loi；在德国为 Recht 与 Gesetz；在意大利为 Diritto 与 Legge。Lex、Loi、Gesetz 为权威者制定的依靠国家权力保证实施的"法律"，Jus、Droit、Recht 的含义更为广泛，指社会规范的总体或社会秩序，又指正确的规则或一方对他方享有的权利。② 可见，权利概念内涵于法律概念本身之中。权利话语一般展现为三种样态，应然权利、法定权利和实然权利。法律当中，同样有应然法（自然法）、实在法（权威机关的制定法）和实然的法（具有社会实效的法）三个层面的区分。尽管这不能说明权利和法之间的等同，但足以说明它们之间具有的同构性，以及法和权利之间具有的内在联系。

权利也是现代法律体系当中一个最为核心的概念，如果赞成把法律体系划分为私法体系和公法体系，那么权利概念既是私法体系的元概念，也是公法体系的元概念。民法是私法最为典型的领域，权利体系则构成了民法最为基本的架构。人身权、物权、债权、亲属法和继承法上的权利以及知识产权等构成了民法的最为核心的内容体系。从权利的作用和功能的角度看，支配权、请求权、形成权和抗辩权则是民法体系运行和展开的基础。公法体系当中，一般认为"社会契约论"确立了现代公法体系的理论基础，霍布斯、洛克、卢梭等人所论述的基本思想即为公权力来源于个人的权利让渡，权利是权力的来源。可见，规则的背后最核心的构成即是不同层次主体的权利，捍卫人们的权利提供了规则最为基本的合法性证成。

权利意识的觉醒是权利文化发展的重要体现，权利意识的觉醒也是促成规则意识生成和发展的核心因子。在法律领域，权利话语占据着主导地位。让法治成为一种生活方式，其核心就在于全体社会成员对自身权利的敏感与维护。首先，

---

① Lawrence M. Friedman, "Is There a Modern Legal Culture?", 1994, 7 *Ratio Juris* 21, 26.
② 以上考证参见梁治平：《"法"辨》，载《中国社会科学》1986年第4期；[日]星野英一：《现代民法基本问题》，李诚予、岳林译，上海三联书店2015年版，第3页；何勤华等：《法律名词的起源》（上），北京大学出版社2009年版，第1~8页。当代中国语境当中的"法"和"法律"存在着相似的区分，不过受到了较多马克思主义法学的影响。此时，法通过法律的不断形成和改进而显现出对社会秩序和行为规范的理性精神与价值的追求；法与法律之间，是抽象和具体、一般与特殊、应然与实然的关系。参见李德顺：《如何认识法律的价值——有关价值思维方式的一个经典命题》，载《哲学研究》2014年第4期。

尊重权利就要具有权利认知或权利意识。在实际的生活过程当中要具有对某种权利的敏感性，敏感于自己的资格、利益，敏感于采取相应的手段或提出相应的主张。生活当中的话语如"这是我的权利，你不能侵犯我的权利"就是一种权利敏感性的表达。生产商未标明转基因食品，则敏感于消费者的知情权；政府对关系公民切身利益的重大政策调整不让其参与，则敏感于公民的参与权和听证权；网站长久保留个人的浏览信息，则敏感于公民的隐私权，等等。权利意识必然促进对规则的认识和应用。其次，尊重权利就要明晰权利的界限。界限意识是权利意识的重要内容。权利不能被滥用，个人权利具有国家安全、公共利益、他人权利的边界。界限意识还意味着权利的分明，个人与集体之间界限分明，个人与个人之间界限分明。边界意识也是规则意识的重要内容。再次，尊重权利需要树立权衡意识。"两权相衡取其重，两害相衡取其轻"，法治的重要意义之一就在于不同权利类型之间的平衡。法治的生活方式之所以能被称为一种和平的生活方式，原因之一即是法治在不同利益之间的平衡和妥协。权利不是一种极端的话语，具有权利冲突是一个社会状况良好的表现，权利的冲突、利益的较量不是零和博弈，而是一种平衡和妥协的艺术。权衡意识会促进规则的更好应用。最后，尊重权利需要重视责任意识，敏感于自己的权利，同样也敏感于自己的责任。责任不是外在于权利，而是包含于权利之中，二者不可分离，法治的核心即是在于每个人权利与责任的统一和到位，不能将责任与权利彼此分离或切割。承担责任是一种人之为人的必然，是对人的自由意志的尊重。相应地，责任对权利的限制也是一种内在限制而不是外在限制。可见，责任意识是对规则意识进阶理解。

（二）规则文化的生成以契约文化为重要支撑

契约文化是人们普遍遵守、履行、敬畏契约的一种文化氛围或整体环境。从结构上来说，契约文化同样由契约理念文化、契约制度文化、契约组织文化、契约行为文化等构成。基于契约的形态，一般可以区分出一些典型的契约模式：人和上帝之间订立的契约（如基督教中的"旧约"和"新约"）；普通人之间进行的交易（市场契约）；公民订立的社会契约（尽管这种类型的契约具有假设性质，但对于论证现代民主法治制度已经产生不可替代的作用）；国家与国家之间订立的各种条约（国际法）等。[①]

不同的契约都分享契约自身的共同性质。订立契约一定是具有前提条件，在

---

① 杨解君：《契约文化的变迁及其启示（上）——契约理念在公法中的确立》，载《法学评论》2004年第6期。

市场上从事的交易,需要具有主体基础;需要具有所有权的基础;每个人需要具有契约自由(跟谁交易、交易什么、交易价格等的自由);不同的契约主体是平等的,每个人在从事交易的时候并不把自己的身份带进契约中,在契约之下,谁都不享有"契约特权"。前苏联法学家帕舒卡尼斯认为,商品生产之间的关系产生了最发达、最普遍、最完美的法律关系。① 英国的法律史研究者梅因则总结道:"所有进步社会的运动,到此处为止,是一个'从身份到契约的运动'"。② 在古代,个体是隐藏在家族之中的。在社会发展的过程中,家族依附逐渐消灭,个人义务不断增长。个人不断代替家族成为法律的基本单位,契约在社会中所占范围则不断扩大,并允许个人通过契约确定其社会地位。个体独立性的确立是契约文化的重要展现。订立契约是一个动态的过程,如现代合同法中就规定了要约与承诺的复杂过程。人们在合同订立过程中所进行的讨价还价,自由平等协商,达成各种妥协,是在契约行为的层面对契约理念的升华。尽管契约文化并不只具有主观上的涵义,但是特定群体当中稳定的契约意识一定是契约文化的核心表现。"契约就是契约",约定必须被遵守,契约意识是保障契约履行的主观条件。在订立契约之后,遵守契约、实现契约,才是契约的完成时态。在更为根本的意义上,契约是人的一种基本的存在方式或生成模式,如黑格尔所说的契约是自由意志的定在形式,契约一定是法哲学(抽象法)的一个不可或缺的阶段。③ 可见,契约文化的内在理念、制度形态、行为模式与法治文化的基本理念、制度、行为等具有内在的相通性,或者说,契约文化是对法治社会的规则文化一个重要的诠释,规则文化通过契约文化的形式传导于社会之中。

社会契约论视角之下,法治文化内在的契约性质更为明显。事实上,民主本身即是一种契约,每一次投票、每一次纳税、每一次参加公共制度安排的各种活动甚至是用脚投票的默认方式,都是对个体与个体(洛克意义上的社会契约)或个体与公共主体(霍布斯意义上的社会契约)之间契约的确认。④ 法治以民主为基础,民主供给法治最基本的合法性,也就是说,法治建基于契约的基础之

---

① [前苏联]帕舒卡尼斯:《法的一般理论与马克思主义》,杨昂、张玲玉译,中国法制出版社2008年版,俄文第二版序第7页。
② [英]梅因:《古代法》,沈景一译,商务印书馆1959年版,第97页。
③ [德]黑格尔:《法哲学原理》,范扬、张企泰译,商务印书馆1961年版,第81~90页。
④ 如阿伦特认为,霍布斯式的社会契约是纵向社会契约,是所有个人与世俗权威签订的契约;洛克意义上的社会契约是横向社会契约,是社会在独立个体签订原始契约的基础上组成政府。参见汉娜·阿伦特:《公民不服从》,载何怀宏编:《西方公民不服从的传统》,吉林人民出版社2001年版,第143~144页。

上。法治的运行过程中，立法、执法、司法和守法都可以看成是契约文化的实现过程，可以基于契约对法治过程进行解释。立法在整体上是契约性质的核心展现，立法权来源于人民的赋权，代议制机关在社会契约之下开展活动，立法的最终通过要经历契约的确认。具体而言，合同法等也是立法规制契约一个重要的部门法，是通过法律的方式保障契约文化培育，是契约制度文化的重要展现。执法的公共事权同样以契约为基础，尤其需要民众明示或默示的契约支持，否则执法不能开展。国家权力保障的司法似乎遮蔽了司法的契约性质，而事实上，当事人向法院提交诉状，也是提交了一个契约，诸如仲裁一样，表明当事人自愿接受法院的处理，并尽力执行法院的判决或处理。司法权是一种具有被动性的权力，不告不理，基于一个契约才能激活，而现今这一个契约常常为众人所忽视。守法的前提也是契约，普通民众遵守法律并不仅仅是害怕受到法律的制裁，而是要遵守自己在特定主权体当中所订立的公共性契约。总之，契约文化深深嵌入法治文化之中，体现在法治文化的各个层面。规则文化的生成需要以契约文化为重要支撑。

（三）规则文化构成说理文化的核心内容

马克思指出，"人的本质不是单个人固有的抽象物，在其现实性上，它是一切社会关系的总和。"[①] 社会的本质同样是各种关系的总和，而当我们用一种理性的方式去处理各种社会关系，就会形成社会的理性文化，法治文化本身就是这种理性文化的体现。法治在根本上表现为用一种理性、规则和逻辑的方式去节制人的各种欲望，用理性的方式约束人的非理性，法治文化是一种理性文化。[②] 具体而言，说理是法治理性文化的重要社会性展现形式。

说理文化在社会中生成的稳定形态会转化为说理的生活方式，即作为生活方式的说理或回归日常生活中的说理。此时，说理指一种理性交流、表达看法、解释主张，并对相对人产生说服作用的话语形式，一般而言指提出一种主张，并用证据（理由）论证这个主张，从而产生具有说服效果的结论。[③] 现代社会说理文

[①] 中共中央马克思恩格斯列宁斯大林著作编译局编译：《马克思恩格斯选集》（第一卷），人民出版社 2012 年版，第 135 页。

[②] 如李德顺先生指出，法治是一种理性文明的生活方式。见李德顺：《法治文化论——创造理性文明的生活方式》，黑龙江教育出版社 2019 年版，扉页；另见王建芹：《法治的理性：西方法文明的理性主义溯源》，中国政法大学出版社 2018 年版。

[③] 参见徐贲：《明亮的对话：公共说理十八讲》，中信出版社 2014 年版，第 30、34 页。本书语境中的说理，也主要在公共说理的意义上展开。

化的养成过程，是一种文明秩序逐渐积累的过程。在这个过程当中，需要良好的社会环境，讲究民主法治的制度条件，具有优秀素质的公民、良好的道德教育和独立的学校教育（公民教育），等等。① 和平、宽容的社会环境之下，才能具有说理的前提，才能够容纳不同意见，特别是反对意见。西方社会政治上讲究公开演讲、辩论、竞选，法律上讲究对抗，提倡论辩和相互质证等，民主法治是对说理的一种制度上的保障，同时说理也是对民主法治的一种促进。可以说，西方政治文化传统的形成和西方说理文化（如修辞学传统）的形成息息相关。公民的教养可以使其从私人领域转向公共领域，参与公共事务，就公共问题发表意见、进行争辩。公民教育使得人们具有独立的人格，为形成公民社会奠定基础，说理教育则在公民教育中占据核心的位置。此外，说理还是一整套知识和技艺，如古希腊的民主传统之下，就讲究在言论广场自由论辩，在对话和论辩中达成共识。甚至有专门的讲授论辩术、演说术和诉讼技巧、修辞知识和治理城邦知识的职业教师，这些构成法学重要的知识谱系和文化基础。② 苏格拉底则主要以和人辩论，发现"知识"为毕生追求。

正面来看，生活中的说理之"理"同样以事理和道理为基本的结构。事理与法律上的事理相类似，不过不要求和规范上的事实形成对应关系，更强调看清楚事实的本来面目；道理则不同于法律上的"理"，生活中说理之"理"更为宽泛，可以是常识、经验、专业科学知识、自然规律、法律、道德、习惯等。生活中的理由同样需要具有一定的公共性和普遍性，必须在特定群体中大家公认的、普遍的理由中寻找依据。生活中的理由同样需要具有正当性基础，不过这种正当性主要指实质内容上的正当性，通常并不要求程序上的正当性。生活中的说理有时也需要一些规范性的理由，不过这种规范性通常都是初级规范性的理由，而不是"后规范性"的理由。生活中的说理往往是靠自愿遵守或选择接受理由支持的结论，法律上的说理则由某种强制性来保障，不自愿遵守理由所支持的结论则有可能被强制执行。同时也应该看到，生活当中的理由很多时候戴着虚假的面具，人们容易被其欺骗。很多生活中的理由都具有虚假的正当性，如很多传销组织说服人们参加的惯常套路，就是假以成功学理由的面孔。生活中理由也可能常常处于混乱无序的状态，可能掺杂了各种私人的理由、不道德的理由。生活中的理由可能具有不同的权重关系，人情的理由、关系的理由、利益的理由常常超越

---

① 徐贲：《明亮的对话：公共说理十八讲》，中信出版社2014年版，第39页。
② 舒国滢：《法学的知识谱系》，商务印书馆2020年版，第65~246页。

法律、道德等具有正当性的规范理由。因此,生活中的说理可能成为法律上说理的阻碍。法律上的说理则具有清晰、明确的特点,理由之间的权重关系更加分明。它的意义在于,通过更加突出具有公共性、普遍性、正当性、规范性、权威性的理由在说理中的权重,从而更有利于一个社会的性格朝向正派、诚实的方向转变,法治社会和诚信社会相互塑造、相互建构。① 这些理由最核心的部分正是规则的体系,借助规则进行说理是法治社会的典型表现。进而,我们需要强调法律上的说理对生活中的说理的某种适度的干预,使得法律上的说理和生活上的说理之间呈现良性互动关系。这体现的也是规则体系内部不同成分的互动。

四、规则文化形成的动态过程

国家和社会的二分是现代政治哲学的关键划分,然而不同哲学家对二者关系的论述则迥然不同。在黑格尔那里,市民社会是客观精神演进到伦理阶段的一个不可或缺的外化形式,是必然性和任性的混合体,特殊性和普遍性的综合,而且"特殊的东西必然要把自己提高到普遍性的形式,并在这种形式中寻找而获得它自己的生存"。② 因此,在黑格尔的市民社会中,不仅可以看到个人通过劳动对自我需要的满足,也可以看到司法、警察等一般被看成是国家类型的主体。市民社会以国家为前提,国家作为市民社会"正当防卫的调节器",市民社会的特殊性本身没有节制、没有尺度,需要国家进行调节,然而国家也不能像柏拉图一样把市民社会的特殊性完全排除出去,家庭和市民社会充分发展时,国家才有生气。国家是普遍性伦理的现实化,"国家是绝对自在自为的理性东西,因为它是实体性意志的现实,它被提升到普遍性的特殊自我意识中具有这种现实性。"③"个人本身只有成为国家成员才具有客观性、真理性和伦理性。"④ 国家把市民社会中的司法提升为具有更高普遍性的国家法,通过国家法和国家制度保障家庭和市民社会整体的稳定性。

在马克思那里,理解国家必然要通过社会的经济结构,不是社会以国家为基础,而是国家以社会为基础。人类社会的演进密码需要从经济结构中找寻,社会的经济结构决定了国家的性质。如马克思总结的,"社会的物质生产力发展到一定阶段,便同它们一直在其中运动的现存生产关系或财产关系(这只是生产关系

---

① 参见於兴中:《实现"法治国家",先实现"诚实社会"》,载《法人》2018年第8期。
② [德] 黑格尔:《法哲学原理》,范扬、张企泰译,商务印书馆1961年版,第201页。
③ [德] 黑格尔:《法哲学原理》,范扬、张企泰译,商务印书馆1961年版,第253页。
④ [德] 黑格尔:《法哲学原理》,范扬、张企泰译,商务印书馆1961年版,第254页。

的法律用语）发生矛盾。在这种情况下，这些关系便由生产力的发展形式变成了生产力的桎梏，先前建立的政治生活、精神生活和社会生活就会发生变动，随着经济基础的变更，全部庞大的上层建筑也或慢或快地发生变革。"① 也即社会结构的变迁必须从"社会生产力和生产关系之间的现存冲突中去解释"，国家会随着社会经济结构的变迁而变迁。

国家和社会的基本分层在描述法治文化所具有的相应特点时则体现为法治文化的国家性和社会性。法治文化的社会性是其总体的特征，这种社会性基于马克思经济基础和上层建筑的基本分层，但是社会性具有比社会的经济结构更为广泛的涵义。此时，社会是自我生成的力量，是自我创生的体系，是自下而上演进发展的自发过程。社会发展没有"上帝之手"，只有不同社会主体自己承担自己权利和责任的生成过程，社会治理的过程则是自我管理、自我服务、自我规范的过程。社会由各种次级体系所构成，如学校、医院、工厂、企业、乡村、社区等，不仅有生产体系和生产关系，还有各种各样的社会关系，如教育、医疗、居住、娱乐、体育、艺术等过程中形成的各种社会体系和社会关系。

国家法治文化强调其制度文化、政治文化和上层文化的涵义，而社会法治文化强调其规则文化、契约文化和说理文化，这并不意味着国家法治文化没有规则文化、契约文化和说理文化等成分，或社会法治文化没有制度文化、政治文化和上层文化的涵义，而是相对而言，某些涵义更加突出和鲜明。国家和社会的紧密互动，法治国家和法治社会的相互塑造，国家法治文化和社会法治文化的内在耦合，最生动地描述了规则文化形成的动态过程。

（一）国家法治文化的社会化

国家法治文化的社会化是国家法治文化在社会当中的普及、传播和接纳，国家作为上层文化、制度文化和政治文化向社会传导其内在的影响，从而发挥国家法治文化在引导、推动社会文化发展的功能。② 在内容上就有国家法治的理念文化的社会化，制度文化的社会化，组织和设施文化的社会化，行为文化的社会化等。我国作为一个法治的后发展国家，法治发展道路需要较多依靠党、国家、政府等主体的强力推动。因而相较于法治自生自发发展的国家，我国的国家法治文

---

① 中共中央马克思恩格斯列宁斯大林著作编译局编：《马克思恩格斯选集》（第二卷），人民出版社1995年版，第32~33页。
② 国家法治文化的社会化也即是有些学者所讨论的法治文化的社会化。参见吴帅：《民族地区法治文化社会化探究——以贵州省近年来若干典型事件为视角》，载《法学杂志》2018年第6期；黄丽云：《法治文化社会化路径探析》，载《中国司法》2012年第8期等。

化社会化的问题会变得极为重要，有时甚至表现为用法律去推动社会变革的实现，法治成为改造社会的国家战略。① 这意味着国家法治的制度文化、理念文化、组织、设施和行为并不一定同步，制度文化、组织文化、设施文化的变革可能成为先导，而理念文化和行为文化发展相对迟缓。特定文化模式的生成是一个极为缓慢的过程，需要文化的各个层面的整体推进。如美国法学家埃尔曼所提到的，"如果说只有当政治文化领域中大量公民的社会化取得成功，政治结构和过程才能存在的话，法律文化领域中的社会化也必须平行并且同步进行。"② 文化的显性层面容易变化，文化的隐性层面则具有长期的稳定性，需要更加注重国家法治文化的理念文化的社会化问题。

国家法治文化的社会化通过普法宣传、法治教育、大众传播、法治运行等途径实现。③ 从 1986 年开始到 2020 年，我国已经连续实施了 7 个五年普法规划。2021 年 6 月中共中央、国务院转发了《中央宣传部、司法部关于在公民中开展法治宣传教育的第八个五年规划（2021—2025 年）》，全民普法和守法成为国家法治文化社会化的基础性工作。法治教育要坚持从青少年抓起，把法治教育纳入国民教育体系，引导青少年从小掌握法律知识、树立法治意识、养成守法习惯。2016 年 6 月 28 日，教育部、司法部、全国普法办研究制定了《青少年法治教育大纲》，试图推动法治教育纳入国民教育体系，提高法治教育的系统化、科学化水平。可见，普法宣传和法治教育已经成为国家法治文化社会化进程中重要的国家战略开展方式。

大众传播可能依然是国家法治文化传导其社会影响的主要方式。传统的传播媒介，报纸、杂志、书籍、电影、电视、广播等依然是推动国家法治文化社会化的重要载体，法治舆情的引导尤其需要主流媒体的声音。在互联网和融媒体叠加的时代，各种网站、网络论坛、微博、微信、微信公众号、手机 APP、其他各种虚拟社区等成为国家法治文化传播媒介，诸如学习强国 APP，人民日报、环球时报等的手机客户端，其他诸多新兴媒体等在国家法治文化社会化的过程中发挥着越来越重要的影响。如聂树斌案、邓玉娇案、雷洋案、昆山龙哥案、江歌刘鑫

---

① 信春鹰：《法律改革推动社会变革和进步——中国的故事》，载徐显明、郑永流主编：《全球和谐与法治：第 24 届国际法哲学与社会哲学协会世界大会全体会议论文集》，中国法制出版社 2010 年版，第 307~308 页。
② Henry W. Ehrmann, *Comparative Legal Cultures*, Prentice-Hall, inc, Englewood Cliffs, New Jersey, 1976, P. 10.
③ 参见刘作翔：《法律文化理论》，商务印书馆 1999 年版，第 183~204 页。

案、于欢案、张扣扣案、孙果果案、李文亮医生受训诫案等公共案件,已经被媒体放大到全社会的范围,事实上也应该看成是国家法治文化的社会化过程,具有多样化的主体互动。①

法治自身的立法、执法、司法和守法的过程,也是国家法治文化社会化的具体展现,普通民众参与到法治过程当中,实际体验法治运行,获得法治的经历、体验和情感,是国家法治文化社会化最基本的渠道。

同时应该注意到,国家法治文化的社会化并不是一个由国家而社会的单向度过程,而是国家和社会极为紧密的多向度互动,社会主体和个体主体在国家法治文化的社会化过程中并不一定是消极的角色,而应该更多激发他们更加积极的主动接纳。

(二) 社会法治文化的国家化

国家和社会的双向互动,也应该畅通由社会而国家的渠道。社会中积累的优秀法治文化成果,需要获得国家制度文化、上层文化和政治文化的肯定和接纳,通过立法、司法等方式纳入正式的国家法治文化当中。在中国特色社会主义法律体系初步建成的情况下,我国未来法治发展的核心道路最终会脱离自上而下的建构式模式,而最终走向自下而上的演进型道路。② 这意味着总体性、大规模的国家制度建构会趋向平缓,国家法治文化更加需要中层文化的支撑,需要各种社会主体承担起自己的权利和责任。社会法治文化的理念文化、制度文化、组织和设施文化、行为文化的生成,将会为国家法治文化奠定社会法治文化的基础。③ 社会法治理念文化的国家化过程中,社会中的核心价值观念、法治原理需要和国家法治文化的理念层面相互对接、沟通和融合,并且可以用国家制度文化的方式将社会法治文化的理念、制度、组织、设施等纳入国家体系,上升到立法、司法、政策等国家层面。为此,国家法律需要给予其他社会规范更多的尊重,国家治理

---

① 参见叶青、时明清:《公案的司法公正评判维度及其法治价值》,载《社会科学》2012年第1期;孙笑侠:《司法的政治力学——民众、媒体、为政者、当事人与司法官的关系分析》,载《中国法学》2011年第2期等。

② 另一种声音则赞成国家建构主义法治模式可能会长期有效。参见姜永伟:《国家建构主义法治的理论逻辑———一个法政治学的论说》,载《法学》2022年第1期;张志铭:《中国法治进程中的国家主义立场》,载《国家检察官学院学报》2019年第5期;王旭:《中国国家法学的基本问题意识》,载《中国法律评论》2018年第1期;于浩:《共和国法治建构中的国家主义立场》,载《法制与社会发展》2014年第5期;等等。

③ 关于法治文化研究范畴的结构性讨论可参见刘斌:《中国当代法治文化的研究范畴》,载《中国政法大学学报》2009年第6期。

提供社会自我治理的国家保障，国家法治文化成为社会法治文化坚强后盾，国家法治文化给予社会法治文化更加充分的生成空间。

社会法治文化的国家化过程当中，需要增强国家法治对社会的回应能力。20世纪60年代，美国学者诺内特和塞尔兹尼克提出了回应型法理论，并提出从压制型法到自治型法，最后到回应型法的三种纯粹类型法的发展或演进关系。回应型法是完善自治型法的策略，回应型法不再将法律看作是一部僵硬的机器，而是认为法律具有了反思意识和能动精神，缓解法律适用过程中开放性与忠于法律的紧张关系，加大目的在法律推理中的权威。回应型法重视责任伦理、社会利益与实质正义，回应型法中法律成为社会调整、社会变化的能动工具，具有能动性、开放性、灵活性。①

社会法治文化的国家化并不能和回应型的法形成直接的对应关系，但可以从伯克利学派的相关论述中获得一些启发：首先，社会法治文化的国家化过程中，同样要求国家对社会利益和实质公正作出更多的回应，即回答了"回应什么"的问题。国家法治文化的完善必然会提升其制度文化的形式品格，形式封闭性的法律方法可以保障法治自治体系的自我运行，但在社会调整和社会变迁的过程中，也容易成为保守的力量，从而忽视"社会需求的公正"②。其次，在"回应方式"的问题上，社会法治文化的国家化过程中，国家扮演更加积极和主动的角色，具有能动性和开放性，主动识别社会利益和实质公正。从管理到治理的过程中，必然会增加社会主体对法律和政治的运行过程的法律参与和政治参与，使得法律多元主义在体制运行中获得更多的作用空间，更大程度激发社会主体的内在活力，促使国家和社会以更为积极的方式进行对接。

思考题：

1. 为什么有规范体系不一定形成规则文化？如何培育规则文化？
2. 法律的规范性和其他社会规范的规范性有何区别？

参考文献与推荐阅读：

1. 李德顺：《法治文化论——创造理性文明的生活方式》，黑龙江教育出版

---

① 参见［美］P. 诺内特、P. 塞尔兹尼克：《转变中的法律与社会：迈向回应型法》，张志铭译，中国政法大学出版社2004年版，第81~128页。
② "社会需求的公正"正是我国基层人民法院法官自己的主张，也是回应型司法价值追求的核心要义。参见电影《真水无香》（2006）中对宋鱼水法官的采访。

社 2019 年版。

2. 刘作翔：《法律文化理论》，商务印书馆 1999 年版。

3. 王建芹：《法治的理性：西方法文明的理性主义溯源》，中国政法大学出版社 2018 年版。

4. ［奥］欧根·埃利希：《法社会学原理》，舒国滢译，中国大百科全书出版社 2009 年版。

第二节 法治国家的制度和组织

在法治国家、法治政府、法治社会一体推进的语境下，其背后隐性的文化维度是容易被忽视的对象，从制度和组织角度考察法治国家、法治政府的文化构成具有重要意义。

一、制度和组织作为法治文化的核心构成

文化的社会（共同体）组织制度和运行机制层面是其核心构成，即人们怎样组织起来，怎样分担生活的权利与责任，如何行使并监督权力的整套方式和程序。这实际是人们的社会地位、利益关系的结构和秩序的体现，主要表现于经济和政治的基本制度、体制层面。① 英国人类学家马林诺夫斯基曾从人类需要的角度探索文化的概念及其层次，他认为，"文化是一个组织严密的体系，同时它可以分成基本的两方面，器物和风俗，由此可再分成较细的部分或单位。" 继而，马林诺夫斯基区分了物质设备、精神文化、语言及社会组织四个要素。可见，社会组织作为文化的核心构成较早就形成了共识。马林诺夫斯基在阐释前述内容之后，还尤其强调，"社会制度是构成文化的真正要素。"② 马林诺夫斯基以人类早期的耕种制度为例指出，"一套利用土地的风俗决定他们耕种的方法。种种技术上的规则，仪式上的规矩，规定着种什么植物，地面如何清理，肥料如何下法，工作如何进行，什么时候及什么地方该举行巫术及宗教的仪式，最后，谁是土地，庄稼，和收获的主人，谁一同工作，和谁将享用工作的结果，这些都有一定的规定……这大纲规定了耕种制度的意义。" 这样，就出现了一个新的文化要素或层次，马林诺夫斯基说，"这样说来，我们又有了一个普遍的原则，文化的真

---

① 李德顺：《什么是文化》，载《光明日报》2012 年 3 月 26 日，第 5 版。
② ［英］马林诺夫斯基：《文化论》，费孝通等译，中国民间文艺出版社 1987 年版，第 4~11 页。

正要素有它相当的永久性，普遍性，及独立性的，是人类活动有组织的体系，就是我们所谓的'社会制度'。……在这定义下的社会制度是构成文化的真正组合成分。"① 社会制度在马林诺夫斯基的理论体系中应归为某种广义的"风俗"当中，然而，物质设备、精神文化、语言及社会组织这四个细分项目则难以确定社会制度的细致归属，社会制度更多的是一个相对独立的层次。社会制度也应是一个内涵极为广泛的范畴，耕种制度只是经济社会制度的一种，还有政治制度、法律制度等。制度有多种形式，法律制度是社会制度中典型的一种，法律制度在文化的整体架构之中处于制度文化的层次，具有制度文化的持续性、普遍性、及独立性等特点。现代的法学家甚至直接把法律定位为一种制度性的事实，以超越自然法和实证主义之间的争议。② 可见对法律是什么的内在解释同样遵循这样的制度品性。

现代语境下的法治文化作为制度文化的典型形式，其主要表现为民主（型）法治文化。民主和法治是现代政治制度最为核心的制度形式。民主有其一整套的制度安排和法律形式，一般表现为各级代议制机关（议会、人民代表大会等），组成一个国家最基本的结构，也表示一个国家的性质。如现行《宪法》规定，我国是一个工人阶级领导的、以工农联盟为基础的人民民主专政的社会主义国家，这事实上就是社会主义民主的一种宣示，体现我国的国家性质，体现的是"谁做主"或谁的国家。这种国家的结构和性质以法律的形式确立下来，通常是宪法的形式，就是民主的制度化、规范化、法治化。由于民主的整体性、宏观性和重要性，民主制度一般都需要转化成为法律制度（特别是宪法制度）。法治也是一个制度的体系，除了有宪法，还有民法、刑法、行政法、诉讼法等构成的系统，同样是在一个主权体当中整体性的公共制度安排。民主和法治不能分离，二者相互塑造：民主其内，民主是法治内在意义的赋予者，整个法治体系都需要以"人民主权"和"人民主体"为最高原则；法治其外，法治是民主的外在展现形式，法治通过宪法、行政法等法律形式将民主法治化。法治的意义不仅仅在此，法治还具有民主之外自己独立的意义，法治本身的制度安排不仅仅只是民主制度，还有人类文明积累的其他类型的制度，如民法和刑法制度，尽管这些制度并不能脱离民主而单独存在。民主和法治之间拥有比较复杂的结构耦合关系，难以将两者之间完全拆解。相对于社会制度中其他类型的制度，民主法治制度是稳定

---

① ［英］马林诺夫斯基：《文化论》，费孝通等译，中国民间文艺出版社1987年版，第17~18页。
② 参见［英］麦考密克、［澳大利亚］魏因贝格尔：《制度法论》，周叶谦译，中国政法大学出版社1994年版，第60~91页。

性、普遍性、强制性更高的制度范型，其他制度和民主法治制度也可能相互转换，一般而言，民主法治制度相对普遍、稳定、独立，并且以强制性的形式推行。社会上基本制度的安排，公共善的分配，基本社会秩序、社会正义的维持等方面，都由民主法治秩序提供。

人类文明演进到我们的时代，良好的制度文化已经具有了更多实质上的鉴定标准，在显性的制度背后一定有一整套的隐性社会文化体系，这些隐性社会文化体系提供了制度文化的实质鉴定标准。作为制度文化的法治文化首先应该是一种规则文化，规则不仅仅是一种外在的强制，而且是持"内在观点"的有义务，有大多数人对这种义务持反思的批判态度。① 规则文化遵守"规则就是规则"的文化，社会上的其他规范需要让位于法律规范，并且约定必须信守。作为制度文化的法治文化是一种理性文化，立法、司法、执法和守法本身都应该符合理性文化，法治本身应该排斥人性当中偏私等非理性因素。作为制度文化的法治文化是一种权利文化，权利是法治的元概念，法治体系本身即是一个权利体系，必须维护自由、平等、公正、秩序等人类普遍价值，维护人的尊严、保障人权是法治文化的基本鉴定标准。

制度文化还应该具有形式上的鉴定标准。此时，作为制度文化的法治文化应该是一种程序文化，正当程序原则是法律体系当中的一个基本原则，法律的运行必须遵守正当程序，正是程序把法治和人治区别开来。法治也具有这样的程序或形式特征：法律制定的过程应该经过公共讨论；法律必须公开；法律本身必须清晰、明确；法律体系必须相对稳定；法律不能溯及既往；法律不能要求在实质上难以做到之事；等等。② 法律制度拥有比其他社会规范更为严格的制度形式，这也成为区分法治文化的一个极为重要的形式标准。

二、法治国家的制度和组织特点

（一）国家性

法治国家的国家性并不是某种语义的重复，而是揭示法治国家的核心特征。国家一般由主权、土地、人口、政府等组成。这些特征标示法治国家的主体和边界，这里所讨论的法治国家是特定主权体范围内，具有自己的领土和主权的边

---

① 参见［英］H. L. A. 哈特：《法律的概念》，许家馨、李冠宜译，法律出版社2006年版，第75~93页。
② 这里参考学界关于形式法治观的讨论，由拉兹、富勒等人所提供的法治标准。参见［美］布雷恩·Z. 塔玛纳哈：《论法治——历史、政治和理论》，李桂林译，武汉大学出版社2010年版，第117~123页。

界，是这个边界范围内的人口所分享的法治，并且法治政府是法治国家的核心构成。国家性即是在特定范围内的"统一性、强制性、权威性"。文化视角的法治国家建设需要培育国家法治文化。说得更明确一些，这里讨论的法治文化是中国法治文化，是中国人、中国政府等不同主体所分享的法治文化。中国法治文化还具有当代性和现实性，并不意指我国传统的法治文化因子或是西方法治文化，而是现今中国人所分享的社会文化体系，其具有"我们"的性质，是"我们"国家的法治文化，具有"我们"的自主和自觉。

这里可以从我国的国家级职位的设置来窥探法治国家和国家法治文化的国家性特征。依据《中华人民共和国公务员法》第18条第2款的规定，领导职务层次分为：国家级正职、国家级副职、省部级正职、省部级副职、厅局级正职、厅局级副职、县处级正职、县处级副职、乡科级正职、乡科级副职。在我国的干部序列当中，国家级正职（正国级、一级干部）一般包括中共中央总书记，中共中央政治局常委，国家主席，全国人大常委会委员长，国务院总理，全国政协主席，中共中央军事委员会主席，中华人民共和国中央军事委员会主席。副国级则包括中共中央政治局委员、候补委员，中华人民共和国副主席，中共中央书记处书记，中共中央纪委书记，中共中央军事委员会副主席，中华人民共和国中央军事委员会副主席，全国人大常委会副委员长，国务院副总理，国务委员，全国政协副主席，国家监察委员会主任，最高人民法院院长，最高人民检察院检察长。从国家级正副职的设置来看，我国的国家法治文化的主体大致包括了党中央、国务院、中央军委、全国人大、全国政协、国家监察委、最高人民法院、最高人民检察院等，与此相对应，加入国家主体的法治文化建设就有党内法治文化、政府法治文化、军队法治文化、人大法治文化、政协法治文化、监察法治文化、法院法治文化、检察法治文化等具体展开。这里还需要强调的是，尽管前面列举的国家级的法治文化主体，但这些主体的法治文化展开却并不限于国家级，而是从中央到地方的复杂系统。

从上面也可以总结出法治国家的主体特点，这些主体都为公权力主体，代表特定类型的国家权力，具有国家强制性。"正人先正己"，法治建设在全社会的开展，首先意味着党、政、军这些公权力主体的率先垂范。社会主义核心价值观融入法治建设，则首先意味着社会主义核心价值观在法治国家层面上被吸纳，从而进入到国家公权力主体的职能运行之中。法治国家的主体具有鲜明的组织性特点，每一个国家公权力主体都是一个从中央到地方的组织体系。法治及法治文化建设都需要获得这样的组织保障，从而有效率地改造我们的社会文化体系。法治国家的主体都是一些强力主体，有一定的强制性保障其内在运行。一切有权力的人都容易滥用自己的权力，法治及法治文化建设正是要深入到这些强力主体之中进行"自我"的改造。

还有，法治国家的主体分化并不意味着部门化，我们也需要注重培养整体性的国家法治文化。正如李德顺教授所指出的，法治文化建设需要摒弃法治的部门化倾向，法治文化不是一个部门性的二级文化概念，而是一个社会整体的一级文化概念。① 为此，我们需要实现从一种法治文化的部门话语到国家话语的转变，需要从法治文宣、文化法制、法律部门文化等具体部门性法治文化思维当中走出，建构整体性的国家法治文化，需要在"法治国家、法治政府、法治社会一体建设"的整体语境下建构当代中国的法治文化体系。

（二）公共性

法律作为一种公共规则，体现公共品德、公共理性和公共利益，背后站立的是一个公共主体，为了实现人类的基本善或公共善（common good），公共性是法律的核心属性。如现代著名政治哲学家罗尔斯就指出，法官和立法者是公共理性适用的主体，作为一个良好的民主社会或法治社会，法律框架之下的一些基本公共善问题的安排要依靠公共理性的概念，公共理性可以证成民主社会或法治社会的基本框架。② 法治是在公共理性的基础上进行的一整套公共制度安排及其实现状态，法治国家和国家法治文化同样具有这样的公共性。然而，法治的公共性和法治文化的公共性可能并不完全一致，尽管法治文化的公共性要以法治的公共性为基础。法治的公共性是公共性本身，而法治文化的公共性则是法治公共性社会化的结果。作为法治重要背景和土壤的法治文化，这种公共性意味着法治的基本规范、基本理念、基本原则等获得普罗大众的普遍接受和内在认同；思考和处理特定问题的时候，不仅从个人利益和个人理性的角度出发，公共品德、公共理性和公共利益也开始进入个人的知识结构和思维习惯之中，即个人主体分有公共主体的品性。也就是说，社会整体的法治文化在把"私人"变为"公共人"的过程当中发挥着极为重要的作用。如我们在面对强拆等问题的时候，在思考开发商、地方政府和被拆迁人等主体之间的相互关系时，就不能仅仅站在某一主体的立场上进行思考，而需要发现这三种主体背后所站立的公共主体或社会主体，以及这种社会主体背后所体现的公共品德、公共理性、公共利益、公共规则。

---

① 李德顺：《法治文化论纲》，载《中国政法大学学报》2007年第1期。
② 参见［美］约翰·罗尔斯：《公共理性观念再探》，时和兴译，载哈佛燕京学社·三联书店主编：《公共理性与现代学术》，生活·读书·新知三联书店出版社2000年版，第1~5页。

从国家、社会法治文化的公共性比较来看，国家法治文化相较于社会法治文化，其公共性应是最强。国家类型的主体可以适用于整个国家，相应的也把法治的公共性带到整个国家，是特定主权范围之内所分享的公共性。尽管社会法治文化同样具有很强的公共性，但由于其自身的主体局限性，并不具有国家法治文化这样的普遍范围的公共性。具体来看，国家的宪法及宪法文化、民法及民法文化、刑法及刑法文化等所具有的公共性，都是全国人民所应分有的公共性。"人民主权"和"人民主体"，"法律面前人人平等"，"意思自治"和"契约自由"，"罪刑法定"等基本原则，是国家法层面上赞成和制定的原则，也就具有法治文化的国家公共性。也就是说，主体的层级决定了公共性的适用范围和内在强度。国家和社会就其范围来说可能难以比较，但是社会本身难以存在某个统一的现实的适用于全社会的社会主体，所以往往表现为更多的具体社会主体，如社区、学校、企业、村庄等，其内在的公共性相较于国家主体要更为弱化。

这里还需要强调，公共性本身并不否定私人性，两者不是完全对立的。维护每个人所具有的个人利益，给予每个人以私人空间等等，也是公共利益的重要体现，是公共规则的重要目标。国家法治文化的公共性最终也需要体现为私人性或个体性，正如马克思和恩格斯所说的，"每个人的自由发展是一切人的自由发展的条件"。① 公共和私人是一种张力关系的存在，公共并不是"无私"，相反，它必须建立在"有私"的基础上，而谋求公共和私人之间的内在平衡。

（三）总体性与系统性

国家法治文化的国家性、公共性，决定了其具有的总体性、宏观性、系统性特点，这些特性之间是相互联系、不可分离的。具有国家性的国家机关本身就是全国性的系统，即是总体和宏观的体系，覆盖各个方面的内容。国家法治文化的强公共性也需要一个系统性的展开体系，以保障公共性的充分实现。国家法治文化的总体性和宏观性表现在其是某种上层文化，覆盖政治和法律的上层建筑，并渗透到意识形态的上层建筑之中，具有宽广的适用性。国家法治文化的系统性表现在其具有要素和结构的构成，不同要素和结构层级承担不同的功能。国家法治文化同样是由基本理念、制度、行为等构成，国家层面的法治制度文化背后有法治理念文化的支撑，并且有法治行为文化来最终实现。不同国家机构的结构则在某种程度上决定了国家法治文化的实体性结构。党、政、军、全国人大、全国政协、最

---

① 中共中央马克思恩格斯列宁斯大林著作编译局编译：《马克思恩格斯选集》（第四卷），人民出版社2012年版，第422页。

高法院、最高人民检察院、国家监察委等,每一个国家机构都是一个内在的系统。相较于社会法治文化,国家法治文化的总体性和系统性最强,这是国家法治文化的特性,其优势和缺陷都可能基于此。国家法治文化有组织和系统的保障,可以用强力迅速而高效地推行法治文化建设,把社会主义核心价值观融入法治变为国家倡议和具体制度,但也容易脱离社会和个人的接受能力和现实状况。因此,国家法治文化、社会法治文化、个体视角下的法治文化建设必须相互配合,三位而一体。

具体来看,如政府法治文化就包括了从中央到地方的法治文化体系,政权组织延伸到了乡镇一级,而党组织则可以延伸到行政村一级,基本实现了某种全覆盖。这和我国的传统形成鲜明的区分。我国自古有"王权不下县"之说,县级以下的治理较多依靠自治,如乡绅治理、长老治理、贤人治理、能人治理等方式。随着现代化国家治理机制的下沉,尤其是权力机制的下沉,传统的秩序维持方式备受冲击。政府及政府法治文化在全社会处于较为强势的地位,尽管在社会现实中并不一定实际有效,然而政府的组织架构已经像"权力的毛细血管"一样延伸到社会的各个层面,已经实现对社会的系统性、全方位覆盖,这是国家法治文化组织层面的系统性。制度法治文化本身也呈现这样的系统性特征,这是说法治的系统性也决定了国家法治文化的系统性特征。法治展开为立法、执法、司法、守法的过程性,则有立法文化、司法文化、执法文化和守法文化的体系。党的十八届四中全会决定中则总结了中国特色社会主义法治体系的五个体系,即在中国共产党领导下,坚持中国特色社会主义制度,贯彻中国特色社会主义法治理论,形成完备的法律规范体系、高效的法治实施体系、严密的法治监督体系、有力的法治保障体系,形成完善的党内法规体系。这些系统都有相对应的法治文化体系,可以表述为法治理论文化、法律规范文化、法治实施文化、法治监督文化、法治保障文化和党内法治文化等。

三、法治国家的制度和组织承载的国家价值

中共十八大报告明确提出"三个倡导",即"倡导富强、民主、文明、和谐,倡导自由、平等、公正、法治,倡导爱国、敬业、诚信、友善,积极培育和践行社会主义核心价值观"。其中国家层面的核心价值观即为富强、民主、文明、和谐,这四者都和法治国家及其法治文化形态存在紧密联系。

"国无常强,无常弱。奉法者强,则国强;奉法者弱,则国弱。"[①] 我们古人

---

① 《韩非子·有度》。

第四章 法治文化的规范形态

很早就已经明白"法治兴则国家兴,法治衰则国家衰"的道理。建立一个国家之后,在和平的环境之下,法治是维护社会正义和社会秩序最为重要的手段,法治是治国之重器,法治是国家兴衰荣辱的命脉所系。中国传统法律文化辉煌灿烂,是中国历史上各个时代国家富强的显著表现。每一个强盛的封建王朝时期,其法治文明也会同样极为典型和兴盛。例如,汉代文景之治中的《汉律》、唐朝贞观之治中的《唐律》、宋代发达市民社会中的《宋刑统》、明代强盛时期的《大明律》、清代康乾盛世中的《大清律例》,等等,法治昌明不仅是盛世的表征,也是盛世最坚实的保障。

民主如果不落实为法治就容易异化,而演变为"多数的暴政"或"暴民的政治",甚至最终沦为少数人谋取利益的工具。在古希腊亚里士多德那里,民主(平民政体)是共和的变体,是多数人只为了自己的利益进行统治,也是一种不为思想家所信任的一种政体形式。① 那时的"民"本身难以被信任,因为"人民"多指那些没有受过教育、没有自己财产、没有公民权的社会底层,他们缺少远见,没有智慧,难以担当治国之责。现今人民的涵义已经发生变化,人民主权原则中的人民已经演变为某种抽象的价值主体和整体性集合概念,民主在根本上赋予法治以合法性。② 社会底层和社会上层都同样拥有公民权利,二者在财产、受教育程度等方面的差距在缩小。我们的时代,更需要用法治来捍卫民主的成果。民主和法治之间应为相互嵌入的关系,你中有我,我中有你。民主和法治的耦合构成了现代政治文明最稳定的形态。

法治文明是人类文明的重要成果。美国前司法部长埃德温·米斯曾指出,"法律是人类最伟大的发明,别的发明使人类学会了驾驭自然,而法律让人类学会了如何驾驭自己。"③ 西方文明的典型特点除了其宗教文明的突出,法治文明同样是其鲜明特点。事实上我们需要区分来源于西方的与属于西方的,历史来看,西方的大陆法系、英美法系等是西方法治文明的两大类型,都拥有成熟的法治方式和法治体系,西方文明以法治见长,然而,法治文明并不是属于西方的。既然是让人类学会了驾驭自己,那一定会为越来越多的文明类型所接受。一个国家的文明程度如何,法治状态成熟几何应是一个核心的标尺。

和谐文化应是一种法治文化。在当今高速发展的中国,多元主体和多元价值

---

① [古希腊]亚里士多德:《政治学》,吴寿彭译,商务印书馆1965年版,第136~137页。
② 参见李德顺、王金霞:《论当代中国的"人民主体"理念》,载《哲学研究》2016年第6期。
③ 转引自李龙:《李龙文集》,武汉大学出版社2006年版,第156页。埃德温·米斯(Edwin Meese)1985年2月25日~1988年8月12日任美国司法部长。

之间可能会面临着各方面的冲突与融合。和谐则并不意味着这个社会没有纠纷、没有争端，而是意味这些纠纷和争端能够通过合适的渠道获得合理的解决，法治则正是达成和谐的重要渠道。和谐也并不意味着彼此相同，"和而不同"是中国人理解和谐的重要方式，然而，"和而不同"也需要有公共基础和公共平台，民主和法治提供了不同于传统的现代制度基础，是在民主法治基础上的"和而不同"。虽然人们的观念、立场、思维方式等各有不同，但都有自由而平等地表达自己意见和看法的权利，这些都需要依靠民主法治的公共制度安排。和谐文化需要法治文化提供其意义深度，使得和谐不流于表面，而具有更为深层的意义。

四、法治国家制度和组织结构中的政府

国家职能的发挥依赖于政府职能的实现，政府是国家的核心要素，法治国家建设首先要建设法治政府，国家法治文化的展开必须要强调政府法治文化。政府法治文化是国家法治文化最为集中和核心的表现形式，这具有全世界各个国家的普遍性。国家的制度文化、上层文化、政治文化首先表现为政府法治文化的多重展开。国家法治文化的国家性、公共性、总体性和系统性在政府法治文化的层面上也体现得最为充分。然而，法治政府不能仅仅从"法治"的角度进行理解，还需要把它放在民主、法治、文明等语境中来进行整体建构。

（一）民主政府

民主是政府合法性最为重要的来源，人民民主专政的社会主义国家则是新中国国家性质的表达。《宪法》第2条规定，中华人民共和国的一切权力属于人民。人民行使国家权力的机关是全国人民代表大会和地方各级人民代表大会。人民依照法律规定，通过各种途径和形式，管理国家事务，管理经济和文化事业，管理社会事务。《宪法》第3条规定，中华人民共和国的国家机构实行民主集中制的原则。全国人民代表大会和地方各级人民代表大会都由民主选举产生，对人民负责，受人民监督。国家行政机关、监察机关、审判机关、检察机关都由人民代表大会产生，对它负责，受它监督。中央和地方的国家机构职权的划分，遵循在中央的统一领导下，充分发挥地方的主动性、积极性的原则。这些规定是民主政府的宪法宣示和制度安排，也表明我国政府的民主合法性具有自己的特点。我国在全国人民代表大会和地方各级人民代表大会的基础之上建立各级政府，是民主集中制基础上的代议制政府，政府的合法性来源于全国人民代表大会及各级地方人民代表大会等民意机关。

这里需要强调的是民主价值观在政府法治文化中的体现。有学者从广义文化

的四个层面总结出政府法治文化的基本内容：公务人员从法治理念与精神层面确立"依法行政"的价值理念；公务人员要将法治政府价值理念化为日常行政的行为习惯；制度与组织建设层面是政府法治文化建设的关键；物态文化的营造层面承载着法治文化的具体要求。这样，法治政府的标准在文化范畴的细目中获得更具体的体现：

表4-1 政府法治文化的框架和基本内容表①

层次		细目	要求或举例	
政府法治文化的框架和基本内容	精神层面	概念	法治政府概念、依法行政概念等	
		意识	服务意识、责任意识等	
		观念	为人民服务的观念、保障权利观念等	
		精神	人的尊严与自由、民主与法治精神等	
	行为层面	政治行为	政治坚定、作风正派、忠于国家、维护政府、遵守法纪、执行政策、服从组织、服从领导	
		廉政行为	遵守法纪、廉洁奉公、崇俭避奢、节俭朴素、束身自律、戒贪防腐	
		业务行为	忠于职守、履职尽责、依法行政、公正文明、勤勉高效、务实创新、团结协作、顾全大局	
		社交行为	通俗易懂、确切简明、严谨文雅、规范适用	
		道德行为	职业道德、社会公德、家庭道德、个人品德	
	制度层面	制度	行政立法与行政决策	基本原则：人民主权原则、分权与制衡原则、法治原则、行政合法性原则、行政合理性原则、法律优先原则、法律保留原则、越权无效原则、自然公正原则、正当程序原则、禁止不利变更原则、平等原则、比例原则、公益原则、公开原则、遵循先例原则、信赖保护原则、法不溯及既往原则。基本要求：合法行政、合理行政、程序正当、高效便民、诚实守信、权责统一。
			政府信息公开	
			行政执法与行政程序	
			行政许可	
			行政处罚	
			行政强制	
			行政复议、诉讼与赔偿	
			对行政行为的监督	

---

① 参见王敬波：《政府法治文化》，载王运声、易孟林主编：《中国法治文化概论》，群众出版社2015年版，第227~230页。政府法治文化的框架和基本内容表原根据2015年北京市的组织机构设置确定其内容，由于国务院2018年又进行了较大的机构改革，因此本表根据最新机构改革内容修改了制度层面的组织设置。

续表

层次		细目	要求或举例
政府法治文化的框架和基本内容	制度层面	组织	办公厅和组织部门：政府办公厅、发展改革委、教委、科委、经济信息化局、民宗委、公安局、民政局、司法局、财政局、人力社保局、规划和自然资源委、生态环境局、住房城乡建设委、城管委、交通委、水务局、农业农村局、商务局、文化和旅游局、卫生健康委、应急管理局、市场监督管理局、审计局等
			直属特设机构：国有资产监督管理委员会
			直属机构：广播电视局、文物局、体育局、统计局、园林绿化局、地方金融监督管理局、人防办、信访办、知识产权局、政府侨办。
	物态层面	设置	办公场所
		物品	国徽、着装、文书样式

民主政府的理念必须渗透到政府法治文化的理念层面。政府部门及公务人员必须明确现代政府的民主基础，权力来源于权利的社会契约基础，以及宪法授权的合法性基础。公务人员（Civil Servant）是公共服务者（公仆），以为人民服务为基本的价值追求。为此，需要改变我们传统讲的"官本位"，特别是把官员当作"父母官"的文化，老百姓只是官的"子民"，所以对好官有"爱民如子"的称赞。"父母官"的文化中，官似乎是有天然的正当性和合法性，可以任意管教自己的"子民"，在"以法为教，以吏为师"的语境下，"父母"具有知识、能力的优势，也是传统德性的楷模；并且"父母"和"子民"的地位并不平等，"父母"高高在上，是"长者"，长者管教晚辈天经地义，传统法律也赋予了"父母"较多的自主性。应该说，现代语境中的"官"本身并没有天然的正当性和合法性，官是来源于人民的权利让与，官不仅需要经过选举等程序，还需要看绩效，绩效糟糕则下台。官员（政府）是公民权利的守护者，公共利益的守护者，需要增强其服务意识和责任意识，官和民之间是平等关系，甚至需要具有"顾客就是上帝"的理念，民是官的"衣食父母"。

同时，需要加强民主政府的制度建设。2004年3月22日，国务院制定公布了《全面推进依法行政实施纲要》，在我国法治政府的建设上具有里程碑的意义。这个《全面推进依法行政实施纲要》的核心，即是法治政府的制度建设，民主政府事实上正是在法治政府的制度建设之中。《全面推进依法行政实施纲要》规定，依法行政的基本要求必须符合正当程序，行政机关实施行政管理，除涉及国家秘密和依法受到保护的商业秘密、个人隐私的外，应当公开，注意听取公民、法人和其他组织的意见；要严格遵循法定程序，依法保障行政管理相对人、利害关系人的知情权、参与权和救济权。行政机关工作人员履行职责，与行政管理相对人存在利害关系时，应当回避。《全面推进依法行政实施纲要》还指出，必须建立健全科学民主决策机制，科学、合理地界定各级政府、政府各部门的行政决策权，完善政府内部决策规则。建立健全公众参与、专家论证和政府决定相结合的行政决策机制。实行依法决策、科学决策、民主决策。必须完善行政决策程序。除依法应当保密的外，决策事项、依据和结果要公开，公众有权查阅。涉及全国或者地区经济社会发展的重大决策事项以及专业性较强的决策事项，应当事先组织专家进行必要性和可行性论证。社会涉及面广、与人民群众利益密切相关的决策事项，应当向社会公布，或者通过举行座谈会、听证会、论证会等形式广泛听取意见。重大行政决策在决策过程中要进行合法性论证。这些都是民主政府提出的具体制度要求，并在《行政处罚法》《行政许可法》《行政程序法》《行政强制法》等行政法中逐渐落实，在《法治政府建设实施纲要（2015—2020 年）》《法治政府建设实施纲要（2021—2025 年）》等政府文件中则一再被强调。

民主政府的理念和制度层面，需要落实为政府法治的行为文化。这里需要明确政府公务行为的内在特点。首先，公务行为具有严格的法定性。行为概念本身意味着行为主体的意思自由，公务行为的行为方式、行为内容则由法律严格规定，实体和程序都有要求，具有较少的自由选择空间，是"法无明文即禁止"。其次，公务行为具有公共性，是为了公共目的进行公共行为，不能公器私用。还有，公务行为是一种正式行为，具有官方的正规性，因此公务人员之间的交流应该采用严格形式的书面公文，一个公文的起草、变更、替代、销毁等都需要有另一个公文的基础。最后，公务行为需要讲究公务礼仪，对公务人员的着装、使用的语言、内在的思维方式和行为习惯，公务楼等办公场所的卫生条件、办公条件等有自己的要求。民主政府的理念和制度要体现在公务行为当中，要在公务礼仪、正式公文等公务行为的实体和程序当中体现民主的特性，明确公务人员的服务理念和平等观念。我们需要贯彻落实民主文化，使得民主成为公务人员和老百姓的一种生活方式。

（二）法治政府

法治政府是社会主义核心价值观融入政府法治文化建设最为核心的方面。民主政府、文明政府都需要建立自己与法治政府的内在联系。法治政府必须严格做到依法行政，其一，法治政府是一个依法行政的政府。行政机关实施行政管理，应当依照法律、法规、规章的规定进行；没有法律、法规、规章的规定，行政机关不得作出影响公民、法人和其他组织合法权益或者增加公民、法人和其他组织义务的决定。其二，法治政府是一个诚信政府，政府诚信是整个社会诚信最为重要的保障。行政机关公布的信息应当全面、准确、真实。非因法定事由并经法定程序，行政机关不得撤销、变更已经生效的行政决定；因国家利益、公共利益或者其他法定事由需要撤回或者变更行政决定的，应当依照法定权限和程序进行，并对行政管理相对人因此而受到的财产损失依法予以补偿。其三，法治政府是一个责任政府，行政机关依法履行经济、社会和文化事务管理职责，要由法律、法规赋予其相应的执法手段。行政机关违法或者不当行使职权，应当依法承担法律责任，实现权力和责任的统一。依法做到执法有保障、有权必有责、用权受监督、违法受追究、侵权须赔偿。其四，法治政府是一个阳光政府，必须提高政府工作的透明度。《中华人民共和国政府信息公开条例》，就是建立一个阳光政府的典型展开。其五，法治政府还是一个为民政府，为人民服务是法治政府的基本目标和价值观，在任何时候都需要明确咱们的政府是人民的政府和为了人民的政府。行政机关实施行政管理，应当遵守法定时限，积极履行法定职责，提高办事效率，提供优质服务，方便公民、法人和其他组织。法治核心价值观在政府法治文化的范畴下同样表现在法治政府建设的理念、制度、行为、设施等层面。

政府法治文化的理念层面除了法治本身的理念文化，如自由、平等、人权、尊严等之外，核心的表现即是一系列行政法治的基本原则。如人民主权原则、分权与制衡原则、法治原则、行政合法性原则、行政合理性原则、法律优先原则、法律保留原则、越权无效原则、自然公正原则、正当程序原则、禁止不利变更原则、平等原则、比例原则、公益原则、公开原则、遵循先例原则、信赖保护原则、法不溯及既往原则等。这些理念已经由理念层面，逐步进入到制度建设的层面，逐步变为行政法的基本原则。

随着行政诉讼、行政复议、行政许可、行政处罚、行政强制、信息公开等法律制度建设的逐步完善，中国现今的政府法治文化在制度建设上已经取得了一些成绩，但仍需加强，在行政程序法、部门行政法等行政法方面都需要进一步提升。现实来看，如北京市2017年清理天际线事件，华北的"煤改气"事件、"减少北京市外来人口"等具体事件中的行政行为看来，很多制度层面的设计并没有变成具体行政机关的行为方式，部分行政机关在依法行政、合理行政、遵守正当程序等方面，都表现出某种不足之症，运动执法、选择性执法、多头执法、暴力执法等现象还比较严重。政府法治的制度文化并不会自动生成政府法治的行为文化，由政府推动的制度需要由政府率先垂范，缩小制度和行为之间的差距。

（三）文明政府

文明是社会主义核心价值观的重要内涵，社会主义核心价值观融入法治及法治文化建设即是要把文明的价值观体现在政府法治及政府法治文化的各个层面。文明是人类运行到现今所积累的成果，人道文明、宗教文明、道德文明、法律文明、政治文明等方面，都是文明成果的具体展现。文明政府则应是人道文明、道德文明、法律文明、政治文明等的一个具体实践中的集中展现。这里首先遇到的问题是民主政府、法治政府及文明政府之间的内在关系。民主政府、法治政府都是现代文明政府的基础内涵，文明政府需要是一个民主政府和法治政府，民主政府和法治政府是通向文明政府的可靠渠道，民主政府、法治政府为文明政府提供了制度保障、设施保障、组织保障等。然而，也应该看到，民主政府、法治政府也只是文明政府的基础和必须的要求，文明政府还在民主政府和法治政府的基础上提出了更高的要求，从政府法治文化到政府法治文明的转变则是一个质的飞跃。文明政府还具有较为宽广的维度，有较低层次的文明政府，还有更高程度的文明政府，不同的政府都处于这个文明的进阶过程当中。也就是说，在民主政府和法治政府的基础上，文明政府还需要体现人道文明、道德文明等更高要求。

如在中国传统的政治文化当中，事实上就蕴含着更高的文明政府的要求。在中国传统的德性政治当中，对官员的个体德性提出了很高的要求，具有很高德性的主体才能施行"德政"、进行"德教"、达致"德治"。"为政以德，譬如北辰居其所而众星共之。"① 北极星成为最亮的那颗星，其他众星都以北辰为榜样。皇帝及官员应该成为遵守孝道、遵守仁义礼智信等的楷模，老百姓则效法皇帝和官员的德性行为，最后达致天下大治。孔子还说："政者，正也。子帅以正，孰敢不正？"② 这些都是对政治主体本身提出的较高要求，也是建构"德政"、进行"德教"、达致"德治"的内在路径。把文明这一社会主义核心价值观融入政府法治建设，即是要适度地把个体的德性变为制度的德性。对公务人员的内心操守、行为方式等方面提出高于普通大众的要求。所以在文明政府的要求中，对公务员的要求除了有政治行为、业务行为、廉政行为的公共要求，在社交行为、道

---

① 《论语·为政》。
② 《论语·颜渊篇》。

德行为等方面,也同样可以提出规范层面的要求,公务员的公共德性要求必然会延伸到私人德性方面。

文明政府尽管会有诸多具体微观的展现形式,如在文明政府形成过程中同样会具有自己的制度建构,同样需要扫除制度和行为之间的障碍,但在最高的理念层面上,即是要求以人为本。文明的核心是人所积累的成果,属人性是文明的基本属性,文明当中要"有人",文明政府即是要在政府治理或扩张的国家治理过程中体现这种人本性,要把文明政府的理念体现在政府法治文化的全部层面。"以人为本"尽管是最高的理念,但却是体现在具体的历史和实践中。马克思在《论犹太人问题》中所描绘的人的解放的历程,只有当现实的个人把抽象的公民复归于自身,并且作为个人,在自己的经验生活、自己的个体劳动、自己的个体关系中间,成为类存在物的时候,只有当人认识到自身固有的力量是社会力量,并把这种力量组织起来因而不再把社会力量以政治力量的形式同自身分离的时候,只有到了那个时候,人的解放才能完成。① 这里具有相似的逻辑,需要在政府法治文化的具体展开中体现"以人为本"的整全性理念,才是"以人为本"的真正实现。

思考题:

1. 民主和法治的关系如何?为什么现代政治法律哲学中一般将民主法治结合起来使用?民主法治在整个制度体系中的地位如何?

2. 结合政府的法治舆情公共事件,谈谈如何培育政府法治文化?

参考文献与推荐阅读:

1. 李德顺、孙伟平、孙美堂:《人的家园——新文化论》,黑龙江教育出版社2013年版。

2. [英] 马林诺夫斯基:《文化论》,费孝通等译,中国民间文艺出版社1987年版。

3. 梁漱溟:《中国文化要义》,上海人民出版社2005年版。

4. [美] 布雷恩·Z. 塔玛纳哈:《论法治——历史、政治和理论》,李桂林译,武汉大学出版社2010年版。

---

① 中共中央马克思恩格斯列宁斯大林著作编译局编译:《马克思恩格斯全集》(第四卷),人民出版社2012年版,第163~198页。

第三节 法律逻辑与法治思维

法治作为一种国家治理方式，其对社会的调整首先体现在通过改变和影响人们的思维方式，从而指导和约束人们的行为。法治影响和改变人们思维的基本方式是，在思维中融入一系列规则、规范和理念，这些因素引导思维、影响决策，最终实现法治的目标。法治建设的关键环节在于着力确立和提升法治思维水平。在这些影响法治思维的因素中，逻辑扮演着基础性的角色。法治思维中的逻辑方法塑造了法治体系的内核，逻辑结构支撑了法律规范的形式框架，逻辑推理确保了司法裁判的可靠性。无论是立法还是司法领域，都必须遵循逻辑规范，并掌握逻辑推理。

一、法治思维的逻辑内核

法治思维通常被理解为以法治理念为核心，在法治精神和原则的指导下，构建良法良规体系，并运用法律规范和原则对相关事项和问题进行综合分析、判断和推理的理性认识过程。法治思维是一种与人治思维截然不同的治国理念。它涉及人类认知事物和思考问题的方式，特别强调观察事物的视角、路径以及解决问题的目标和方向。法治思维要求思维主体遵循法治原则来认识、分析和解决问题。对于"什么是法治"这一经典问题，学者们有着各自的理解。无论是追求规则之治的法治，还是强调法律至上的法治，抑或是推崇良法善治的法治，其最根本、最核心的要求都是依照法律规定来处理国家治理中的所有事务。

法治建设的关键是确立和提升法治思维水平。法治思维的特征是以法律作为判断是非曲直、塑造社会秩序、推进良法善治的根本依据。法治的进步从根本上需要依靠法治思维的进步来推动，否则法治的进步就是缓慢的和不稳定的。法治思维作为国家法治建设的关键环节也得到了普遍的认识。党的十八大报告首次明确提出要"运用法治思维和法治方式深化改革"。党的十八届三中全会通过的《中共中央关于全面深化改革若干重大问题的决定》又进一步要求"坚持依法治理，加强法治保障，运用法治思维和法治方式化解社会矛盾"。这其中法治方式又是运用法治思维处理和解决问题的行为方式。人的思维和认识方式决定和支配了人的行为方式，有什么样的思维就会产生什么样的行为方式，如果没有确立法治思维就形不成法治共识，没有法治共识也就不会有被普遍接受的法治方式。可见法治思维比法治方式更具有根本性和基础性。

法治思维既是一种规则思维、程序思维、制度思维，也是一种逻辑思维。法治思维区别于人治思维的一个重要方面就在于法治思维需要依据法律进行理性思维，而要达到这一目标离不开逻辑的方法和观念。逻辑是法治思维的内核，法治体系就是在逻辑框架的基础上构建完成的。法治思维不仅是法律的，而且必须是逻辑的。如果缺乏一种科学的、正常的、能够运用自如的逻辑推理能力，法治思维就不再是一种理性的思维，而容易被简单化的立场评判和利益权衡所取代。

法治思维所需要和依赖的逻辑就是法治逻辑，其中最主要的部分和最集中的体现就是法律逻辑。法治逻辑以法治思维规律为研究对象，以法治的实现为最高目标，其也是设计和保障法治建设的思维基础和理论工具。法律逻辑又是法治逻辑的内核和关键。概括地说，如果逻辑学可以被一般性地理解为是研究推理和论证的学问，那么法律逻辑作为法学与逻辑学的交叉学科，就是以逻辑学的理论、方法和观念描述、解释或回答法律思维法律现象中的一些基本问题，尤其是对其中的关于法律概念、命题和推理的形式和结构的研究是法律逻辑的主要研究对象。

法律与逻辑的渊源最早可以追溯到古希腊时期，"论辩术"作为早期的逻辑形态就被运用于古希腊庭审的对话中。古希腊逻辑学创立和发展的一个主要目的就是希望找到一种评判争端的理性工具。自从亚里士多德在其著作《工具论》中开创了逻辑学这一学科，并确立了逻辑在理性思维中不可替代的地位之后，逻辑学就自然而然地受到更多地关注和使用，成为维护与实现统治的基础性思维工具。

随着法律制度的完善和法治建设要求的提高，法律与逻辑的关系日益紧密。借助于现代逻辑技术和方法的快速发展，20世纪50年代末以来人们先后根据亚里士多德的三段论和斯多噶学派的命题逻辑等传统逻辑理论建立起了法律逻辑系统，同时也针对法律推理的非单调性、可废止性等特点建立了各种非单调法律逻辑系统，基本实现法律逻辑的现代化。纵观西方法治思想的发展史，逻辑与法律也始终都紧密联系，如自然法学、形式主义法学以及分析实证主义法学等近代西方主流法学流派，它们在一些思想和观点上不尽相同，甚至针锋相对，但各学派基本都认可逻辑作为法律体系的根基及必不可少的分析工具。

与此同时，法律界也出现了关于法律与逻辑关系的持续争论。我们以"霍姆斯之谕"为例来做分析。"法律的生命不是逻辑，而是经验。"这是1881年，美国大法官霍姆斯（Oliver, Wendell Holmes）在其著作《普通法》中提出的名言，常常也被称为"霍姆斯之谕"。从字面来看，霍姆斯之谕似乎完全否定了逻辑对于法律的重要性，甚至被定性为是霍姆斯始终坚守的一个"反逻辑"（anti-logic）

论题①。霍姆斯的反逻辑论题在很长一段时间里确实深刻地影响了国外的法律界，尤其是导致了英美法律界对逻辑的轻蔑和忽视，以至于："在美国的法律文化中，尤其反映在法律教育、法律人的案情简述、法官的观点陈述以及法律教授的法学思考中，普遍流行的是表达糟糕的证成性论证以及这样的想法，即法官和法律人不能或不应该遵循较高的、理性的精确性标准。实际上，很长一段时间里，法律教授甚至吹捧把理性的不精确性作为法律论证的优点。"② 霍姆斯之谕在国内法律界也产生了巨大的影响，"它在学者的著作、教师的课堂和学生的习作中被反复引用，几乎被捧上法律帝国的王座"③。国内法律界也存在着一种轻视和排斥逻辑的错误倾向，很多人往往把逻辑看成是无足轻重、甚至是多余的工具：似乎法科生不学逻辑也可以成为法律人，法官不用逻辑也可以判案，法学家不懂逻辑也能研究法律。

然而，通过仔细分析在霍姆斯之谕，有几点值得我们注意：其一，霍姆斯所反对和拒斥的逻辑只是提供了演绎推理法则的公理系统。具体而言，霍姆斯所认为的"逻辑"就是指传统的三段论所代表的演绎逻辑，霍姆斯并没有反对归纳和类比，并且霍姆斯贬低的也并非是演绎或逻辑本身，只是逻辑对于法律的重要作用；其二，霍姆斯对逻辑之于法律重要性的否定性观点是植根于他的经验主义法律观，即法律具有持续发展性，法律本质上具有开放性。法律的持续发展性决定了法律不应该被理解为一个"能够像数学一样从某些普遍的行为规则之公理推导出来"的静态的演绎系统④，而是一个动态的科学理论；其三，尽管霍姆斯也承认，从最宽泛意义上来看法律是要合乎逻辑的，他甚至认为"法律人的训练就是训练逻辑，类比、区别与演绎的程序都是他们最精通的。司法裁决的语言主要是逻辑的语言。"⑤ 但是，霍姆斯看来法律的发展动力本质上来源于它所服务的社会利益的权衡及社会目标的实现，而非逻辑。其四，霍姆斯反逻辑论题能在西方法律界产生很大影响的重要原因在于，西方学者尤其是法律人本就有长期进行逻辑分析

---

① Scott Brewer, "Traversing Holmes's Path toward a Jurisprudence of Logical Form", In Steven J. Burton ed., *The Path of Law and its Influence: The Legacy of Oliver Wendell Holmes*, Cambridge University Press, 2000, p. 94.

② Scott Brewer, "Traversing Holmes's Path toward a Jurisprudence of Logical Form", In Steven J. Burton ed., *The Path of Law and its Influence: The Legacy of Oliver Wendell Holmes*, Cambridge University Press, 2000, p. 94.

③ 雷磊：《规范、逻辑与法律论证》，中国政法大学出版社2016年版，第1页。

④ Oliver Wendell Holmes Jr., *The Path of the Law*, *The Floating Press*, 1897/2009, p. 18.

⑤ Oliver Wendell Holmes Jr., *The Path of the Law*, The Floating Press, 1897/2009, pp. 18-19.

的习惯，西方学术的传统也普遍受到了逻辑的影响。而反逻辑论题只是代表了一些学者对法律中由过于强大的逻辑所形成的"法律形式主义"的某种反思和反抗。如霍姆斯的上述论断直接针对的就是兰代尔（C. C. Langdell）的形式主义法学思想。相反，我国的学术传统和文化传统并不重视逻辑，普遍缺乏逻辑知识的积累和逻辑思维的养成，我国法律界也根本不存在所谓形式主义法学。因此，如果我国法律界盲目跟风，移植反逻辑论题，对逻辑采取贬低和排斥的态度，那必将严重阻碍我国法律体系的构建、司法制度的健全以及法律学科的发展。

霍姆斯之谕所引发的争论的积极意义在于，它启发了我们必须从法律的根本问题出发来思考逻辑的重要性。尽管法律与逻辑属于不同的学科，但是应该客观地认识：从法律概念、规范和体系的逻辑结构到司法裁判中的事实发现、法律获取、判决证成等，法治体系到处充满了逻辑关系，到处都体现了逻辑观念，并且它们始终处于法治体系的核心的、基础的位置。逻辑作为法治的内在结构支撑着整个法治大厦，以确保其稳定性。倘若离开这种坚固的逻辑内核，法治大厦也必将崩塌。

二、法治思维的形式规范

法治思维中的形式规范与逻辑规则是塑造法治思维的重要方面，也是法理学的基础问题。法律规范的逻辑结构最一般地呈为假言式或条件式，其逻辑结构可表示为：$Sx \rightarrow @Px$，其中"@"可被替代为"禁止""允许"或"应当"等道义词，"$\rightarrow$"表示假言联结词"如果，那么"（在具体的法律规范中，假言联结词常常会被省略）。这种假言式结构的其前件 Sx 是"行为模式"，行为人是否应该承担相应的法律后果取决于对应的假言式结构的前件是否得到了满足；后件 Px 则是"后果模式"，表明了行为人应该承担何种法律后果。例如，《中华人民共和国民法典》（以下简称《民法典》）第 182 条第 1 款规定："因紧急避险造成损害的，由引起险情发生的人承担民事责任。"这一规范的逻辑结构就是典型的假言式，行为人（引起险情发生的人）承担民事后果的前提条件是此假言式的前件（因紧急避险造成了损害）成立。正如凯尔森所认为的："法律命题是这种假言判断，它们陈述出，在一种——国家的或国际的——向法律认知给定之法秩序的意义上，在由这一法秩序所确定的某些条件下，应当出现这一法秩序的某些后果。"[①] 我国著名法律逻辑学家雍琦教授也曾将一个完整的法律规范表达为

[①] ［奥］汉斯·凯尔森、［德］马蒂亚斯·耶施泰特编：《纯粹法学说》，雷磊译，法律出版社 2021 年版，第 96 页。

以下假言式:"如果具有性质 T 的人,并且出现情况 W,那么,必须(禁止或允许)C,违者(或侵犯者)处以 S。"① 例如,《中华人民共和国刑法》(以下简称《刑法》)第 14 条第 1 款规定:"明知自己的行为会发生危害社会的结果,并且希望或者放任这种结果发生,因而构成犯罪的,是故意犯罪。"这条规范的逻辑结构也是假言式,它可以被表达为:x 的实施者明知自己的行为会发生危害社会的结果 ∧ x 的实施者希望或者放任这种结果发生 ∧ 这种希望或放任导致 x 构成犯罪 → x 是故意犯罪。这里前件是构成故意犯罪的行为模式,后件这是故意犯罪的结果模式。

  对法律规范的逻辑结构做出精准化分析有助于澄清一些司法争议和立法模糊。例如,《刑法》第 20 条规定:"为了使国家、公共利益、本人或者他人的人身、财产和其他权利免受正在进行的不法侵害,而采取的制止不法侵害的行为,对不法侵害人造成损害的,属于正当防卫,不负刑事责任。"这条规定以假言式的形式结构定义了"正当防卫"概念,该假言式的前件是由 4 个构成要件组成的联言命题,可以分别表示为:Px:对不法侵害人造成损害的行为;Qx:是为了使国家、公共利益、本人或者他人的人身、财产和其他权利免受侵害;Sx:针对的是不法侵害;Tx:针对的是侵害正在进行中。因而,其逻辑结构为:$Px \wedge Qx \wedge Sx \wedge Tx \to x$ 是正当防卫。即一旦确定某一行为 x 满足这 4 个构成要件,那么 x 就可以被判定为是正当防卫。很多涉及正当防卫的案件往往容易引发争议,其中主要是围绕构成要件 Sx 和 Tx 展开的:"不法侵害"和"正在进行"的界限是模糊不清的,这种模糊性又会导致判断偏差。借助逻辑结构的分析,我们可以看到争论产生的源头以及法律解释或修正的方向。

  法律规范的逻辑结构大多呈假言式,但它并非唯一的形式结构。在各种各样的法律规范中,还存在着很多规范其本身并不带有直接或间接的法律后果,它们往往表达为"全称"或"全称+假言"的结构形式。② 例如,我国《民法典》第 208 条规定:"不动产物权的设立、变更、转让和消灭,应当依照法律规定登记。动产物权的设立和转让,应当依照法律规定交付。"该规定就是由两个带有规范词的全称规范命题组成。又如,我国《宪法》第 5 条第 4 款规定:"一切国家机关和武装力量、各政党和各社会团体、各企业事业组织都必须遵守宪法和法律。一切违反宪法和法律的行为,必须予以追究。"从逻辑结构的角度看,该规范是

---

① 雍琦:《审判逻辑简论》,四川人民出版社 1990 年版,第 64 页。
② 陈锐:《论法律规范的逻辑结构及相关的元理论问题》,载《浙江社会科学》2022 年第 2 期。

由两个规则命题组成：全称命题和假言命题，即"如果一切组织实施了违反宪法和法律的行为，则必须追究其法律责任"。当然从逻辑上看，所有的全称命题都可以等值地转换为假言命题，因而法律规范的假言式逻辑结构是所有法律规范的最主要结构。

  法治思维中的逻辑方法和观念不仅可以对成文的法律规定做分析，还可以对非成文的一些法律观念或命题做更深入的理解和认识。例如，在法律领域存在一些耳熟能详的法律观念，如在私法领域为了保障个体权利，人们往往遵循"权利推定"的原则，常常会"自然而然"得到这样的法律观念或命题："法不禁止便允许""法不禁止便自由"。在公法领域为了防止公权力被滥用，人们会遵循"权力法定"的原则，也会得到类似"法无授权便禁止"这样的法律观念。这些法律观念或命题被很多人广泛的使用在不同场合，将之视为法律真理。然而，如果从法律逻辑的角度分析，这些普遍的法律观念是存在一些问题的。道义逻辑是专门用于刻画规范推理的逻辑系统，有两个逻辑命题几乎在所有的道义逻辑系统中都成立："凡不禁止的就是允许的"与"凡不允许的就是禁止的"。因为在这些道义逻辑系统中，通常都会将道义算子"禁止"定义为"不允许"，将"允许"定义为"不禁止"。因而对于任意行为 p 而言，禁止 p 与允许 p 之间是矛盾的。此矛盾关系成立依赖于一个所谓"道义封闭原则"（deontic closure principle）：系统是一个封闭的系统，所有的行为都被法律规范所调整，即任意行为 p 要么是禁止的，要么是允许的。但这显然不符合现实的法律情形。现实的法律系统并不是一个封闭系统，而是一个开放系统，有很多行为并未进入法律规范的调整范围内，甚至可以说，法律能够规范或调整的只是人类行为中很少的一部分。逻辑学家冯·赖特在建构道义逻辑系统时注意到了这个问题。为此，他在"O"（应当）、"P"（允许）和"F"（禁止）三个道义算子之外，还设计了第四个算子"I"（即 Indifferent，意指"道义中性的"），"Fp""Ip"及"Pp"之间呈反对关系，并提出了这样一个道义命题：$Op \vee Fp \vee Ip$，即对于任意行为 p，它或者是应当的，或者是禁止的，或者是中性的。这个道义命题表明，在添加了算子"I"之后此系统就成为开放性系统，在法律调整或约束的行为之外的道义中性行为也可以在系统中被表达和刻画。[①] 因此，在这样一种开放性的现实规范系统中，"不禁止的就是允许的"与"不允许的就是禁止的""凡禁止的就是不允许的"就都是假命题。这样上述法律观念"法不禁止便允许""法无授权便禁止"

---

① 陈锐：《论法律规范的逻辑结构及相关的元理论问题》，载《浙江社会科学》2022 年第 2 期。

便不成立,只有"法不禁止便自由"才真实地反映了开放性规范系统的特点,因为"法不禁止"意味着"要么是允许的,要么法律未规定"。可见,借助逻辑的视角或方法有助于对一些法律观念或命题做出澄清和深入理解。

法律体系中的任意一条法律规范被创立出来,都既表达了一种法律关系,也同时呈现了一种逻辑关系。这种逻辑关系既可以显现在规范的逻辑结构中,也可以隐含在法律关系中。无论是显现还是隐含,逻辑关系是客观存在于法律规范中的。此外,逻辑也并不是作为规范推理的前提或理由而发挥作用的,逻辑乃是作为规范推理的结构隐藏在一个有效的规范推理结构之中,逻辑为从前提得到结论的推理提供了担保。任意违反了逻辑的法律规范不仅不能正确地反映法律自身的内在规律,而且会损害法律的科学性、合理性和权威性。

三、法律获取与判决证成的逻辑

法律本身是一个不确定的、不自足的开放体系。正如英国法学家哈特(Hart)所认为的:法律语词的含义或意义存在一个确定的、没有争议的核心。但也存在着一个"阴影地带"或"开放结构"。法律会有需要填补的空白也会有需要澄清的疑问和含混,还会有需要淡化——如果不是回避的话——的难点和错误。例如,对一些具体案件而言,法虽有明确之文,但法律文字与立法本意、法律意图或目的、法律精神等可能存在着抵牾或冲突之处;或者法律规定彼此矛盾、彼此冲突、互相抵触的,履行其中一个规范就无法履行另一规范;或者直接适用法律规定会造成有悖情理或显失社会公平正义的结果。又如,对于一些具体案件,"法律未规定"或"法无明文规定",即法律没有提供明示的、直接可适用的规则;或者法律不能回答或涵盖当前具体案件,法律存在漏洞或空白。在不确定的、不自足的、开放的法律体系面前,法官有资格而且应该是有所建树的,他们应当承担这样的职责。①在遇到法无明确之文时,法官的任务就是探寻制定法条文的确切含义,"寻找和发现立法者心目中的含义",澄清制定法条文的含混和疑义;②在面对法律的矛盾、冲突、抵触时,法官应该发掘法律条文的真实意思,消除法律文字与法律真实意思、法律意图或目的、法律精神之间的反差。

法律推理就是一种法律获取与判决证成的逻辑方法。法律推理是指运用"情境思维"或"个别化的方法"解读或推断法律的推论,是从法律语境出发探寻法律的真谛——澄清法律疑义、平衡法律冲突、填补法律漏洞的推论,是发现、重构、填补、创制法律的推论,也是为具体案件确立法律规则或法律规范的推论。应当指出,法律解释、漏洞补充和法律续造也可以归入法律推理,它们本质上是从某些前提或预设得出或作出结论的推论过程，是解读或推断法律的推论过程。

法律推理的方法大致沿着两个方向发展：一是法律的形式推导（formal reasoning）。它是基于形式理性进行的法律推理，是基于法律规范的逻辑性质或逻辑关系进行的推理，是对法律规范进行"形式计算""逻辑判断"的推理，是从法律规范中推断出"逻辑后承"或"逻辑结论"的推理。法律规范的形式推导是有规律可循的。这些逻辑规律是可以用形式化方法加以刻画与系统化的。基于对法律规范的逻辑常项的逻辑刻画，可以揭示出法律规范的形式推导规律，建立起法律规范的形式推导系统——法律的形式推导规则与形式推理系统；二是法律的实质推导（substantive reasoning），它是指基于实践理性或目的理性、价值理性进行的法律推理。它是基于探寻法律意图或目的、法律的价值取向、社会效用或社会利益、社会公平正义观念，并以此为依据或前提对法律展开的解读或推论。法律的实质推导是对法律进行"目的考量""利益衡量""价值判断"的推理，是对法律进行"经验计算"和"交换计算"的推理。

公开判决理由就是要求法官承担判决论证义务，即将司法判决置于理性论证要求范围之内。在英美法系和大陆法系国家，一直强调判决证成问题，其要求法官承担论证自己判决的责任，承担证明其判决成立从而证明其判决正确的责任。"证成"（justify）是指为某个结论成立提供正当理由，或者其结论被证明是成立的、正当的或有正当理由的。判决论证就是要求法官证明其判决是成立的、正当的或有正当理由的，就是要求法官为判决结论成立提供正当理由。在大陆法系国家，法官的职能不是在裁判中创立一般法律原则，而是在个案中适用法律作出判决。法官承担依法裁判的义务。制定法是判决的法律渊源，制定法标准是判决论证的标准。制定法确定了司法的出发点，基于制定法证立裁决是法官工作的中心。

涵摄模式（subsumption）就是基于制定法作出且证立裁决的一般论证模式，是将制定法的一般规则与抽象规范适用于具体个案的主要判决证成模式。它以制定法即成文法为判决理由和依据，其判决结果是依据制定法及其原则和精神而获得的。涵摄模式包括两个层级的推理与论证：一是寻找可资适用的法律规范或理由，并将个案事实置于该法律规范之下，即对个案事实符合法律规范的构成要件作出论证，称为事实涵摄推论；二是根据法律和事实得出裁决结论，即根据法律和个案事实确定其法律后果并加以论证，称为法律适用推理。涵摄模式的关键性问题是：①识别一个权威性的法律大前提；②进行事实涵摄推论，论证案件事实为该大前提所涵摄或涵盖，确立一个正确的小前提；③推出一个可靠的结论。法律适用推理是确定法律后果的论证，可以分析为三段论模式：符合法定构成要件的行为是应当承担法律后果的，本案行为是符合构成要件的；因此，本案行为是应当承担法律后果的。其中，大前提是一般法律，小前提是行为是否符合法律，结论是法律后果。法律适用推理通常亦称为司法三段论。

涵摄模式具有基本形式与复杂形式之分。根据事实与法律对应关系，可以将案件概括为两大类：第一类是制定法提供的答案是确定和没有争议的案件；第二类是如何适用制定法存在疑难的案件：或者制定法是概括的、抽象的与一般的；或者制定法无明确之文义，其条文语义暧昧或含混不清；或者制定法无明文规定，存在需要填补的空白；或者其答案不唯一且相互冲突，存在两条开放的、通向不同目的之道路；或者适用一般条文有悖情理而显失公平。前类案件称为简单案件（plain cases），后类案件因其制定法适用存在不确定性称为复杂案件或疑难案件（harder cases）。在简单案件中，对直接运用制定法作为判决理由不存在争议，其判决论证模式为简单的涵摄模式。而疑难案件意味着为直接援引制定法条文设置了一道不可逾越的障碍，意味着存在某些案件需留待法官通过释法去获取判决理由。在案件裁判中解释法律是法院的管辖事项，是法官的一项重要职能，这项职能称为法官释法。解释法律就是确定法律是什么，就是判断何为法律，就是获取法律，就是确立判决理由，是对制定法的阐释（interpretation），是对制定法的解释（construction）。在复杂涵摄模式中，法官释法论证通常以法律原则作为论证理由，决定与证立对法律条文与规则的理解和适用。作为整体性的制定法不但由规则构成还包含有原则。这些原则体现了制定法的意图、目的与价值，是制定法体系中的一部分。相对制定法规则而言，制定法意图、目的和精神是更高层级上的法律原则，约束与指引法官对制定法规则的理解与适用。

四、法治思维的逻辑效度与限度

逻辑对于法治思维的确立和法律体系构建的重要作用，但是我们也需要客观地认识到逻辑在解决法律问题、推动法治进步的效力范围以及能力边界所在，即清楚法治思维中逻辑的效度和限度。

传统逻辑在刻画问题的解释力和表达力等方面存在着局限性，面对那些结构复杂的法律推理无能为力。实际上，传统逻辑的能力不足在19世纪末、20世纪初的逻辑学界就体现的十分明显，这也是促使现代逻辑产生的根本动因。现代逻辑，包括在一阶谓词逻辑基础上发展起来的各种经典和非经典逻辑系统，由于其具有更加严格、精细且强大的形式句法和语义理论可以更有力地分析、刻画和解释更为广泛复杂的推理和论证，包括法律规范结构和法律推理。现代逻辑的发展，尤其是非单调逻辑的涌现使法律领域受益匪浅。可以说，在法律推理与论证的研究上，逻辑即使不是唯一的，至少也是不可或缺的方法。现代逻辑自身还在不断发展，如各种缺省逻辑、认知逻辑等能够为处理法律问题提供更多的技术手段，现代逻辑日渐成为主流法学家、司法实践者们的一种不可或缺的思维工具和研究方法。

尽管我们之前的论证一再论述和强调逻辑之于法治的必要性和重要性，特别是现代逻辑对于刻画法律推理的有效性。但是我们也必须清醒认识到逻辑之于法治思维和法律问题的局限性。

第一，逻辑不能提供法律推理的前提。①逻辑不能告诉我们如何对事物进行归类，或者用哈特的话说：在如何对具体事实进行分类这一问题上，逻辑沉默不语；因此就不能告诉我们规则的前件在某个具体的案件中是否被满足了。即便在最简单的案件中，这一问题的答案也不取决于逻辑，而是取决于共享的语言习惯、事实信念或道德共识；②法律规则之间可能存在冲突，当它们之间发生冲突时，逻辑不能告诉我们哪一个规则优先。规则冲突的解决方案或者是由法律方法论提供的，或者是由法律领域知识提供的。虽然有些逻辑系统中内在地包含了某种不一致信息解决机制，例如，一个基于可废止的法律推理系统。适合于法律领域的逻辑系统提供的是用以刻画这些知识的工具和手段，但并不生产这些知识本身。

第二，现实的法律系统难以完全被形式逻辑所刻画。如果理想的法律是一个完备的、融贯的、公理化的规范系统，法官的判决当然可以被看作是由事实和普遍规则（即公理）演绎地推导出来的。但是，现实版的法律即使可以被看作是一个公理系统，这个系统也肯定是不完备且不融贯的。① 不完备性是因为它无法对一切现象（尤其包括尚未出现的现象）作出规定，这导致法律需要不断变化以适应社会目的变化的需要；而不融贯性是指它总是包含着一些难以消除的或模糊含混的表达、例外以及冲突性规则，这导致了法律推理的非单调性或可废止性问题，② 它们是法律的本质特点。尽管现代逻辑的发展部分实现了刻画法律的这种非单调性和可废止性，但是现代逻辑的刻画能力与法律的本质特点之间尚不能

---

① 周志荣、张继成：《论法律与逻辑的内在关系》，载《上海政法学院学报（法治论丛）》2020年第1期。

② Carlos Alchourrón, "On the Logic of Law" 9 (4) *Ratio Juris* 340, 1996.

很好匹配。

第三，逻辑确实代替不了经验在法律中（尤其在法官的立法性的案例推理中）的重要作用。在一个具体推理中，逻辑仅仅起到保证前提必然推导出结论的作用，至于前提是否真实、如何证成，选择何种命题作为前提等，这都不是逻辑能够解决的问题。经验的方法可能比逻辑更有力量去解决这类问题。如为了解决法律概念的模糊、含混或抽象所引起的不确定问题，人们在长期的司法实践中总结了一些解释规则，如文义解释、体系解释、历史解释，以确定哪一种理解是正确的。但是逻辑并不能告诉我们，在具体的个案中应当选择哪一个解释规则。因为这一问题要通过考察解释规则背后的实质理由以及特定案件的具体情况来回答，而逻辑既不能告诉我们某个解释规则背后的理由是什么，又不能告诉我们这一理由在特定案件中是否存在。所以，布鲁尔对霍姆斯的"反逻辑"论题的修正，即"法律的生命是而且应该是被经验所充满的逻辑和由逻辑锻造过的经验"，① 更加恰当地揭示了逻辑、经验与法律的关系。

因而我们必须承认逻辑是有局限性的，但同时也要对这种局限性有两点认识：

第一，逻辑的局限性是学科或科学的局限性，并不是逻辑的弱点，更不是逻辑的缺点，而是逻辑的科学性的表现。任何科学理论都不可能解决所有问题，科学只能解决它能解决的问题。② 无论霍姆斯还是法律形式主义者兰德尔，都认为法律是科学，法学是对法律的科学研究，只不过他们都以不同的方式走向极端：霍姆斯过分强调实践经验的作用，将法律完全看作是实践的结果，忽略了法官或立法者在选择不同法律时不仅仅要考虑这种选择的社会后果，还要考虑其科学依据；兰德尔则过分强调逻辑或公理化演绎的作用，将法官的每个判决都看作是法律的纯粹逻辑演绎的结果，从而忽略了法律之外的伦理道德的、社会的因素对于法律以及法官的影响。美国逻辑学家苏珊·哈克曾非常有智慧地采取了一种介于形式主义和经验主义之间的立场。在她看来，法律作为一种科学既有理性的一面也有经验的一面，法律活动就像自然科学探索一样，是一种可错的、探索性的且不完美的理性活动。苏珊·哈克相信演绎逻辑的现代发展（比如时态化的、

---

① Scott Brewer, "Traversing Holmes's Path toward a Jurisprudence of Logical Form". In Steven J. Burton ed., *The Path of Law and its Influence: The Legacy of Oliver Wendell Holmes*, Cambridge University Press, 2000, p. 94.
② 周志荣、张继成：《论法律与逻辑的内在关系》，载《上海政法学院学报（法治论丛）》2020年第1期。

不协调的、模糊道义逻辑）将会"告诉我们关于鲜活的法律更替和变化的某些东西"，但她并不认为现代逻辑的发展可以解决所有问题，所以她接着指出"这肯定不是全部"。按照她的观点，我们还是需要诉诸于非形式的手段，比如类比、溯因的方法。

第二，某种逻辑手段或某个时期的逻辑在处理推理问题上的能力有限并不等于逻辑本身的局限性。逻辑本身的局限性是学科的局限性，这意味着逻辑只能处理推理或论证问题，而且只能处理其形式有效性的问题。在这个问题之外，逻辑无能为力。逻辑具有不同的发展阶段，传统的三段论无法判定条件式命题推理的有效性，而经典的命题逻辑也无法判定三段论的有效性。经典的谓词逻辑的判定能力要比这两者都强得多，但它无法判定模态命题推理的有效性。单调逻辑无法判定非单调推理的有效性，因此，非单调逻辑才具有了特殊的重要性。逻辑的"局限性"指的是它只能处理推理的形式有效性问题，而不涉及实质或内容的问题，但这绝不是指逻辑完全处理不了涉及法律的核心概念的问题，或者逻辑只能处理边缘性的、细枝末节的问题。某种逻辑在处理问题的能力上的有限性部分地可以通过逻辑自身的发展来拓展。苏珊·哈克不赞同霍姆斯的"反逻辑"论题，但她对逻辑能力的判断也有不准确的地方。比如，她认为，借助类比的法律论证的说服力依赖于精细的价值判断、对后果的预测以及对支持和反对性理由的权衡，而这些都不可能还原为逻辑公式。正是由于低估演绎逻辑在这些方面的作用，苏珊·哈克对人工智能与法领域的研究图景不太乐观。一方面她认为计算机模型对于法律事务是很有用的工具，另一方面她怀疑这些模型是否可能提供一系列元规范用以解决冲突性规则的问题，或者对导致法律系统进行调整的意料之外的变化进行预测。但是苏珊·哈克的问题在于，她混淆了某种演绎逻辑的能力的"有限性"和逻辑学科的"局限性"，进而推断它始终只能具有"次要的"或"边缘性的"作用。

克卢格曾做出过这样的论断："逻辑本身对于法律科学的实践和研究的所有分支而言必然都是根本性的，否则的话就不会有法律科学的称谓。"[①] 因此，我们甚至也可以说：没有逻辑就没有严格意义上的作为科学理论的法学。我们可以设想不依赖于经验的科学，但不能设想不依赖于逻辑的科学。法律作为一种科学的体系，法学作为一门研究科学的学问或学科，也不能离开逻辑而保持它的科学性。

---

① ［德］乌尔里希·克卢格：《法律逻辑》，雷磊译，法律出版社2016年版，第7页。

思考题:

1. 法治思维的特征是什么?
2. 法律规范具有哪几种逻辑结构?
3. 如何理解"法律的生命不是逻辑,而是经验"?
4. 法治思维中逻辑的作用和局限性是什么?

参考文献与推荐阅读:

1. [荷]雅普·哈赫:《法律逻辑研究》,谢耘译,中国政法大学出版社2015年版。
2. 雷磊:《规范、逻辑与法律论证》,中国政法大学出版社2016年版。
3. 王洪:《制定法框架下的判决论证模式》,载《比较法研究》2019年第2期。
4. 王洪:《制定法推理与判例法推理》(修订版),中国政法大学出版社2016年版。
5. 周志荣、张继成:《论法律与逻辑的内在关系》,载《上海政法学院学报(法治论丛)》2020年第1期。
6. 陈锐:《论法律规范的逻辑结构及相关的元理论问题》,载《浙江社会科学》2022年第2期。

第四节 法治语言与法治精神

一、法治与语言和法律语言

法治与语言的关系,要从语言的本质说起。不同的语言观对语言本质的看法截然不同。语言工具论认为,语言是交际工具、思维工具和认知工具,语言为人所创造,语言是属于人但又外在于人的事物;语言本体论则认为,语言构成人的生活方式和存在方式本身,语言构成人的存在。语言是独立于主体人的本体。因此,语言是思想的本体,是存在的家,是世界意义的寓所。语言工具论强调人对语言的支配,语言本体论则强调语言对人的限制和影响。

现代语言学认为,说话也是一种行为,言语(语言的使用)就是行为本身,在这个意义上,语言就是生活的一部分。语言不仅仅是工具,语言也是"本体"。从交往实践理论来看,语言交往(对话)来自交往实践,且与交往实践同构,也是主体—客体—主体的三体结构或多体结构。而主体间的语言交往并非纯粹的交往行为,本质上是一种知识生产机制,促进知识的增值;语言交往不断开化自我、他人和客体,催化三者本质的不断超越,进而建构和重构主体间的交往关系结构。语言在沟通和达成理解方面有特殊的作用,语言不仅仅受人支配,语言也会影响人的思维和行动。因此,语言不仅仅是作为工具的"器",同时也是"道"本身,是"道"与"器"的结合。

法律语言是"法律""法"和"法治"的载体和表现形式。同样,在法律语言与"法律""法"和"法治"的关系上,法律语言不仅仅是承载和表述"法律""法"和"法治"的工具,同时也是"法律""法"和"法治"的本体。法律语言与一般的载体和表现形式不同,法律语言符号本身就反映了主体对法学概念和法学思维等的理解,而沟通行为又使一主体联通另一个主体,通过沟通和相互理解改变双方的看法和观点,重建法学概念和法学思维,起到建构"法律""法""法治"乃至"法治文化"的作用。

法律语言包括立法语言、司法语言、执法语言等,其中立法语言和司法语言成为当前法律语言研究中的两大分支,同时由于立法部门、司法部门的领域差异,立法语言和司法语言各自具有独特的话语体系,体现不同的法治精神。

二、立法语言的法治要求

立法语言是法律法规所使用的语言。立法语言的本质特征取决于"法律""法"是什么,以及"法治"的内涵。有什么样的"法律""法"和"法治"就有什么样的立法语言。现代意义上的"法律"是一套规则体系。"法"则是应然之法,即应然之规则体系。所谓"法治"就是"应然规则之治",即良法之治。规则之治的本质是,规则之治的规则是预先可知的,惩罚不是目的,治病救人才是目的。法无规定不违法,法不责众,一切都是为了人,人是目的,而不是工具。所谓"法治文化"也就是"规则之治之文化",在这种文化之下,"规则"深入人心,不管是民众还是官员,一切按规则行事,努力使"法治成为我们的生活方式"。

法治是一种状态,实现法治,需要全社会各方主体的共同努力。立法语言在一定程度上表征着法治的状态,立法语言载体的好坏也一定程度上影响法治的实现。良好的立法语言,能够促进法治的建构和法治理想状态的实现。法治精神是人权保障、民主、理性、公平、正义。立法语言应当体现法治精神的要求。

（一）规范

立法语言应当规范。立法语言应当符合有关语音、词汇和语法的标准。"法律"和"法"是对可为行为和当为行为的引导，"法律"和"法"必须首先使人正确理解才能得到有效遵从。符合语言规范是立法语言能够得到正确理解的前提。对汉语而言，就是符合汉语普通话的语音、词汇和语法等方面的规范，不使用不符合语言规范的词汇和句式等。

但是，就目前而言，立法语言在遵守现代汉语规范方面还有需要改进的地方。比如 zhàngmù "账目"不能写为"帐目"。"帐"曾经通"账"，"帐目"曾同"帐目"。而根据目前的词汇规范，"账""帐"分别表示不同的意义，"账目"不能写为"帐目"。写为"帐目"，与人们掌握的规范相冲突，容易引起误解；另外，立法语言必须符合现代汉语关于标点符号用法的规定，比如引号和书名号使用的规定等。这是对作为"法律"和"法"的工具和载体的最基本的要求，否则就会影响法的运行和效力的发挥。

当然，符合规范并不意味着立法语言不能有自己的特点。作为民族共同语社会方言的立法语言，其特殊性主要表现在有一套特殊用语（或法学概念体系）。如法律中关于"父母""子女"的概念就比日常用语的意义更为宽泛（分别包括养父母、养子女和有抚养关系的继父母、继子女）。立法语言当然可以有自己的概念系统和词汇语义系统，这也正是作为社会方言的专业用语的必有特征。但是，这不是说立法语言可以超出现代汉语词汇规范或可以不遵守普通话词汇规范。

立法语言不能有不同于民族共同语的所谓特殊语法。如果说立法语言在语法上有特殊性，那是说立法语言可以有自己的语法选择或语法偏好，即立法语言会选择一些合适的语法形式来表达，这也就是我们常说的立法语言的语体选择（或语体语法）。比如立法语言经常使用列举式表示并列关系的各项，经常使用"的"字结构表示不定指的人或机构，经常用"应当"表示赋予责任、"可以"表示授予权力等。但这些语法形式以及所表达的意义并未超出基本的语法规则，更没有违背基本语法规则。其实，不仅如此，"法律"和"法"的语言文字应该更规范，"法律"和"法"的语言文字应当成为现代汉语的范本。

（二）简明

立法语言应当简明。简明就是简洁明了。规则之治意味着规则的制定者与接受者是平等的主体。退一步说，即使规则的制定者与接受者是不平等的，立法语言也应该是可理解的。法治的最大理性是让民众先了解规则再进行惩罚。而只有简明的语言才是易懂的、可理解的。

法律是一门专业，法律语言则是一门专业用语。即使是专业用语，立法语言也首先应当简明易懂。有人说，没有人嫌医学语言难懂却有人嫌法律语言难懂，这让人不解。这是由法律作为规则系统的特点决定的。规则的制定者和接受者都要接受规则的约束。医学语言则不同，大众虽不懂医学语言，但按照药方吃药，药物会自动发挥效用（不需要人有意识地让某个器官去吸收）。法律规则是对人的行为的指引，它的运行与民众是否遵从密切相关，即需要人有意识地配合，法律才能有效运作。不能为社会理解的法律不是法律。简明易懂是法律应有的内在道德。

梁启超曾说："法律之文辞有三要件：一曰明、二曰确、三曰弹力性。"其中第一件就是"明"。梁启超对"明"的解释为："若用艰深之文，非妇孺所能晓解者，时曰不明。此在古代以法愚民者恒用之，今世不取也。""明"就是简单明白的意思。立法语言需要民众在理解的基础上参与行动。当然，古代法律与此不同，古代法律是统治人的工具，统治者不想让百姓了解法律，古代法律使用深奥难懂的语言达到愚弄百姓的目的。

立法语言应当尽可能地让每一个人都能理解。刑事法律能够让具有中等理解能力的人理解，专门的行业法能够让相对人（该行业的使用者）理解。这样，接受者就能依据法律规则调整自己的行为。简明、具有可理解性是立法语言追求的目标。法律制定者要通过各种方式实现立法语言的简明易懂。比如使用结构简单的句子；使用短句；对特有概念尽可能地进行改述，只有在不能改述的情况下才能使用，但要进行定义（或注释）；结构划分要合理；表述要条理、整齐划一；等等。

（三）准确

立法语言应当准确。"准确"指"行动的结果完全符合实际或预期"（《现代汉语词典》），即立法表达要确切地表达法意、不歪曲。立法语言作为"法律"和"法"的表述工具，立法语言必须准确地表达"法律"和"法"的意图。只有准确地表达了法意，规则的制定者和接受者才有可能正确地掌握规则的根本要点，行为的指引才能有效，法律的效力才能发挥。

梁启超所说的"法律文辞有三要件"，第二件是"确"。梁启超对"确"的解释是："确也者，用语之正确也。培根曰：'法律之最高品位在于正确，是其义也.'"用"正确"来解释。而"正确"是指"符合事实、道理或某种公认的标准"(《现代汉语词典》),这是用认识上的真理标准来强调用语的确切和恰当程度。"确"的意思就是用语要切合法意要求。该精确时精确、该模糊时模糊就是准确。有时为了更精准地划定"法"所涉及的当事人等,使司法和执法更具有可操作性,立法语言要明确"法"概念的外延;而有时候为了使"法"更具有包容性,能够适应或囊括未来不可预料的情况发生,给司法留有处理空间,立法语言又需要模糊。注意"准确"不等于"精确","精确"只是"准确"的一个侧面,准确既包括了精确也包括了模糊,切合了法意要求的表达就是准确。"精确"强调表述(特别是概念)的"精准",精确的条款往往是具体、有利于执行的,但也因此缺乏弹性,表现为张力不足。精确性与模糊性是相对的,法条的表述经常需要是二者的结合(兜底条款就具有一定的模糊性)。

准确也意味着不能有歧义和含混的地方,否则就会造成混乱,就是不准确。歧义和含混不同于"模糊"。歧义是一个词语或句子有两个以上的意思,法律用语的一词一义都应该是确定的,不应该有两种以上的理解;含混是含含糊糊,表述不清楚、不确定。而模糊则是指两个词语所表示事物的边界不清,而客观事物的边界本来就是不清的,模糊是对客观事物本质的反映。因此,模糊词语的存在是常态,也是必要的,不能只追求精确而排斥模糊,那不是准确。

当然,准确性也意味着一定程度的精确性或专业性。表达精确的概念时,可以通过立法定义对法律概念进行拟制,将模糊概念的外延明晰化,如"夜间"在普通语言中指"夜里"(《现代汉语词典》),而《中华人民共和国环境噪声污染防治法》(已失效)将其定义为"晚二十二点至晨六点之间的期间",使模糊概念达致精确。但是要注意,达致精确不能偏离普通用语可能的视域范围或与普通用语可能的视域相冲突,否则就会使法律概念违背人们的基本认知。

(四)平实

立法语言应当平实。"平实"即"平易朴实"。法是规则系统,规则本质上是为人的、为民众的。平易朴实,才宜于为民众所接受。所谓大道至简,真理是朴素的,不需要华丽的外衣;规则的合理性也是内心可以丈量的,不需要用华丽的辞藻来装饰。

古代法律是统治者单方面的独白或命令,发命令的人是以权力、威权来让人降服,不管听令人是否能听得懂。不仅如此,古代统治者故意使用深奥难懂的语言营造出高深莫测的法律,达到使民众降服的目的。现代法律是为人的、理性的，法律的威严不是通过恐吓而达到的，而是以其合理性让人觉得有道理而内心顺从。

立法语言不同于文学语言，文学是感性的，擅长以华丽的辞藻或美文来感染人。"法"则是以其合理性来让人信服，以理性取胜。积极修辞或华丽的辞藻反而使法理不够显露、直白。任何的夸张、铺陈等美文都有可能引起歧义，造成表达上的不准确。真正的为民是平实的，平实的语言才能无任何疑义地表明规制的相对人、构成要件及法律后果。

立法语言也不借助政治性词语或广告语来达到效果；立法语言选词应当合乎时代（但也不用时髦词语），不用过时的词语。语言的多样化和变化在这里也退居次要地位，始终统一地使用同样的词汇和短语，更容易理解。

（五）色彩中性

立法语言应当是中性的。中性是指词语没有道德偏见和尊卑色彩等，色彩中性。法律规则是以人为目的的，是为人的。尊重人格就必须用中性、理性的语言来表达。

法律与道德的关系十分密切，但是法律不同于道德，二者各有自己的评价尺度。道德是从具有一定稳定性的共同体的角度提出对人的要求，法律则更多地是从个体人的角度出发提出对等的权利和义务。道德以集体利益为重，法律更注重人权，是真正以人为目的。法律面前人人平等，法律不会因为人的身体缺陷、阶层等而区别对待。法律的尺度更为客观、理性和公正。立法语言应当具有平等意识，平等尊重地对待每一个人。

法律虽然不同于道德，但是二者关系密切，立法语言中有一部分词语借用了道德词语来表达，其中有些是与现代法治理念相冲突的，需慎重使用。

立法语言应当使用或创造具有中性色彩的词语，理性、客观地规定对等的权利、义务。避免带有说教色彩的道德话语对立法语言的渗透。

三、司法话语与法治实践

（一）司法话语与法治建构

司法语言是指司法实践中所使用的语言，通常也被称为司法话语。

司法话语和法治思维有着密切关系。哲学家伽达默尔曾说过，"我们只能在语言中进行思维，我们的思维只能寓于语言之中。"这意味着思维反映在语言上。司法话语体现的主要是法治思维。侦查阶段在押人员的称谓从"人犯"变成了

"犯罪嫌疑人"，这被誉为法治的进步，因为这不仅仅是口头称谓的变化，更重要的是尊重人权、保障人权的体现，是司法人员无罪推定原则这一法治新思维的反映。这就意味着法律语言已不再仅仅是表达的工具，而具有了和主体高度一致的能动性，是法律人思维的自然流露。可以说，法律人在司法实践中使用的语言必然会潜伏着自身对案件的认识、立场和态度，隐藏着自身对司法改革、法治建设的主观认知。透过司法话语，其间法治思维的流淌或缺失都能一窥究竟。

司法话语与法治思维的交汇直接影响法治中国的建设。2020 年 11 月，习近平总书记在中央全面依法治国工作会议上对司法为民提出了新要求："深化司法责任制综合配套改革，加强司法制约监督，健全社会公平正义法治保障制度，努力让人民群众在每一个司法案件中感受到公平正义。"公平正义是我们法治建设的追求，而公平正义如何通过司法案件来感知？司法话语架起了司法实践与公平正义的桥梁，因为司法案件的审理、推动、结果、公开都是通过语言来实现的，法律人的法治思维也暗含其中，人民群众则通过语言来了解司法案件的一切，而且透过司法案件的语言，进一步理解法律制定的行为规范，领悟法治要旨，感受法治思维，最终到达公平正义。由此可见，司法话语建构了民众的法治意识和法治行为方式，进而构筑法治中国的底部基础。法律人作为法治中国的建构者，在理念上也应充分重视法律语言和法治思维的相互影响；在实践中应以法律语言为思考原点，在法治思维的导向下，使法律语言符合法治精神、恪守法治要义、契合法治逻辑。然后通过司法实践传递给民众，引导民众提升法治意识、形成法治行为方式，进而成为法治中国建设的助推器。

（二）司法话语的法治要求

法治，顾名思义就是依据法律来治理社会，使用法治思维来进行社会秩序的维持。何为法治思维？法治思维是指以法治价值和法治精神为导向，通过法律规范体系来指引、协调社会行为的思维模式。这包含了三层含义：①应具有公平正义的法治追求；②应建构契合法治追求的法律规范体系；③法律规范体系的价值在于社会行为秩序的指引和协调。法治思维的多面性实际上对司法话语提出不同层次的法治要求：①理念层面的要求；②规则层面的要求；③接受层面的要求。

从理念层面来看，公平正义是法治的最高追求，这就要求司法话语要体现客观公正的司法原则，坚守"无罪推断"的司法理念。

从规则层面来看，法律规范是法治的根本依据，这就要求司法话语重视法律内在逻辑的体现,加强司法人员法治思维的形成和建构。司法可以说是维护社会公平正义的最后一道防线,法律人是这道防线的关键,要守好这道防线,法律人应能很好地运用专业的逻辑分析能力来实现司法的定分止争功能。这在本质上要求法律人将内化的法治思维嵌入自己的行为、话语方式及言说内容中,从而通过司法话语建构起一个人们都认可的法治世界。

从接受层面来看,实现对社会行为的有效指引是法治的现实目标,这就要求司法话语要做到适度的大众化,提高公众对司法话语的可接受度,以使公众更好地理解法律制定的行为规范,领悟法治要旨,感受法治思维。

(三) 当前司法话语中的法治问题

在我国司法实践中,语言使用问题并不少见,裁判文书就出现了"俯卧撑""临时性强奸""休假式治疗"等引起公众争议的语言表达,这些语言表达影响了司法的严肃,使司法的权威和公正受到了质疑,更为本质的是法治思维的缺位和法治建构的缺失。反之,《民法典》颁布时,"离婚冷静期"的使用成为社会热点话题,"居住权"在物权编的引入广受好评,原因是这些讨论不仅关注法律语言的表达方式,更击穿了法律语言的表层,深入探讨法律语言对法治概念和法治思维的建构作用。因此,当前司法话语中存在的法治问题应引起我们充分的重视。当前存在的问题主要集中体现在以下四个方面。

1. 司法话语内在逻辑的缺失。司法话语能否彰显法治的一大关键在于法律工作者运用语言能力的高低。法律工作者运用语言能力的高低不仅受制于自身对法律语言的理解,还受制于自身驾驭法律语言能力的高低。驾驭能力的高低主要取决于语言之间的逻辑能否恰当地体现法律工作者专业的法律论证逻辑。

在我国目前的司法实践中,司法话语的表述存在不少的逻辑问题,逻辑前后冲突、缺乏内在的逻辑论证是其中最主要的两大逻辑问题。如下面一段出自起诉书的语言表述:

二〇一四年一月二十五日,在北京市昌平区百善镇半壁街村翠明湖公寓三单元303号房内,被告人×××非法持有<u>伪造</u>的《北京市国家税务局通用机打发票》、《北京市地方税务局通用机打发票》等发票六百八十余份,后被抓获。<u>经鉴定上述发票均为伪造发票</u>。

上面这段话主要描述案件的发生经过,描述时先使用"伪造"一词来修饰

"发票",在后续的表述中又提到"经鉴定上述发票均为伪造发票"。实际上这是两个先后发生的行为,但先后发生的两个行为却都使用了后一时间行为才出现的结论性话语"伪造",这就使得案件事实的叙写造成了前后逻辑冲突。

> 经依法审查查明:被告人甲于二〇一四年三月十一日十二时三十分许,在昌平区西关槐树巷村11号自建楼车棚内,<u>盗窃乙(男、五十一岁)电动自行车电瓶一个</u>……本院认为,被告人甲无视国法,以非法占有为目的,<u>多次盗窃他人财物</u>,其行为触犯了……

上面这段话同样来自起诉书,"本院认为"之前是对案件事实的客观描写,之后是基于案件事实所得到的法律判断或称之为法律事实。从前后的表述来看,不但前后都使用了相同的动词"盗窃",而且前后的整体表述相差并不大,核心表述为:因为"盗窃"某物所以指控"盗窃"财物。在这种表述中,客观案件事实和法律事实两部分之间缺少了必要的逻辑推理和论证,法律事实部分只是简单地下了一个和案件事实客观描写高度接近的结论,因此在逻辑上并没有形成法律论证的完整链条,案件事实和法律事实之间也存在循环论证的嫌疑。

在司法文书中还存在像"足以认定"之类的结论性表述、"以非法占有为目的"之类的套语型表述,这些表述在表层使用了逻辑推理词语,但仅仅只是语言逻辑的表层关联,并没有法律逻辑论证的实质,从而造成司法文书表述千篇一律、脸谱化的现象,司法个案的差异性和独特性无从体现。

法律逻辑论证在司法实践中具有重要作用,不仅是法律判决的必要工具,还是法律判决合理性、合法性的保证,也是自由、正义和秩序等法治概念的价值诉求。而这一过程需要通过语言才能得到彰显。前述我国司法话语存在的逻辑问题,根本原因在于法律工作者专业的法律逻辑论证能力没能通过语言进行展现,民众就很难从中探知法律判决的合理性和合法性,司法的公平正义也就更加无从感受。这一问题更根本的原因在于法治思维的缺失,法治思维的缺失意味着法治的逻辑尚未建立,法治表达也就无法达成,这一切最终体现为司法话语内在逻辑的冲突或断裂。从这个角度来看,我们可以从司法话语入手,通过司法话语内在逻辑的强调和核查,倒逼法律人在司法实践中对法治思维进行重新审视并加强,从而有助于在根本上形成法治的逻辑和行为模式,以促进我国法治的建设。

2. 司法客观公正的背离。公平正义是法治的最高追求,但目前司法话语中却还存在不少与公平正义相违背的表达。如"无视国法"之类的口号式表达,从根本上违反"以事实为根据,以法律为准绳"的司法原则;又如"窜至""伙同""逃窜"等暗含道德评价和否定评价的表达,这些表达都带有明显的主观臆断,与司法理性客观原则相去甚远;还有在案件事实表述时使用"犯罪行为"和"罪行"等带有预判和提前入罪嫌疑的表达,和当前以庭审为中心、推进庭审实质化的司法改革理念相背离。这些有违法治精神、法治追求的语言现象都应该从司法话语中剔除出去。

3. 司法话语的可接受度有待加强。法治的推广要依赖于公众对法律语言的可接受度,这就意味着,法律语言应在保证其专业性的基础上,做到适度的大众化,增强公众对司法话语的认同程度。从这个角度来看,当前司法话语的可接受度有待提高,主要包括两个方面的提高。

第一,司法话语大众化表达的提高。司法实践是司法话语和日常语言互动淋漓尽致、碰撞最为激烈的阶段。司法实践由司法工作者主导,但也有被告人、证人等非法律人士,两者所使用的语言有着很大的差别,往往也会引起很大的冲突。首先,最为明显的就是司法用语要求严谨、准确、明确;而非法律人士所使用的是日常用语则较为随意、并允许较大范围的模糊;如"侮辱"一词,在日常语言是指"使对方人格或名誉受到损害",词义自身的确定性不高,"人格"和"受到损害"都不容易确定,但这并不妨碍日常语言中对该词的理解,但"侮辱"一词在司法实践中很容易引起争议,因为内涵不明确,法律意义上的"侮辱"行为就难以界定。其次,不少司法用语虽然在语言形式上和日常用语相同,但意义已经发生了变化。法律语言是从共同语的基础上发展起来的,司法用语作为法律领域中重要的一个组成部分,必然有一部分司法用语和日常用语是相同的,但意义是不同的,如"回避""告诉"等词语,日常用语描述生活事实,而司法用语则描述法律规范。

目前,司法工作者对司法话语和日常语言的表达差异尚未给予足够的重视,在实践中引起争议或冲突并不少。因此,司法工作者在进行表达时,首先应从专业逻辑的角度出发分析如何"定分"、如何"止争",然后在语言运用的过程中充分重视司法话语和日常用语的差别,把整个司法过程用大众化的语言形式表达出来,以跨越生活事实和法律规范之间的鸿沟,实现司法工作者和非法律人士的有效沟通,达成司法目的,形成共同一致的法治思维。

第二,司法话语温度的提高。法治要实现公平正义,不仅要让司法有力量,同时要有温度。具体地说,司法应在查明事实的基础上,准确适用法律,在客观公正原则的指引下进行定分止争,有力维护合法权益,与此同时,还应向公众传递正确的社会规范导向，实现良好的法治引领。即司法话语不仅需要彰显法理，而且要体现情理，法理和情理交融才能增加法治的温度。

在当前的司法话语中，语言的温度在宏观层面得到不少法律工作者的认同，但在具体的落实层面尚未得到足够的关注，只是出现了一些尝试性的操作，如法官后语（又称"法官寄语""判后语"等），在判决书规范化格式之后有一段评述性文字，这段文字由主审法官或合议庭所作，具有道德倾向性，不具有法律约束力，通常以训诫、劝导、教育为主，这实际上就是在法理之外展现了情理，情理更多地是获取当事人甚至是公众对判决的认同、对法治价值引导的认同。但尝试性的操作是不足够的，在司法话语中应该把情理纳入整个法治体系当中，对其在法治体系中的作用、功能做更为深入的挖掘及应用。

4. 法治秩序和传统文化秩序存在间隔。我国当前的法治秩序和传统文化秩序并不完全相同，本质上是因为社会经济发展基础有所不同。当代法治是在商业经济的基础上产生并发展起来的；而我国传统文化秩序是以自然经济为基础的。这两种不同的经济基础使得两种秩序产生了间隔。

商业经济通过市场来运转，所有的市场行为都是自由的，强调个人、自由、平等，注重个体权利和利益，追求个体公平。在商业经济的基础上，法治追求公平、公正和自由，强调权利和义务并重。而自然经济是以家庭为基础，强调家族利益，个人应服从家庭。在自然经济的基础上，我国传统文化更强调等级观念、家族观念，对个体权利和义务的重视不够。

可见，我国目前所提倡的公平正义的法治并不是基于我国传统文化之上的追求，而是基于现代法治理念的一种追求，但这种追求和我国传统文化存在间隔，两者并不完全一致。这就会导致法治秩序的推行会有一定程度的阻力，会引起部分公众对法治的不理解和抵抗，因而成为当前司法话语的一个困境，亟待解决。

四、法律语言与法治文化建构

法治和法律语言相互塑造，而法治与文化存在密切关系，法治经过长时间的建设将会沉淀形成法治文化，因此，法律语言是法治文化建构的重要组成部分。

首先，我们要认识到，法治文化和法治、文化都具有本质差别，但同时又相互关联。

法治和文化都是维持社会秩序的手段，但两者在概念内涵、运行机制、治理效果等方面都具有根本差别，同时又相互影响，共同建构形成法治文化。

法治和文化两者有何相异之处？法治，如上文所述，就是依据法律来治理社会，使用法治思维来进行社会秩序的维持。而文化则和群体的认知沉淀有着更为密切的关系。

"文化"一词的使用非常广泛，不同角度、不同侧重点会形成不同的文化概念，包括：文化是依赖象征体系和个人的记忆而维护着的社会共同经验，每个人的"当前"，不但包括他个人"过去"的投影，而且是整个民族的"过去"的投影；文化是一个复杂的整体，包括作为社会的一员所获得的知识、信仰、艺术、道德、法律、习俗以及任何其他的能力和习惯；文化是指最终凝聚为人的生活样式的东西等。无论从何种角度来看，文化都是某一群体的思想、精神、价值观念和行为习惯等经过长时间的历史沉淀而形成的内在认知，这种认知获得该群体所有成员的一致认可。

文化在群体中的高认可度同时也使得文化对群体的所有成员都具有限制作用，会影响群体所有成员的思想、精神、价值观念和行为习惯等。因为文化已经成为了群体成员的内在认知，已经成为了一种生活方式、一种群体秩序，一旦群体中有成员出现不同的思想、精神、价值观念或行为习惯，其他成员将难以理解并自动加以排斥。也就是说，只有遵循了群体文化，一个人才能真正地被该群体的成员所认可和接受，才能在该群体中生存下去、融合进去。

可见，文化具有双重性，既是群体成员思想、精神、价值观念和行为习惯的集体沉淀，也是对成员心和行的限制，它就像一只"看不见的手"，控制着群体各成员在生活各方面的方向，从而使得整个群体按照原来的秩序前行，因此文化就具有了维持社会秩序的功能。值得注意的是，文化维持社会秩序的功能是文化自身就具备的特点，并不是群体成员有意识的行为。但一旦文化形成，文化所维持的社会秩序长时间没有发生根本性的变化，群体成员就会有意识地维护该社会秩序，因此就形成了所谓的民俗习惯。民俗习惯慢慢也就成为了维持该社会秩序的主要规范，成为了民众自发遵守的、自下而上的社会规范。简而言之，文化是社会秩序维持的一种基石，不同文化形成了不同的民俗习惯，民俗习惯则成为了民众自发遵守的社会规范。

法治的主要功能也是维持社会秩序，但维持秩序的基础发生了根本性变化。法治的基础是法律，法律是由国家机关制定，并由国家机关在全社会执行的社会规范，从产生的程序来看是一种自上而下的社会规范。可见，法治和文化虽然都具有社会秩序维持的功能，但两者是从不同的根系生长出来的，具有独立的发展路线。

但法治和文化在宏观层面具有相应的关系，因为两者作用的对象都是社会秩序，如果社会秩序要想得到良好的维持或达到理想状态，法治和文化两种不同的维持手段应进行融合，成为公众一致认同的社会规范。具体地说，法治是运用法律规范对社会秩序进行治理，从而使当前良好的社会秩序得以维持，这也是很多学者所提到的良法之治，而法律规范所面对的社会秩序本身就是基于一种文化形成的社会秩序，因此文化和一种好的法律所要维持的社会秩序应该是具有一致性的，文化及其外在载体民俗习惯都应该成为国家法律规范的基础，因为如果没有民俗习惯等社会规范的支撑和配合，国家的正式法有可能缺乏坚实的基础，甚至难以形成合理的、得到普遍认可的正当秩序。从这个角度来看，文化是国家法律制定的底层支撑，自然就成为了法治的基础。换言之，文化对社会秩序的形成、维持和改变都有着直接的影响，不同群体中推行的法治应以该群体的文化为基础，法治具有文化底蕴，两者关系如图4-1所示。

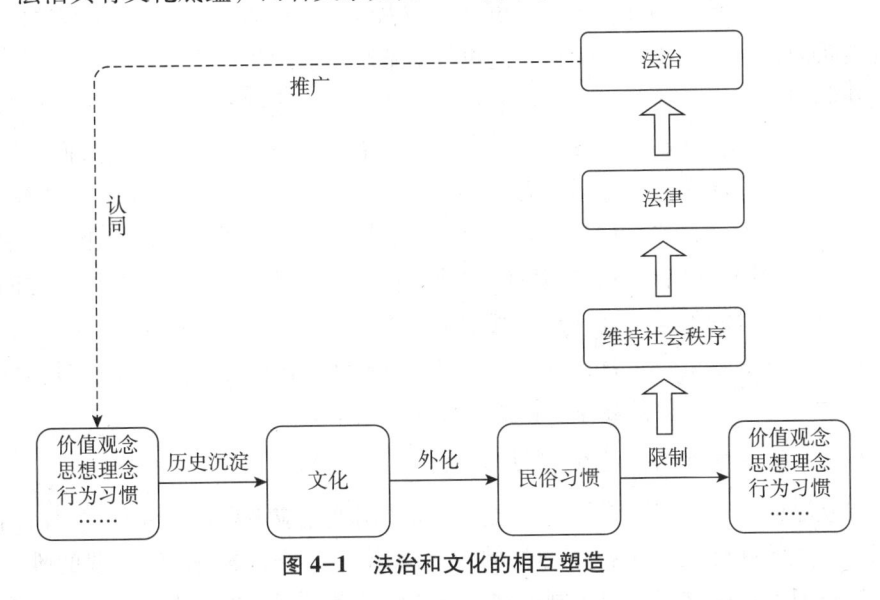

图 4-1 法治和文化的相互塑造

法治与文化的交汇最终形成法治文化。但这一过程是漫长的，首先要实现公平正义的法治，这并非易事，社会经济发展、经济结构要发生改变，新事物、新情况的出现使得原有的行为方式已无法继续，公众才会主动打破原有的社会秩序，接受新事物、新思想，产生新行为，实现公平正义的法治；其次法治再经过长时间的沉淀成为一种生活方式，至此法治文化才得以形成。

在法治文化的形成过程中，法律语言是其有力的保证，因为法律语言和法治的实现息息相关。

（一）立法语言和内容的完善可促进法治建设

这包括两个方面的内容：一是我国的立法内容应该把优秀的传统文化和合理的民俗习惯吸纳进来，以更好地或更有效地将我国社会的法治秩序和文化秩序进行进一步的融合；二是立法语言需要进一步改善。在内容完善的基础之上，立法语言的改善也是不可忽视的。立法的生命在于执行，但能否执行在于民众是否理解、接受并遵守法律规范，而民众对法律规范的理解、接受和遵守很大程度上受到立法语言的限制。因为语言是内在思维的外在体现，立法语言就是立法者意图和思维的投射，只有当立法语言所投射的法律思维能为民众所理解并接受，民众才会真正地遵守立法中的法律规范。

（二）司法话语的恰当运用有助于法治在文化层面的沉淀

语言不仅仅是一种外在形式，更是一种思维和文化的认同，因此语言的背后隐藏着重要的力量，语言运用得当能更好地解决司法纠纷，语言运用不当则会影响司法判决的解决和接受。在当前的司法实践中，普遍都提倡法言法语，可司法实践证明法言法语并不都是奏效的，有时法官语言的通俗化、大众化反而可以取得更好的效果，原因就在于语言背后的力量。法言法语是法律思维的专业投射，但对社会公众而言，并不具有专业性的法律思维，因此在司法实践中用法言法语反而会凸显司法人员和民众之间思维的冲突，而且凸显了司法人员和民众之间文化的差异和身份的不同，这容易让双方在司法诉讼或调解过程中不自主地对立起来，司法实践的效果自然就大打折扣。因此，司法话语的运用是要根据具体的情况而定的，应区分不同的场景，恰当使用司法话语。

（三）司法制度的多元化可帮助法治实践的推广

在立法语言和内容完善的基础之上，司法制度也应该更加多元化，司法话语在保证法理的基础上应重视情理的体现。法律规范不应该是司法实践的唯一标准，民俗习惯也应该引入司法制度和司法审判活动，因为这将有助于增加民众对司法处理的理解和对法律的信服，进而有利于提升司法的社会公信力和权威性、促进我们国家的法治建设。

综上所述，我国社会的法治建设还需要漫长的过程，其法治的实现以及法治文化的形成需要法学、法律语言学、社会学、心理学等多领域共同努力、相互配合才能实现。只有公平正义的理念深入民众的思维、成为民众的生活态度之后，代表公平正义的法律规范才能顺利地推行，以公平正义为核心的法治文化才能真正实现。

法律语言不仅是一种语言运用，更是一种社会实践，是社会变化的指示器，是社会塑造的有力工具，能规范公众行为、限制法律实践限度、构建我国法治话语体系、推进司法价值观念、影响我国法治建设。我们应充分发挥法律语言的引领和推动作用，不断规范和完善法律语言，促进法治实践，助力法治中国的建设。

思考题：

1. 法律语言与法治的关系是什么？
2. 立法语言应当具有什么样的特点？
3. 应如何进行司法语言的法治建设？
4. 法律语言与法治文化之间是如何相互塑造的？

参考文献与推荐阅读：

1. ［英］边沁：《道德与立法原理导论》，时殷弘译，商务印书馆2000年版。
2. ［美］富勒：《法律的道德性》，郑戈译，商务印书馆2005年版。
3. 费孝通：《乡土中国》，北京大学出版社2012年版。
4. 于全有：《语言本质理论的哲学重建》，中国社会科学出版社2011年版。
5. 范忠信：《梁启超法学文集》，中国政法大学出版社2000年版。
6. 崔玉珍：《法治在当前乡土社会中的困境——河南省巩义市社会法庭之调研》，载《中国政法大学学报》2015年第1期。
7. 李德顺：《法治文化论纲》，载《中国政法大学学报》2007年第1期。
8. 任平：《论语言符号系统在广义认识论中的地位——兼论从解释学到广义认识论的发展》，载《苏州大学学报》1989年第Z1期。
9. 张文显、于莹：《法学研究中的语义分析方法》，载《法学》1991年第10期。
10. 张武汉：《语言与法律——从工具论向本体论的认知嬗变》，载《河北法学》2010年第7期。

第五章

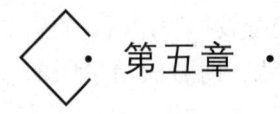

法治文化的传播与实践

第一节 媒介传播与法治文化

社会、文化、传播三者是紧密融合在一起的。人脱离自然状态进入社会状态的过程中，文化、传播与社会也就同步发生、发展起来。没有交流、没有传播，孤立的个人既不能生成文化也谈不上社会的存在；交流里运行着信息的传播，交流、传播形成文化，文化组织社会，社会享用着文化。

纵观人类发展史，人类社会、人类文化的发展演变始终内在地伴随着媒介和传播方式的变革，而且后者在前者中发挥着核心性的推动作用。现代社会，媒介对于文化和社会的塑造作用越来越强大，塑造方式越来越多样、复杂。因此，研究社会治理、社会文化（包括作为现代社会公共交往规则体现的法治文化）都离不开对媒介及其传播活动的思考。

一、社会文化与媒介传播

在人类社会发展的过程中，社会、文化与传播可以说是须臾不相分离的，其中的传播媒介和传播方式在发生着不断的，甚至有时是跳跃的发展、变化，传播媒介、传播方式的改变极大地改变着人类的生存能力、生存方式和价值观等。

1. 社会、文化与传播。人们常说：人是语言的动物，人是政治的动物，当然人是社会的动物。关于人的这几重定义里暗含着社会、文化与传播这几个紧密关联的概念。

古希腊哲学家亚里士多德在《政治学》中写道："城邦出于自然的演化，而人类自然是趋向于城邦生活的动物（人类在本性上，也正是一个政治动物）。"[①]

[①] 亚里士多德：《政治学》，载《西方法律思想史》编写组编：《西方法律思想史资料选编》，北京大学出版社 1983 年版，第 41 页。

现代德国哲学家海德格尔更鲜明地指出:"是人,就叫做:是言说者。人是能说出是与不是的言说者,而这只因为人归根到底是一个言说者,是唯一的言说者。"① 社会是人组成的,人和人之间通过语言而实现相互的交流;没有语言,没有交流,难以形成人类社会这样的高级的群体组织,人类的情感智慧难以得到保存、发展。可以说,是语言将我们联结为一个个族群、社会。人类的情感智慧包括人和人之间的这些组织、交往方式都属于文化。

文化是通过语言和交流得以凝定、保留和积累的,语言本身是文化得以存在的基础。人类的语言,既是人类独有的智慧、才能的一部分,也是人类智慧文化得以保存、发展的载体、助推器。因此,借助语言,社会、文化得到创生、发展、演化,人类的群体生活得以展开,人类有了政治生活、政治活动,人得以成为政治的动物。当然语言不仅仅是工具,它本身也是文化的一个部分,甚至是文化的最初和最基本的、也是最深层与隐蔽的存在与表达形式。

传播是指信息等内容借助一定的媒介传递和扩散这一过程。首先是借助语言的传播,没有语言,几乎难以有真正意义上的人类传播。人类最早的主要传播行为应该是通过口语实现的。人与人之间的传播,也常称为交流。交流这一措辞突出了说话与听话这种行为在人类个体双方之间的交互进行,突出行为的互动性;换句话说,交流也是一种传播,"交流""传播"的意思在很大程度上是重叠的,都意指信息等内容在人和人之间或族群与社会的一定范围中的流动、传递。相对而言,"传播"是用来描述信息等内容流动传递活动的更为基础的术语,特别是随着媒介的发展,信息等的传递流动方式越来越丰富复杂,用传播这一更为基础的术语来展开研究更为科学、适用。传播作为一种人类行为,承担着在人与人之间传递信息、知识与价值观等等的功能,这些被传递的内容生成一个越来越巨大的系统,可以说这就是广义的文化所包含的最主要的部分。文化是构成社会的软件,也是将人联系、组织起来的纽带,文化的核心部分更是承担着人类社会生存方式和人与人之间的交往准则的功用。

2. 语言与媒介的变迁。从人类历史的宏观视角来看,人类的交流或传播方式的发展过程可以大体分为几个阶段:口语时代、纸媒中心时代、印刷工业和声光电技术媒介崛起的时代以及数字媒介时代。媒介在改变着传播的方式、效率,也在改变着人类生活、生产和交往的方式及价值和伦理的观念。

---

① Heidegger, Einfuehrung in die Metaphysik, Tuebingen, S. 88. 转引自徐友渔等:《语言与哲学——当代英美与德法传统比较研究》,生活·读书·新知三联书店1996年版,第160页。

人类捕捉、获得的信息和人类的情感智慧意见等等通过语言保存、传递、交流，语言是最为质朴、源始、重要的媒介。世界各民族都经历过漫长的传说时代，那时人类最重要的知识、价值、信仰都是通过口耳相传的。当然也同时在使用一些自然物或者现象传递信息，如至今在万里长城及其内外存留的大量烽火台，就是一种古老的信息传递活动的遗迹。在西方，荷马和《荷马史诗》代表了口语时代人类文明保留、交流、传播的伟大成就和典型方式。

口语传播在时空上有很大局限，文字的发明深刻改变了人类的传播状况、影响了人类文明的进程，这是人类传播方式的一次巨大跳跃，也意味着人类文明的一次飞升。因此在中国文化史上有了仓颉造字而"天雨粟，鬼夜哭"的神话。纸的发明和改进以及印刷术的发明和改进，进一步影响了人类的传播活动，电报、电话、电影、留声机、录音机、电视等媒介新技术又一次极大地改变了人类传播的方式、效率以及文化传播的内容，进而改变了人类的生存方式和价值伦理体系。电脑、互联网和数字技术，则使人类的文化信息传播、生产、享用、消费的方式和内容又一次发生革命性变革，人类的生活和文化在整体上相应发生着天翻地覆的变化。概而言之，纵观人类发展史，人类社会、人类文化的发展演变始终内在地伴随着媒介和传播方式的变革，而且后者在其中发挥着核心性的推动作用。

传播交流借助的物质性工具或桥梁，即媒介。就传播方式和其借助的媒介而言，语音和口语无疑是人类社会最重要的也是历史最悠久的传播媒介和方式，这是一种原初的交际、传播媒介、方式，而且就其意义而言，它是人类交流、传播的本体媒介、方式——无论科技怎样发达、媒介的总体情况怎样变化，语音、口语都是人类生存和交流的不可替代的信息承载传递的媒介和方式。如果我们把文字、纸媒等定义为狭义的媒介的话，口语也可以看做是无媒介交流、传播的方式，因为它依赖的是我们人类天然的生命器官，而非借助于人类后天制造的物质工具。

广义来说，语音是源始媒介，笔画（文字）和图画及其所依附的兽皮、贝壳、甲骨、竹帛、纸张等是第二类媒介，其中的纸张，在人类传播史上长期发挥了极其重要的作用，并将继续发挥重要作用。为了论述的方便，我们也可以取狭义的用法，以"媒介"指称语音以外的传播方式与工具。而人类文明进入19世纪、20世纪，科学技术的巨大进步为人类带来更多样的传播媒介，电报、电话、无线电和传真等的发明和使用以及报刊、广播、电影和电视的发展和推广，都为人们获得有效、便利、迅速的信息传播发挥着独特和巨大的作用；到了新世纪之交，以计算机为中心的信息技术的突飞猛进的发展，将人类社会带到了信息时代，到 21 世纪的 20 年代之初的今天，人类社会已经进入全面的媒介化时代，不仅信息传播的方式实现了立体多样，而且速度和效率达到了空前的水平，世界变成了"地球村"，一切信息的传递可以达到全球实时同步，对信息编辑加工、呈现的方式手段也更加丰富多彩，令人眼花缭乱。信息时代的一大特点是，以前人类的一切媒介内容都可以实现电子化承载、保留和传递。2019 年，已经被人们宣布为"元宇宙"年。"元宇宙"概念标志着全球信息传播以及各种事务交往处理的完全电子化、数字化、媒介化。媒介的变化，极大地改变着世界。

相对于语音（口语）这种基于我们与生俱来的先天能力的源始性交流、传播工具，今天人们说到"媒介"，一般仅指人类后天创造发明的传播工具，即文字等视觉信息所依附的载体、介质——如纸张等，或声音所依赖的载体、介质——如收音机、广播等。依据它们的特点，这些媒介可以概括地分为两大类：纸媒和电媒，即纸质媒介或电子媒介。纸媒和电媒，代表了人类通过媒介传播信息的不同时代。信息技术的大发展，一种新的传播媒介、传播方式出现了，这就是数字媒介。传统的语音、纸媒、电媒都可以实现数字化、电子化呈现、保留、传递。因为数字媒介依赖于计算机（电脑）等电子信息设备，因此，数字媒介可能也会被笼统地称之为"电媒"，但狭义的"电媒"应该指电话、收音机、广播、电视、电影等传播工具、传播媒介，而把"数字化"的传播方式所借助的信息传播、制作、消费工具、媒介称之为"数字媒介"。数字媒介与传统的媒介存在差异。

3. 文化生态与法治文化。没有人工媒介的时代，信息主要通过人们之间的口耳相传。以口耳相传为主要手段的社会，文化发展水平往往较低，社会的规模较小。纸张和其他媒介的出现不断地改变了文化的生态和社会的边界。文化的生成方式和传播方式的变化随着媒介的变化在发生缓慢或急剧的变化。

法治文化是一种社会治理文化，是国家治理理念的体现。作为国家治理文化，从社会的总体上来说，法治文化在社会的整个文化生态体系中处在核心、主导的位置。

法治的理念和法治社会的构建从整个人类社会来说是同步发展的，法治的理念促进着社会治理方式的建构和改变，同时社会的法治化治理实践更促进着这种治理理念、意识即文化的传播、推广、涵养和更广泛的认同与遵守。

人类社会的早期，理念和实践交互作用，文化渐进生成，随着媒介的发展，人类社会信息传播、文化普及的速度和效率不断提高，理念或文化对实践的推进日益便捷、作用日益强大。媒介传播在急速改变着世界。因此，法治文化的理念、意识可以走在一个社会实际进程的前面而引领社会向着法治化较快地变迁、发展。就此而言，我们建设社会主义法治国家、传播发展法治文化，要重视发挥媒介的作用。

二、媒介的当代力量与法治文化的塑造

文化（包括法治文化）的传播总在现实环境中进行，受到环境的影响巨大。媒介塑造着"现实"，也呼唤着文化的改造、建构（尤其是法治文化）的自觉。

1. 法治文化传播的理想状况。从宏观上看，人类的精神智慧和实践经验如涓涓细流在不断向前流淌并汇聚为人类文明的海洋。优秀文化向周围自然漂移传播的时代早已随着媒介和传播手段的不断更新、升级而走向了冲移的时代，如果没有人为的特殊干预或限制，优秀的文化理念会如同冰雪消融的春潮向着前方和远处不断地冲流、激荡和漂移。

法治文化作为一种先进、优秀的人类公共生活、公共交往、公共治理的理念、意识等在内的文化体系，在媒介传播的发达时代，应该会像春潮一样向社会传播开来，促进人们公共生活观念的改变，推进整个社会制度建构的不断完善和社会实践的不断发展。

法治文化的理念、信念向社会各个阶层、向全体大众积极不断的冲移、普及将是法治文化传播的理想状态。

2. 传播中的主体间性因素。没有单纯的信息，信息的传播和接受在现实语境中总要受到主体性因素的影响。社会交往在单个主体和不同族群、社会、社群之间都是相互的，不同的主体在主张和传达自己的理念、意识、见解，对他者的理念、意识、见解的接受也会进行过滤、选择，尽管这些精神文化的传播—理解—接受过程，不一定都是自觉的。当然这不排除接受主体在某种程度上对接受信息内容或早或晚作出自觉分析。

智力、受教育程度、生活环境和处境、人生经历等，都会深深地影响人们的文化理念、意识，因此，在文化领域，特别是公共治理文化领域，公共交往、公共治理的理念、意识、视野在主体之间存在很大差异。这就决定了传播不是单纯的信息"发出—接收"过程，文化传播交流的过程是曲折复杂的。《列子》中著名的"疑邻窃斧"的寓言故事说的就是我们因为自己的处境、心态而对信息做了选择、扭曲理解的一个接受过程。即使是优秀文化，新接触到的个体也不一定会接受、认同。尽管从总体和长远来看，优秀的文化总是能得到普遍的认同，但

是这条道路就所有个体而言也是无止境的。特别是关于公共交往、国家治理的文化，取得共识、获得认同是一件复杂的事情。除了认知层面的认同因素以外，现实的利害关系更深刻影响着人们的公共治理理念和文化选择。

因此，没有理想态的文化传播—接受过程。对法治文化的传播而言也是这样。

3. "媒介即讯息"与法治文化建设的自觉。如果说法治文化随着科学技术和媒介的发展在总体上沿着从"漂移"向着"冲移"的理想状态而"传播—接受"、并不断获得认同的话，在现实社会中，传播媒介的发达也是一个"双刃剑"，它对社会现实的影响和塑造也存在巨大的负面风险。

20世纪加拿大传播学大师马歇尔·麦克卢汉的媒介学开创之作《理解媒介》的第一部第1节的标题即是"媒介即讯息"，并开门见山写道："所谓媒介即讯息只不过是说：任何媒介（即人的任何延伸）对个人和社会的任何影响，都是由于新的尺度产生的；我们的任何一种延伸（或曰任何一种新的技术），都要在我们的事务中引进一种新的尺度。"①

严格来说，信息和媒介并不是一回事，它们是两个紧密相关的不同事物，信息就是信息，它是媒介传递的对象或内容，而媒介是一个渠道、桥梁，它使信息从一个主体传递给另一个主体，使传播得以实现。那么，麦克卢汉何以提出"媒介即讯息"，这是因为媒介和传播技术在现代社会中正在发挥巨大的作用。讯息虽然可以为人传递和接受、筛选，但从社会的总体而言，任何个体和一定的群体总是处在讯息流的长河、海洋中，讯息如同自然时空一样包围个体和群体，个体和一定的群体，无力接收到讯息的全部，如同一个人无法占据整个河流或海洋。因此，现代媒介在社会构成中，不再仅仅是其他成分、组织、元素之间的联系、沟通的桥梁和纽带，不再仅仅扮演"其他文化和社会制度之间的纽带角色"，现代"媒介既是特定的社会和文化领域（家庭、政治等）的基本结构之一，又是一个半独立的机构"，它还给理解整体社会提供诠释框架、为公共讨论搭建共同的舞台，它"既存在于其他机构之中，又提供了对社会的普遍看法——成为信源和受众在特定情况下使用与感知媒介的前提条件，从而影响着人们之间的关系"。② 总而言之，现代媒介可以通过对讯息内容和传播方式的选择有力地改变人们接触到的信息语境或者说文化语境，进而感染、改变人们的精神文化意识，

---

① ［加］马歇尔·麦克卢汉：《理解媒介——论人的延伸》，何道宽译，商务印书馆2000年版，第33页。

② ［丹麦］施蒂格·夏瓦：《文化与社会的媒介化》，刘君等译，复旦大学出版社2021年版，第5页。

包括公共交往、国家治理的思想、理念等相关的公共交往或公共治理文化意识。因此，媒介、传播在深刻、迅速地影响、改变世界，在塑造着个体和群体的现实感。

　　正如20世纪西方马克思主义文化理论家雷蒙德·威廉斯所发现的那样，当一个人对某一社会现象或一部作品作出衡量、评价的时候，其实是立足于社会整体的。不过这个整体是以一种"感觉结构"的方式悄然存在于个体的头脑中并发挥着作用。当然这个"感觉结构"并非一成不变，而是在依据个体的经历和接受的信息不断修改变化着。威廉斯曾这样描述"感觉结构"的代际差异是怎么产生的："新的一代以自己的方式对它所继承的那个独一无二的世界作出反应，在很多方面保持了连续性……同时又对组织进行多方面的改造……最终以某些不同的方式来感受整个生活，把自己的创造性反应塑造成一种新的感觉结构。"① 人们有怎样的生活经历、接触到怎样的媒介和它传递的信息，就意味着人们可能会形成怎样的"感觉结构"，并以这种感觉结构来观照、衡量社会和生活，这也是从另一个角度说明了"媒介即讯息"的内在机制和深刻意味。

　　我国建设社会主义的现代民主法治国家，追求全体公民公平正义的最大化实现，应该自觉规避媒介、传播的负面影响，积极、主动地用现代传播媒介的力量来自觉传播人类一切优秀文化，特别是法治文化，正面塑造有利于人们接受、理解、认同法治文化的现实文化语境，营构人们向往现代法治文化的现实感，让传播媒介在社会治理和法治文化建设中最佳地发挥自觉有力的作用。

三、法治文化建构中的媒介作为

　　媒介发达的当下时代，媒介具有塑造现实的巨大力量，媒介的这种力量首先表现在对先进知识和优秀文化的传播上。就媒介对文化的作用而言，媒介有过分别以传承、传播和生产为显著特征的三个主要阶段；这三个阶段代表了不同的发展阶段，但又非截然互相替代，而是后面的阶段里包含、并存着前一阶段的功能作用。在21世纪的文化建设、特别是法治文化营造、建设中，应该使各种媒介发挥出其各不相同的巨大潜能。

　　1. 媒介对法治文化内容的传播。"媒介即讯息"，但媒介并不是直接等同于讯息，媒介是通过它所承载、传播的信息而营造着个体（或群体）所处的"信

---

① 黄典林、李杭洋：《感觉结构与传播唯物主义：雷蒙德·威廉斯的传播观及其方法论意义》，载《福建师范大学学报（哲学社会科学版）》2022年第2期。

息"环境,从而提供给个体或群体一个"文化—意识—精神"的"天空",一个"心理氛围",一个精神空间。这种精神心理"语境"深深影响着个体对现实世界、人类历史和公共交往方式、公共治理理念的想象和理解。因此,对被现代媒介包围中的 21 世纪的人们来说,媒介向个体和大众承载、提供、传播什么样的信息,对当代社会的文化样态、构成和属性具有巨大的决定作用。

媒介的巨大作用,永远是通过"内容"而从根本上发挥作用的。因此,"内容为王"的传播规律没有失效,内容的选择、生产上更大有文章。正像哈贝马斯指出的,现代资本主义社会里,物质主义盛行,资本"以尽可能隐秘的策略性意图控制各种交往渠道"[①],高度集中垄断的传媒鼓吹消费主义,某种程度上导致了大众对公共空间的脱离和对公共问题的淡漠或麻木。在全球一体化时代,这种资本和消费主义对社会文化氛围和精神空间的想象、塑造,也会在一定程度上对我国的文化建设包括公共治理文化的建设等产生负面效应,这是我们在发挥媒介的巨大作用时应该警惕、谨慎的地方。

在当代社会生活中,人类有史以来产生的所有媒介都继续存在和发挥着作用,应该依据不同媒介类型的特点来确定它们在社会文化建设中的角色和担当任务的重点。可以从最常见和最简略的分类——纸媒(和姊妹媒介)和数媒(数字媒介)——来展开分析。

一般而言,纸媒依赖着纸张及其相似物,因此,相对数媒而言有着"沉重的肉身",纸张等的成本、运输、制作代价大、劳动力消耗大,而当下的数媒不仅可以复制纸媒的内容,还可以采用声光电色等更多样的呈现方式来多媒介或立体地传播相关内容,因此,数媒的优势是纸媒所不可比拟的。然而,纸媒却具有它的一些优势,首先是稳定,其次具体、可触,如同普通物件,和人类具有天然的亲和性。

纸媒,包括书籍和报纸、杂志,曾经在人类文明史上发挥了巨大的作用,今天乃至以后它的作用依然不可替代。它的特点决定了它的内容选择应该更为慎重,应该更为追求精良。教科书和严肃期刊、图书,是这种媒介产品的代表,应该一如既往保持对内容选择的严肃慎重。在教材等相应的纸质产品的编写、创作、生产中,法治文化的内容和公共交往、公共治理法治化的理念、意识应该更自觉地体现在相应的产品内容之中。要通过严肃精粹的内容向青少年和社会成员自觉、正面、积极地传播这些优秀的公共文化内容,调动发挥人们的理性思考能力,促进人们自觉地思考、理解、认同包括法治文化在内的人类一切优秀文化。电影等严肃艺术,虽然

---

① [德]哈贝马斯:《公共领域的结构转型》,曹卫东等译,学林出版社 1999 年版,第 15 页。

不是纸媒,但它们是纸媒时代的姊妹媒介艺术,可以与纸媒视为同类,它们同样应该发挥严肃艺术和严肃文化生产传播的重任,在法治文化等优秀文化传播中自觉承担责任,发挥独特作用。比如,《秋菊打官司》《被告山杠爷》等电影,在传播公民权利意识和公共治理的法治精神方面发挥了巨大的作用。

电子媒介、网络,包括纸媒时代的传统电子媒介电影、电视,它们除了像传统纸媒一样传播严肃内容以外,它们在提供娱乐产品方面具有得天独厚的优势,在市场经济社会,资本的本性往往更诱导、强化着它们的娱乐性追求,这在21世纪的今天无可厚非且不应该被排挤,但是,在它们的内容方面,应该强化底线意识,防范、抵制它们为了商业利益最大化而生产、传播包含腐朽、落后、错误的思想意识、历史观、世界观和落后的公共交往、治理理念等内容的产品。比如,在一段时间内,有些影视产品违背历史事实、胡编乱造,将古代帝王无原则地拔高、美化,这样的产品无形中向受众传递了错误的历史知识、落后的历史观,甚至暗中强化了一部分受众的帝王崇拜思想乃至对封建主义国家治理观的认同。这样的影视产品,表面上与当代的法治文化、法治建设无关,但实际上它们对国家的法治建设、法治文化的塑造会产生消解、阻碍的不良影响。一些影视作品对人物的生活环境、物质生活条件等做脱离现实生活的表现、渲染,这虽然吸引了一部分年轻人、让他们大饱了眼福,但这些作品无疑回避了对现实的客观反映,助长了一部分青少年对社会人生的虚幻性想象,这对他们的正常成长无疑是有害的。更不用说不少电子游戏和网络产品常常夹带不良信息或内容,不仅侵蚀社会一般文化,对法治文化建设也具有很大的破坏性。

2. 言语行为与媒体在法治文化传播中的以身作则。如果说直接的内容选择、考量是传播媒介在法治文化建设中发挥作用的主要方面和正面维度的话,媒介在产品的语言形式、传播行为方式中的表现是否符合或体现了法治的理念、意识等法治文化精神,可以说是传播媒介在法治文化建设中是否做到以身作则、是否能够身体力行的具体体现。

20世纪60年代牛津日常语言学派哲学家奥斯汀在《如何以言行事》一书中提出,人类使用语言说话不仅传达信息,有时也是在进行一种直接的言语行为,另外,一些说话虽然不属于直接的言语行为,也会有以言行效的功能,就是说某些说话不直接是或导致一个行为,但是也会间接对受话人产生精神心理方面的影响。媒介的运行也是一种"说话""言语",它的语言运用、修辞除了内容以外,也具有形式构成和表现,媒介的"说话行为""言语行为",或者说传播行为,也有以言行事、以言行效的方面,因此需要从行为角度就法治理念、法治意识表现予以考量。比如国家不时会出台出版物和报刊"禁用语"或禁用表达，有一部分也是出于这方面的考虑。比如对盲人等特殊个体或人群，在正式的传播媒介上不应该采用民间的一些随便性称呼，而应该采用礼貌性词语以体现出对相关人士的尊重。有一段时间，一些小品、短剧以表现身有残疾人士的动作等来营造笑点、吸引受众，尽管最后的主题和其中的话语内容都是正面积极的，但这些笑点等的选择本身就是不当的，不符合法治社会的精神理念。

另外有一种曾经常见的传播形式问题，就表现在语言形式上，很多报道涉法内容的新闻节目，过去常常把"犯罪嫌疑人"直接称呼为"罪犯""犯罪分子""歹徒"，而实际上这些人员还没有经过法庭的正式审判，他们即是有犯罪嫌疑或者最后被法庭宣判为有罪，但在宣判之前，媒介报道中都不应该先入为主地自行以罪名相加报道的对象。

主流媒体在报道关涉行政、执法、司法等领域的社会事件，包括案件侦破、审理等问题时，固然要发挥社会监督者和公平正义的喉舌的作用，但一定要注意自己的监督、报道、宣传活动本身是否做到了合法、合理，是否受到社会舆论和民众倾向、情绪的左右，要避免感情用事、以道德凌驾法律之上，避免越俎代庖抢在公检法之前报道未经公检法确认的信息，避免"道德绑架""舆论绑架"行政机构或公检法部门的行为。公众和媒体人员在一定的时间和处境所得到的信息可能存在缺陷，或对某些方面的问题缺乏足够的专业修养来作出正确的认知、判断，因此，对于相关问题的报道应该慎重。

还有学者提出"语言腐败问题"，有些语言表达单从词句的语义内容来看并无明显问题，然而整体篇章在语用修辞上形成了助长社会腐败、强化腐朽文化的不良效果。比如在新闻传播领域，过去一些记者在报道一些领导干部的活动时，常常滥用"亲自"等字眼，表面上似乎没有大的问题，甚至这些字眼描述的内容也并非虚假，但这种不起眼、无意识的字眼使用中，却潜藏着官本位、领导特殊化的陈腐气息，它们对社会健康文化的营造、发展实际上有很大的危害，是对法治文化的软性、隐性破坏。

因此，媒介除了正面倡导、传播法治文化理念意识以外，在自己的传播形式和行为的外在表现上也要注意做到符合法治的理念与精神，从而以身作则地向受众发挥潜移默化的正面作用。

四、主流媒体、自媒体与法治文化建设

媒体的所指有时和媒介同义，但严格来说，媒体不同于媒介。媒介一词着重

指向的是传播中的物质介质和相应的技术；媒体涉及使用媒介的人、团体，它是一个机构，它有工作人员，他们管理和使用这些媒介用以从事出版、发行、传播、报道等活动。由于信息技术的突破性发展，媒介发达了、多样了，同时促使自媒体如雨后春笋一般发展起来。拥有承载、制作、传播信息和符号产品的人员和机构爆炸式地新增、涌现。这无疑给文化生产、传播、经营带来新的挑战。为了描述这种媒体发达的状况，人们甚至称我们这个时代为自媒体时代。自媒体时代，对法治文化的建设也提出了新的挑战。

1. 主流媒体的担当。大众文化的普遍兴起是随着电视机的普及开始的。电影、广播、留声机、录音机、录像机、流行杂志等的大量消费也起到了的辅助作用。文化工业在大面积取代或大优势压倒文化创造，文化生产的主体多元化，文化生产、生活中承载、传播的观念、信息、价值取向日益驳杂，庸俗、腐败、落后、低劣的精神内容混杂在社会文化制作传播之中。文化研究理论家斯图亚特·霍尔把葛兰西的文化领导权理论引入大众文化研究，提示人们应该考虑生产主体多元化的商业时代社会文化的主导性、引领性问题。这一问题在自媒体发达时代显得尤其重要。

自媒体往往以娱乐、市场为中心，它们承载传播的内容往往平庸、俗气，乃至存在明显的缺陷、错误或劣点。比如，泛滥的色情元素、性因素是娱乐和消费文化生产者最热衷、最常见的招揽、延留受众的"胡椒面"。而受众具有来源广泛、驳杂，素养参差不齐的特点，如果受众整天沉浸于此类媒体传播的产品之中，势必导致社会文化在整体上低俗化、倒退化。特别是在"好新闻的生产成本比坏新闻要贵得多"的时代，主流媒体要更加自觉、用心、用力地担当起文化传播领域中的中流砥柱的角色，用自己优秀的文化产品抵制低俗、落后、腐败文化。不仅要与自媒体在文化领导权、吸引力上竞争，对有的现象还要积极主动地进行有理有据、坦率理性的分析批判，破除自媒体时代可能在某个局部、时段出现的混乱信息、腐败文化意识、被误导的情绪引发的"傻子共振"现象——即错误、陈腐观念与片面、不实信息在一部分原本相互分散、孤立的人群中借助网络媒介的桥梁而相互联结、相互呼应、产生"共鸣"、共振，从而将自媒体时代的负面传播效应予以及时、有效的消解。

另外，自媒体时代，各种信息或信息产品包围着人们，大数据、网络爬虫技术手段，促使商家或网络公司投其所好地选择媒介用户偏好或可能期待的信息投放在其周围，久而久之，就使数字媒介用户处在了自我同化、自我复制的"信息茧房"中,① 从而使数字媒介或网络用户的文化意识狭隘化、自我封闭化。对此,主流媒体也要承担起自己启蒙大众、不断揭露自媒体可能制造"信息茧房"、变相愚化受众的伎俩、弊端的社会责任,提示大众对各种媒体保持警醒、批判的态度,提高对信息产品辨别意识,努力保持分析批判的精神。

2. 专业性的巩固与强化。对个人和社会群体而言,其所能接受、消化的信息总是有一定限量的,然而在媒体发达时代,不仅主流媒体的规模日益壮大、提供产品丰富多彩,自媒体更提供了海量的信息产品。因此,除了内容的品性——即落后还是先进、积极还是消极、庸俗还是高雅、美还是丑、正确还是错误等的考量以外,主流媒体要想承担和履行好自己的文化使命,还应该在产品的专业性、"艺术"品质上下功夫,用自己产品的精神品质和艺术魅力抖落自媒体制造的大量信息尘埃。

自媒体从业者文化素养、价值观念驳杂不齐,而主流媒体的从业人员一般都是专业出身,具备较高文化素养、行业专业素养和技能,拥有开阔的历史视野、国际视野和人类文明视野,应该努力发挥专业特长,以更专业的产品吸引受众、引导受众,分化自媒体低端、简单产品的市场。加强传播内容的学术性含金量、用人类共同的情感智慧积累来观照世间万象、以理性和学术为基础向受众提供视野开阔、分析深刻透彻的精神文化产品,同时提高传播品的艺术性。事实上主流专业媒体,拥有一般自媒体所不具备的技术设备和人力财力,特别是我国,主流媒体背后有强大的国家体制资源的支持,完全应该以自己的专业品质和拳头作品、精美产品成为文化传播市场的主导者、引领者。无论是一般意义上的优秀文化建设还是法治文化建设,在自媒体发达时代,主流媒体有着更广阔的用武之地、更艰巨光荣的使命。

就法治文化建设而言,主流媒体、主导媒介应该强化自身的现代法治文化的素养建设,在从业人员中增加具有法学素养和现代法治意识的专业人士,进一步为主流媒体开展法治文化建设的提供保障、增强力量。

3. 主流媒体的公共事务监督员和公平正义喉舌的角色担当。尽管这是一个娱乐泛化的时代,然而社会的公平正义、公共事务管理的廉洁清正高效,依然是全社会公众关心的中心话题。如果主流媒体积极发挥好社会监督作用,特别是对主导社会共公共治理事务的权力机构的监督,促使它们更好地依法治理、依法行

---

① 喻国明:《算法推荐与"信息茧房"的破解之道——试论算法技术的迭代逻辑、内核扩容与结构保障》,载《媒体融合新观察》2021年第6期。

政,无疑将对整个社会建立起法治理念、信心起到决定性的作用。早在两千多年前著名法家人物商鞅就留下了"徙木立信"的佳话,显示了公共事务中法律实践对普及法律和树立全社会的法律意识与信念的重要作用。如震惊社会,特别是震惊法律界的"呼格吉勒图案",之所以最终得到重新审理、推翻近20年前的错误判决,除了冤案发生后有了新证据的原因之外,主流新闻媒体新华社内蒙古分社记者发挥、履行社会监督者和公平正义捍卫者的权利、责任,不懈地展开调查,通过内参向有关机关报道反映进行督促、推动,也起到了很大的积极作用。[①]

全国之大、领域之众、社会之复杂、人员处境之多样,都导致了各种社会事件、意外层出不穷,在这个媒体发达的时代,特别是自媒体发达的时代,对事件的传播因为传播者素养、动机和掌握资讯等情况的差异,导致人们对这些事件、意外的报道在内容选择、评判观点上千差万别,各种片面、虚假、错误的信息、报道、议论可能充斥媒体,从而误导大众的认知、情绪、态度、看法,轻则造成事件正常应对的障碍,重则酿成社会不良事件。近些年,有一个事件"无真相"的说法,实际上,除了形而上地看待这个命题以外,在现实生活层面,应该相信"真相的存在",所谓"无真相"只是指通往真相的道路并非一条或有时颇为艰巨而已。因此,面对涉及公共生活、公共事务的事件、意外的报道,主流媒体要及时主动承担责任,及时将可靠、真实信息传递出来,迅速堵住歪曲事实、信息存在缺陷的报道的流出渠道。这就要求主流媒体始终坚持原则、始终实事求是地信守职业操守,逐步建立起自己在全社会的信任感、公信力,从而真正担当起社会监督员和公平正义的喉舌的角色。相反,如果面对社会重大问题、敏感问题或突发事件等,主流媒体不能及时发布真实有效的信息,或者对问题、事件的报道采取遮遮掩掩、轻描淡写的态度敷衍处理,久而久之就会失去人民群众对主流媒体的信赖,到了一定程度会出现这样一种不良反应,即主流媒体发布的真实、及时的信息、报道,也不为大众所信任,甚至一部分受众还会朝着媒体报道相反的方向去猜想、"理解"事实、问题。这种现象即有的学者所谓的"塔西佗陷阱"。[②] 这是一种主流媒体、官媒和人民群众之间信赖丧失或匮乏的不良现象,主流媒体应该特别注意防范,避免陷入。

总之,主流媒体担当好自己的角色,在信息泛滥时代起到真实、正确、有价值的信息、舆论的及时、权威发布者、引领者的作用,这也就为法治文化建设做

[①] 殷刚、杨登峰:《记者汤计》,载《当代劳模》2015年第2期。
[②] 潘知常:《"塔西佗陷阱"四题》,载《徐州工程学院学报(社会科学版)》2019年第2期。

出了最有力的推动。

4. 自媒体的权利和存在意义。大众文化研究中的文化保守主义者常常把大众文化只是单方面地看作是文化资本强加于大众主体的某种结构效应。实际上，大众文化的受众并非毫无批判力量、批判意识，同样大众文化的生产者也并非一味地只是关注营利的最大化而完全无心于社会的公平正义的关怀和对优秀文化的向往与追求。特别是在自媒体时代，传播主体的多元、驳杂虽然带来传播领域的很多负面影响，但作为一般大众的自媒体制作者、经营者，也会有社会公心和对优秀文化认同的一面，因此，它们制作、传播的产品也会有积极的意义、正面的价值。

如果说在主流媒体时代，大众文化的制作者和受众对社会治理、社会文化的"公共性"议题无力展开参与和缺乏积极性的话，[①] 在自媒体时代大众文化和自媒体的生产者、经营者又有新的出口和曲折表达的可能。因此，虽然自媒体可能存在各种各样的缺点和局限，但自媒体的存在不仅有其正当性、合法性，而且它们的存在和作为对社会的公共性建设和包括法治文化在内的优秀文化的创造和传播都有不可低估的价值和意义。

合法运作的自媒体的存在不仅是公民权利的一种体现，而且它为社会提供了更多信息来源和信息产品，社会的"手眼"得到增加、分布更其广泛，从整个社会角度而言，自媒体使社会走向"千手千眼"的通达状态将发挥重要作用。权力监督、社会关切的渠道、来源、主体更加广泛、多元、全面，对一个透明而公平正义的现代法治国家的建设事业具有积极的意义，也是在践行和营造优良的社会公共文化。因此，就社会主义的现代民主法治国家和包括法治文化在内的社会文化的营造建设而言，自媒体有着巨大的发挥正能量的空间。

五、媒体治理的法治化

媒体也是社会的一部分，媒体自身的管理、治理也应该符合公共交往、公共治理的法治化原则。

1. 主流媒体治理。媒体是用来传播文化、传递信息、监督社会的，但媒体也是社会中的一员、一部分，在法治社会、法治国家建设和法治文化营造、传播的过程中，媒体自身也应该遵守国家的法律制度以及其他公序良俗。

[①] 陶东风：《导论》，载蒋述卓、陶东风主编：《大众文化研究：从审美批评到价值观视野》，暨南大学出版社 2015 年版，第 6~7 页。

特别是主流媒体大多属于国家体制或集体名义下的事业单位,除了媒体(机构)在整体上遵纪守法、正当经营以外,媒体的内部治理也应该遵循民主化法治化的原则,使媒体人自身全方位地参与到法治国家、法治社会和法治文化建设的每一个方面、每一个环节,规范媒体经营行为的同时,以媒体内部的法治化实践强化媒体人的法治理念、法治意识,并将这种理念意识贯穿、渗透在自己的工作中,通过向社会生产、传播的优秀文化产品,传递、弘扬公共治理、公共交往法治化的法治文化意识和信念。

2. 自媒体的管理。自媒体尽管有存在的正当性和正面价值,但它天然存在很多短板和缺陷,因此,也要加强对自媒体的依法管理,使自媒体人严肃使用自己的权利和工具,尤其是要让自媒体充分意识到"文责自负"的责任、义务,特别是在涉及社会公共事件、重大社会问题以及与社会的公平正义等问题关联的信息、事件上,要有高度的理性和责任意识,尽量避免虚假信息、不良信息轻率传播而给社会带来危害、触犯法律或损害社会公序良俗的事情的发生。

在自媒体这种新生媒体大量涌出的当下,网络世界充斥大量垃圾和有害信息的状况或许一时还难以避免,但应该通过重大、典型的新媒体事件的法治化处理来增强全社会的自媒体责任意识和法治素养,以期逐步净化媒体世界,促进自媒体和主流媒体一道为丰富社会的文化生活、畅通社会的信息、监督社会治理过程、关怀全体社会成员的权利福祉、维护社会的公序良俗,推进社会主义的现代民主法治国家和法治文化建设发挥积极作用。

思考题:

1. 说说社会、文化、传播三者的关系。
2. 怎么理解麦克卢汉提出的"媒介即讯息"?这对法治文化建设有什么启发?
3. 媒介或媒体可以从哪些方面促进法治文化建设?
4. 自媒体时代的文化传播有什么特点?自媒体时代如何传播、建设法治文化?
5. 举例说明媒体在涉法社会事件的新闻报道中应该如何正确发挥作用。
6. 结合主流媒体和自媒体的特点谈谈如何治理媒体。

参考文献与推荐阅读:

1. 张国良主编:《20世纪传播学经典文本》,复旦大学出版社2003年版。

2. ［加］马歇尔·麦克卢汉：《理解媒介——论人的延伸》，何道宽译，商务印书馆 2000 年版。

3. ［丹麦］施蒂格·夏瓦：《文化与社会的媒介化》，刘君等译，复旦大学出版社 2021 年版。

第二节　法治文学与民族叙事

文学艺术与法律等精神生产与人的物质活动和交往、语言密切相关。马克思指出："思想、观念、意识的生产最初是直接与人们的物质活动，与人们的物质交往，与现实生活的语言交织在一起的。人们的想象、思维、精神交往在这里还是人们物质行动的直接产物。表现在某一民族的政治、法律、道德、宗教、形而上学等的语言中的精神生产也是这样。"① 恩格斯通过对巴尔扎克《人间喜剧》等小说的分析肯定了文艺作品呈现社会问题的作用，但他不是将两者简单并列，而是深谙文艺之道，告诉人们文艺和社会和现实之间不是简单的"反映"，而是要有文艺的自然流露。

文学或文艺与法治的关系，在法学研究中属于"法律与文学"运动而衍生出来的一种法社会学研究方法，区别于法教义学。这一运动细分为"文学中的法律""作为文学的法律""通过文学的法律"以及"有关文学的法律"四类。虽然有学者在涉及文学文本时态度审慎，对文学审美有所关注，但是不可否认的是，文学多作为某种工具和案例，用以说明或补充法治的某些问题。应摆脱单一的法律与文学运动的束缚，从两者多元互动关系中确立交叉学科的主体特性与关系意识，创建中国特色的文法观念与理论体系。

一、文化语境下的文与法

（一）文与法

文与法之关系，既是一个古老的话题也是在现代人的学术关照下的新问题。中国传统语境下两者多融会贯通，又分别牵连出礼、律、乐等相关概念。从传统国家治理而言，文法吏是历史悠久的官吏素养模式；从文化层面而言，法延伸至礼乐文化，理解法才可更好理解礼，换言之亦然。钱穆便认为尚文便是尚法。

---

① 中共中央马克思恩格斯列宁斯大林著作编译局编译：《马克思恩格斯文集》（第一卷），人民出版社 2009 年版，第 524 页。

周代崇尚文，朝见盟会、礼节祭祀等均属于广义上"文"的范畴，而这些"文"与"礼"密切相关，其中的规则法度亦称为"法"。在此意义上，文、法、礼气脉贯通，不可强分。另外，体现文法密切关系的则有所谓"文法吏"，之所以如此称谓乃缘于"法之必流于文，文之必成于法"。秦汉时期熟悉律法、善于文辞的官员可统称为文法吏，此种吏与宋元以后的法曹或小吏不同，其地位可以很高。秦汉时期与"文法吏"相对的是"儒士"。时人较为重视文法吏，儒士则因其缺乏实际经验而"不能任剧"，不为朝廷重视。王充《论衡》中对此有详细的论述。

与"文"密切相关的"士""史"在后世多与儒家知识分子关联，然从其起源观之，士与史官、讼官乃至巫师均有渊源。从士师到史官、狱吏经历了漫长的流变。百官职司与"法吏"渊源深厚，上古的法吏为士师，士师审理诉讼事务，而记录诉讼文辞的则是史。明白上述关联亦可进一步佐证和解释《论语》中"质胜文则野，文胜质则史"中"史"的含义了。史与文相通，有重文辞书写之意。

文法结合，既重视文辞书写也强调法度条例。实际上，此处的文不仅仅是文章修辞和书写能力，还具有公平处理和情感适度之意，颇有现代法治中形式法治与实质法治结合的意涵。《汉书》记载对文吏的要求是关乎民之养育、判决之公平，此为较高的标准；另外，一些官吏"案其狱皆文致不可得反。"[①]"文致"则说明已经达到一种境界，文辞雅致、法典适用无可挑剔的地步。其中似也暗含如下意味：即使对判决不服也无可奈何，因为文案细致文法缜密，从程序上无法挑剔。这种"文致"已经临界滥用法典的边缘，如果再进一步则是"文深"，接近酷吏酷刑了。

《宋史》记载"宋之中叶，文学法理，咸精其能。"这里对文与法的关系更为明确。纵观天水一朝，虽无文法吏，但是重视文学，文教斐然。加之熙宁变法在科举考试中强调"明法科"与实用文体，所以朝野文人多精通文与法。苏轼应举文章《刑赏忠厚之至论》以卓越文采和逻辑思路探讨刑法问题，一时为时人所重。宋神宗时期轰动朝野的"阿云案"文献，更对廷臣的文学法律之精深有所认识。阿云为山东登州普通民女，深夜潜至未婚夫处杀夫而致其夫手指被砍，事后被官府捉拿鞫讯。初审判定阿云死刑，知府许遵在复核时认定死刑不符，应减刑。此事上报大理寺，因朝中大员观点不同而引起轩然大波，经年争论

---

① 班固：《汉书》，中华书局2011年版，第3669页。

不断。其中颇值得注意的是双方的辩驳文章。翰林学士吕从立法原意进行分析，司马光则从礼与刑的关系进行论述。虽然王安石一派主张轻判（免死），司马光一派主张重判（死刑），但是文章中双方对法律程序与法治精神的细致分析都文法兼重、文质具存。

（二）文艺的功能："诗教"与"载道"

中国传统文士尤其儒家非常重视文学艺术的社会作用，孔子"兴观群怨"中的"群"和"怨"涉及群体关系和现实书写，自然也涵盖社会秩序与法治规则在内。《毛诗序》更是进一步指出："主文而谲谏，言之者无罪……国史明乎得失之迹，伤人伦之废，哀刑政之苛，吟咏情性，以风其上，达于事变而怀其旧俗也"。① 文学对于社会、法律、制度之批评由是涵摄于悠远的"诗教"传统之中。杜甫、苏轼诗文中对制度赋税、变法弊端的书写便是典型。

文与法之上，有更为根本的规则与范畴，这便是道或德。法可以因时代而变化，道则归于一。石介则说得更为明晰："道德，文之本，礼乐，文之饰。孝悌，文之美。教化，文之明。刑政，文之纲。"② 刘勰则从文学的角度对文乃"道之文"做了更专业的分析："文之为德也，大矣；与天地并生者，何哉？……此盖道之文也……《易》曰：鼓天下之动者存乎辞。辞之所以能鼓天下者，乃道之文也。"③ 文辞之所以能鼓动天下，乃在于其背后之"道"。因此，在文与法之上，"道"成为更高位阶的存在。文法存乎道，这是中国传统文化中重要的文化思维方式。因此，即使两者出现不相容或错位，也会在道之统摄下渐渐相融互通。

孔子曰："兴于诗，立于礼，成于乐。"从学习《诗》到成长于礼再到最后以"乐"作为君子的至高境界，在人生教化中，文（《诗》）、法（礼）、律（乐）融会贯通。礼乐一体则使得"乐"与法尤其是"律"关系密切。清人王明德详细论述律与乐之关系："刑律之名何仿乎？舜典曰：同律度衡量。孟子曰：师旷之聪，不以六律，不能正五音。是律之为具，乃开物成务，法天乘气所必由，万古圣王不易之轨度也……尝考往古，统乎律为用，惟历与乐，刑则未之前闻。三代而上，勿论已……详考其以律者，历、乐之外，惟刑而已。历以象天，征乎地。地者，气之钟也。乐以导和，征乎言，言者，心之声也。刑以平情，征乎心，心者，人之主，

---

① （汉）毛亨传、郑玄笺、（唐）孔颖达疏、陆德明音释：《毛诗注疏》，上海古籍出版社2013年版，第18~19页。
② （宋）石介：《徂徕石先生文集》，中华书局1984年版，第412~413页。
③ （南朝梁）刘勰：《文心雕龙》，上海古籍出版2015年版，第3~4页。

世之极，天之道也……正刑则必以心……道德仁义赖以大著于天下。"①

从柏拉图到贺拉斯，西方传统的文法观念有不同的路径。柏拉图在《理想国》中认为，诗人与城邦互不兼容。数百年后贺拉斯《诗艺》有更细致的论述。贺拉斯认为，古典诗人颇具智慧，他们可以划分公与私，禁止人们的淫乱行为，制定夫妇之间的礼法，从而"建立邦国，铭法于木"。因此诗人和诗歌都被视作是神圣的，享受荣誉和令名。"铭法于木"更明确谈及了文学与法律的密切关联。贺拉斯对文法关系的认知已较柏拉图发生很大转变，在之后漫长的西方文学史中，从《安提戈涅》中自然法与人定法的矛盾到《李尔王》中家庭亲情与国王法令的违和，再到卡夫卡《审判》中个体生存与法律制度的无形错位，都是更为丰富的审美思考与文学表达。

（三）诗性正义

文与法，在内容上具有人类的生命通感，因此在某种程度上，感性和理性、形式与内涵、情感与规则、个体和秩序是可以包容互生的。在两者无法兼容形成紧张感和张力之际，亦有可能是生命形式的复杂表达，洋溢着秩序外的自由和自由内的秩序的多张面孔。仰望星空和包容情感的法治将与文学携手同行。中国古代判词是兼具文学性与实用性的典范。唐宋以来很多判词除了实用性，其中大量的修辞和韵文形式也是民族诗性的呈现，如白居易《甲乙判》、张鷟《龙筋凤髓判》等。直至明清时期很多官员写作判词时仍兼顾诗韵文体与法治内涵，因此，中国古典判词无论实判或虚判均以独特文体形式生成了一种诗性正义，这种正义是有民族特色与历史传统的地方文化与本土知识。《法国民法典》也曾被视为出色的法国文学著作。不少学者强调文对法的作用和影响，如拉德布鲁赫《法哲学》首次主张通过文艺来认识法律的本质。努斯鲍姆《诗性正义：文学想象与公共生活》则从长篇小说出发探讨诗性正义的问题。从诗与法的某种诗性渊源，再到法的美学形式及两者作为地方性知识的呈现，均可看出它们对正义的多维书写。

二、公案文学：概念与特征

（一）公案的概念

公案是中国传统讲述案件的一种类型。其概念有广义与狭义之分。广义上的

---

① （清）王明德撰：《读律佩觿》，法律出版社2001年版。

公案，包括一切断狱类文献。中国古代对于案件的分析记载上古已有，如汉代董仲舒为配合儒家法典写有《春秋决事》，试图以此确立春秋断狱的典范，其中便有公案的意味。中古之后，文人学士著作的真实案例及侦破过程之书大量涌现，五代的《凝狱集》、宋代的《折狱龟鉴》等。尤其是宋代的《名公书判清明集》一书保存大量判词，其法律书写对后世文学有一定影响；狭义上的公案，是指一种文学类型。作为文学类型的公案是从唐宋开始的。"说公案"在宋代时已经是"小说"的一种，大抵说一些社会日常生活中发生的刑事案件，即所谓"摘奸发覆"洗冤雪枉的故事，如《错斩崔宁》《简贴和尚》等。至元代，公案戏蔚为壮观，明清时期除戏曲外，各种公案小说更加丰富多彩。明代中后期，集中出现了一批以公案为名的短篇小说集，如《廉明公案》《诸司公案》《律条公案》等，这些公案大多包括状词、判词等，因此被称为书判体公案小说。其中不少判词源于讼师秘本，呈现出文学与法律的密切关系。

（二）"天理"与"人道"：公案文学与民族文化思维

中国文本在亦真亦幻中通过人物符号承载了庶民的文化精神。公案故事在对具体案件的审判中都或多或少融入对天、地、人关系的叙事。这些复杂的关系体系最终又都汇集于"天道"之中。在明代小说集《三言二拍》中这种词汇比比皆是。如"天道何曾负善人"（《陈御史巧勘金钗钿》）、"从来天道有何私"（《腾大尹鬼断家私》）等。作为弱势小民，一旦卷入公案无力昭雪，便会发出呐喊。公案文学中最著名的天地呐喊当属关汉卿创作的元杂剧《窦娥冤》。在明人臧懋循所编《元曲选》中，该剧结尾处共有两句题名。第一句为题目："秉鉴持衡廉访法"，第二句为正名："感天动地窦娥冤"。前一句流传并不广泛，而后一句"感天动地窦娥冤"则成为千百年来读者最为接受的故事名称。这其中蕴涵着微妙的民众心理与人文语境。即该剧重点不在对冤案形成的司法分析，而是对生命的理解。可以看到，整个故事是在"天—地"的动态语境下发生的，换句话说，此类故事是对"天理—人道"的戏剧化阐释。窦娥遭受冤狱，观众最爱听的是她在上刑场前的临终绝唱。这里，窦娥不追究具体的司法程序的正义等，而是直接与天地对话。监斩官对她所提的誓愿表示嘲笑，窦娥却坚定地说"你道是天公不可期，人心不可怜，不知皇天也肯从人愿。"天理昭昭，坏人最终伏法，伤天害理之事也将得到公正判决，这成为公案故事的共同模式，也是艺术家与观众在有意无意间共同构建的诗性想象。

天地绝不仅仅是形象个体的简单呼喊，背后有着中国传统哲学的映照与理论预设。《易·系辞》曰"易之为书也,广大悉备。有天道焉,有人道焉,有地道焉。"《易·说卦》云"昔者圣人之作易也,幽赞于神明而生蓍,参天两地而倚数,观变于阴阳而立卦,发挥于刚柔而生爻,和顺于道德而理于义,穷理尽性,以至于命"。人道是天道的实践性显现,天道是人道的终极参照。它们互为区别又被放置于一种总括性的规律之下。天道乃是自然运行之道,更是人世秩序之道。汉代董仲舒将天道与阴阳作了进一步的结合:"王者欲有所为,宜求端于天。天道之大者在阴阳。阳为德,阴为刑,刑主杀而德主生。是故阳常居大夏,而以生育养长为事,阴常居大冬,而积于空虚不用之处……天使阳出布于上而主岁功,使阴入伏于下而时出佐阴;阳不得阴之助,亦不能独成岁。"① 天道与阴阳、刑律处于相互感应的圆融体系之中。这些早期的本土化哲理阐释充满神秘的感性色彩,同时蕴含着严肃的理性风范。②

在中国传统文学中,天道或天理常常彰显于叙事性脉络之中。天地成为公案故事的参照系统与终极的价值预设。在各种人间现象中,法律题材尤其不平之案似乎最能彰显天地之理。某种意义上,法律就是天理的呈现。从另一个角度说,公案故事能在瞬间的叙事张力之下,显现出个体的生命叹息,这正是民众所熟悉并认可的人生哲理。

人鬼之间实为道德秩序的营构,组成了别开生面的"象征法庭"。象征法庭虽无实在政权,却能从权利美学的角度,制造出一个令人敬畏的象征力量。通过承认阴间的实在,促使人们对来生产生恐惧,对今生的行为保持警惕,由此实现社会道德秩序的营造。③ 明初祭文云:"普天之下,后土之上,无不有人,无不有鬼神。人鬼之道,幽明虽殊,其理则一。"通过造就"阴阳关系",来造就维持上下关系的"法"。所谓"人间私语,天闻若雷。暗室亏心,神目如电"。对于天理的构建,中国戏曲会以感性形象呈现。主要包括梦、鬼神等戏剧性因子。这些偶然之梦、神鬼之术既是情节的转捩点,也是天人的契合点。这种神鬼之风多少带有上古神判的遗风。暂时的法律缺席并不会造成侥幸,在鬼使神差之下恶人终会落入法网。

这些偶然性、感性因素可看做"天道"的象征,它既是人道努力的结果,又是天意的呈现。因为它远离现实世界,所以反而能作为人类的一种高远的理想

---

① (汉)班固撰:《汉书》(董仲舒传第二十六),岳麓出版社2008年版,第957页。
② 这种参照绝不仅仅是虚无感性的存在。子产将人道与天道区别开来,提出"天道远,人道迩,非所及也,何以知之?"张晋藩先生认为,天人合一仍是理性的思维,不是宗教的羁绊。
③ 朱晓阳、侯猛编:《法律与人类学:中国读本》,北京大学出版社2008年版。

与精神。它既是传统社会的虚化秩序,又是普通民众的可感精神与民俗生活。创作者的自我思考造就了敏感的情愫与反思。

三、公案文学与法治表达

文学中的秩序建构与法律想象是在社会民众与风俗等"地方性知识"的浸润下形成的,呈现出民族的审美特质与民间的道德进路。在传统的叙事性文学中,法律不仅仅是一种题材背景,更是众声喧哗的社会性想象。具体而言,大致包括以下几方面的法治想象空间:

1. 道德层面的法治想象。民众对文艺的法律想象既是严肃的,也是轻松的,尤其在不涉及刑事案件的民间诉讼案中。明代小说集《醒世恒言》卷八《乔太守乱点鸳鸯谱》描述了一桩错综复杂的婚姻公案。在"礼义"的掩护之下,判书蕴含的是人性之灵动。法顺人情,冲淡了法律的严酷外貌,更便于法律的推行。法与情两全,使亲情义务与法律义务相协调,更能发挥明刑弼教的作用,①呈现出道德层面下法律的宽松与灵动。

在传统文学尤其是公案故事中,包公是最具道德示范性的法律想象。在恶人最终得到惩罚的过程中,以包公为代表的清官遵循的不是严密的法律程序,而是在各种看似荒诞的叙述中体现庶民道德,正所谓"律意虽远,人情可推。"包公不是一般意义的神探,而是让人敬仰的清官,具有民间立法的执行符号的意义。民众对包公的推崇不仅仅是他有超凡的断案能力,更深层的原因在于他与权贵抗衡的政治智慧与道德勇气。故事中"权豪势要"一上场便颐指气使,杀人如草芥。包公总能在合适的时候出现,将权贵们绳之以法,可以说满足了一般民众对优秀官员的道德预设。在所有犯罪案件中,权贵的案件总能激发民众无限的法治期盼。包公形象及其断案情节已经经过长期民间积淀,成为中国的一种文化基因与司法情结了。

与包公相比,另一些审判者更显示出底层官员的"胆"与"识"。如《魔合罗》中的张鼎。张鼎只是个六案都孔目,是吏而非官。确切地说,仅是地方法官的助手。他不仅要与凶手周旋,还要和昏庸的上级、贪婪的同僚暗斗。他自告奋勇为冤者洗清罪名,又有上级的种种限制("奉相公台旨,与我三日假限,若问成呵,有赏;问不成呵,教我替刘玉娘偿命")。在《魔合罗》中,他为此而矛盾重重。最终经过心理斗争,用自己的胆与识冲破重重迷雾,破案成功。总之,

---

① 张晋藩:《中华法制文明论纲》,载《中国政法大学学报》2007年第2期。

这两个人物形象，无论是有"智"还是有"识"，都体现了市井细民的法律想象。

  2. 技术层面与程序层面的法治表达。除了道德层面的法治期盼，公案文学还十分擅长对法治细节的讲述。明代小说《二刻拍案惊奇》"迟取券毛烈赖原钱·失还魂牙僧索剩命"故事中知县就说："就是银子有的，当官只凭文券；既没有文券，做甚么断还得你？"这种对"文券"的重视成就了技术层面的法律想象。大量故事围绕证据展开情节。如刘推事设柜藏吏智赚供词（《警世通言·玉堂春落难逢夫》）、包龙图智赚合同文（《拍案惊奇》"张员外义抚螟蛉子·包龙图智赚合同文"）等。从现存的公案戏看，多数戏能借用一个小小的物件（一首词、金凤钗、祖传珍宝、头巾、泥塑、一纸合同）展开错综复杂的破案故事，小物件不再仅仅是原本意义上的日常用品，成为深化故事的关键，起到了以小见大的作用。

  物件的出现标志着公案戏由案情以外的故事向破案过程本身的转移。东西虽小，却能推动案情的大发展。元杂剧中的意象（小物件）并非仅仅起了引出凶手的作用，而且它标志着中国公案故事的发展成熟。一些剧作家如郑廷玉、孟汉卿，他们汲取前辈作家的精华，大胆而精细地安排物件来贯穿故事，使情节生动而有序，以物件为中心向四周辐射，显现出公案戏的自身特点。可以说，物件的使用标志着公案戏的成熟与独特魅力。元杂剧《魔合罗》不再仅仅描绘受冤者的愤与悲，而是展示了破案过程的层层推进，尤其展示了破案者的精明的推断过程。《魔合罗》中主审官张鼎问案后提出几点疑问，然后以"魔合罗"为突破口，找出凶手。这里的审判官不再像关汉卿《绯衣梦》中的钱大尹那样平庸无能，只依靠神灵授梦来解决问题。张鼎则完全依靠自己的才干、较强的推理能力来侦破凶案。可见，小小物件还能衬托出人物的鲜明性格。

  晚明讼师秘本《新刻法家须知附奇状集》《大明律例致君奇术》中存有两类公案小说，即奇状类公案小说和包公类小说，上述小说文本与法律文本形成独特的对应式关系，互为生发。除讼师文本中附录的小说外，更有大量的专门公案小说如《廉明公案》等不断出现，这些专门的公案小说集，学界称其为"书判体公案小说"。它们大都以较为严谨的程序呈现出案件审理的实际情况。大量案件都是官员详细鞫讯、多方询干证、证据确凿后才得以结案。中国古代法律重口供，大多需要被告心服口服，供出实情。公案小说中的大量案件均为"依律取供"，证据确凿后再"拟罪如律"，可以说拥有一整套较为完备的审案和结案程序。此类公案中很多案件因证据不足而成"疑案"，很好地诠释了"罪疑从轻"的审慎法律态度，也是对证据与律法的尊重。

表 5-1　书判体公案小说中的法律书写举例

法律意识	小说与具体篇目
证据意识	《廉明公案》"汪太府捕剪镣贼"《诸司公案》"许大巡问得真尸"
心理较量	《廉明公案》"汪太府捕剪镣贼"《诸司公案》"许太府计获全盗"
疑狱从轻	《诸司公案》"赵知府梦猿洗冤"《诸司公案》"边郎中判获逃妇"《诸司公案》"曾大巡判雪二冤"

3. 道技之间的另类法治形象。腾大尹（《喻世明言》中的名篇《腾大尹鬼断家私》）不是中国文学中最具知名度的法官，却是最有开放性的法官形象之一。他既不是理想的司法偶像，也不是毫无能力的腐吏。他具备了一个合格法官的基本素质，也充满了人性的弱点。腾大尹成为在道德与技术之间游走的人类生存状态的一种想象。

上述诸种法律想象既贴合民众心理，也传递出民间文艺的审美惯性。公案戏曲本属口头表演艺术，公案小说与中国民间口头艺术——"说话"有着密切的关联。这些都使公案故事不仅仅是文人的书斋之作，而是民众性消费艺术。在长期发展中逐渐形成了固定的题材类型，每一种类型都有固定的叙述套路。这样既便于师徒之间的口耳相授，也便于形成固定的审美习惯。

不可否认，我们看到的常常是重复性的人物形象、借用梦来破案的"荒唐"叙述。很多地方经不起法理的严格推敲。不过，这些作品很多都是舞台表演而非书斋之作，某种意义上顺应了观众的接受心理。模式化的情节与人物便于戏曲听众、小说读者及时辨清真假、理出头绪。同时，叙述中偶然"逸出"的情节也使观众在欣赏过程中从道德规训中偶尔"挣脱"出来，享受暂时"颠倒"的乐趣（如化妆私访）。檀板轻敲、歌喉初启，一段段熟悉而新奇的故事汩汩而出。在起承转合、如斯响应的过程中，承载了民众的喧嚣与期盼。

四、公案文学的近现代转型

从晚清的公案小说到民国时期流行甚广的评书作品，再到 20 世纪后期大众影视中收视率极高的《包青天》《神探狄仁杰》《大宋提刑官》等，其故事讲述媒介有所变化，而不变的是大众对律法清明与正义的期许。这些都是西方侦探文学无法完全满足的情感需求与民族文化形式。

中国公案文学至晚清呈现多元流传的生存态势：文人视野下公案小说的启蒙姿态、大众视野下公案类唱本的坊间姿态及表演视野下公案评话的艺术姿态。启蒙姿态使得公案提升了文学地位,纳入文学近代化的话语中;坊间姿态则使公案说唱唱本大量畅销,既有近代商业痕迹,也彰显民间大众的阅读趣味与情感企盼;而艺术姿态则将公案故事进行"口头"表演,极具听觉魅力与民族风范。可以说小说、唱本、评话等公案形态互相激发,题材互鉴,曲曲相生。这种亲密关系造就了公案文学独特的文体风范与人文内涵。

近代文本中的一些案件涉及民间琐碎生活,且缺乏可靠证据,审理起来十分困难,对此"西国之侦探名家"可能会束手无策,而中国的断案名公则会以巧妙方式获取当事人证据。这正是民族断案故事的独特魅力所在。睽诸内容,这种在中西物象差异中对本土文化的重新认定与反思已颇有现代性意涵。荷兰汉学家高罗佩痴迷中国传统公案,为公案文学在西方的误传与遭贬低而鸣不平。学者沃尔特·翁在论述口语文化时将中国的公案小说与西方侦探小说做了有趣的对比,他提到,中国公案小说成熟于18世纪和19世纪,在叙事材料上和爱伦坡相似,但没有产生爱伦坡那样分明的高潮,而是在行文中夹杂"冗长的诗歌、离题的哲理议论"。这也道出了公案与侦探的各自生存秘籍,亦是侦探文学在中国风行多年而民间公案文学仍然深受欢迎的深层心理原因,即侦探文学形成"叙事的内部转向",属于典型的书面作品;而中国公案则因其深远的"评书"式表演风格,而常常外化于口语及动作,属于口语范式的外显式叙述。因此虽然不如侦探注重推理,却有无法抗拒的语言魅力,在阅读中会传递出鲜活的文化记忆。

"公案"情节成为民族的文化密码。20世纪末影视剧中流行的案件叙述模式不仅仅是福尔摩斯式的个人侦探作品,而仍留有传统公案的叙述痕迹。从《少年包青天》到《大宋提刑官》再到《神探狄仁杰》,这些大众传媒下的电视剧虽然是按照文化工业流水线生产出的当代影像,它们增加了当代的文化想象与流行趣味,却与本土传统公案文学有着密切的渊源关系。《少年包青天》牵扯出清官与民间侠客的无数关联;《大宋提刑官》深入探讨了宋代高级刑侦官员与官场游戏规则之间的微妙关系与无奈抉择;《神探》则是在大唐狄公每一次细致探案的背后都有一名归顺朝廷的前江湖高手——李元方的衷心相助。"侠客协助"下的"缜密推理"已成为传统文化符号的当代影像化表达,呈现出民族文化心理的延续与变化,因此它会以某种形式纳入大的文化体系与民族话语体系之中。

思考题:

1. 谈谈对文学与法律关系的理解。
2. 如何理解传统文化中的"文"与"法"?

3. 以公案小说作品为例，分析其中的人物塑造与法治意识。

参考文献与推荐阅读：

1. 张晋藩：《中华法制文明论纲》，载《中国政法大学学报》2007年第2期。
2. 刘世德、陈庆浩、石昌渝主编：《古本小说丛刊》（第六辑），中华书局1990年版。
3. 杨伯峻译注：《论语译注》，中华书局2017年版。
4. 中国社会科学院文学研究所编：《箫韶九成——〈古本戏曲丛刊〉编纂纪程》，国家图书馆出版社2021年版。
5. 崔蕴华：《人文语境与法律想象：中国公案文学新论》，载《社会科学论坛》2011年第9期。
6. 崔蕴华：《稀见晚明公案小说及其与法律文本关系研究》，载《文学评论》2024年第4期。

第三节　法治影视与文艺塑造

相比中国法治文化和法治文学，法治影视研究成果相对较少，一是因为中国法治影视经典作品有限，研究基础缺乏；二是因为作为法治和影视的跨学科研究，难度甚大。下面梳理法治影视的内涵、分类、特性、问题及作用。

一、什么是法治影视

（一）法律影视、法制影视、法治影视概念辨析

涉法影视尚未有统一的权威命名，主要有法律影视、法制影视、法治影视三个名称，要分清其异同，实际上就是区分法律、法制和法治三个概念。

法律是国家制定或认可的，由国家强制力保证实施的，以规定当事人权利和义务为内容的具有普遍约束力的社会规范。法律影视，区别于政治影视、军事影视、金融影视等，就是以法律为题材的影视，其源远流长、包罗万象，如《难夫难妻》（1913）、《孤儿救祖记》（1923）、《肉券》（1927）等。

法制就是法律的制度和体系。如果说法律是一条条的线，那么法制就是法律线所织成的网，法制是法律发展到一定阶段的结果。中华人民共和国成立以后，法律工作的重点是加快立法，以便有法可依。1978年十一届三中全会提出了"加强社会主义法制"的号召，其十六字方针是"有法可依、有法必依、执法必

严、违法必究"。到 2011 年,中国特色社会主义法律体系基本形成,所以严格意义上的法制影视,是从十一届三中全会之后加强社会主义法制建设的背景下出现的,如《法庭内外》(1980)、《戴手铐的旅客》(1980)、《少年犯》(1985)等。

法治,是与人治、礼治、德治等对应的词汇,主张依据法律治理社会,以实现社会的公平和正义。法制是法治的基础和前提,法治是法制的目标和理想。而法治影视,就是探讨法律至上、依法治国、公平正义等理念的影视,可能涉及法律规范和法制建设,但重点是探讨在实现中国特色社会主义法治的路途中,法治与传统人治、习俗等的矛盾冲突。1997 年十五大提出了"依法治国"的理念;2012 年十八大提出"全面推进依法治国";2018 年十三届全国人大会议上"健全社会主义法制"被修改为"健全社会主义法治","法制影视"也相应地被"法治影视"的概念所代替。

总之,法律影视、法制影视和法治影视在时间上是先后出现的,在范围上是依次变窄的。法治影视是"法律影视"和"法制影视"发展到一定阶段的结果,是法治文化成熟的一个重要标志。

(二)法治影视的内涵及标准

法治影视有广义和狭义两层含义,狭义上是指影视中的法治,指通过严肃反映法律事件,塑造法律人形象,探讨法治理念,比较中西法治文化,剖析法治与政治、经济、风俗等的关系,进行普法宣传,推动法治建设,实现全面依法治国目标的影视作品;广义上的法治影视除了包括狭义内容之外,还包括关于影视的法制体系建设和法治管理实践,前者指有关影视的法律体系,如《中华人民共和国著作权法》(2020 修正)、《电影管理条例》(2001)、《广播影视节(展)及节目交流活动管理规定》(2016 修正)、《中华人民共和国电影产业促进法》(2016)(以下简称《电影产业促进法》)等。后者指影视在制作、发行、放映、进出口过程中的依法管理,如"五个一工程奖""华表奖""两为方针""双百方针"等。本节的重点是法治影视的狭义概念,其三个标准如下:

第一,以法律事件的严肃认真反映为主旨而非仅以其为工具。法律事件由于其强烈的矛盾冲突性而成为影视的关注重点,但是很多影视作品只是以其为噱头来吸引流量,而非严肃认真地反映法律事件的全貌和真相来探讨其背后的法治文化意义,这样的影视不能被称为法治影视。

推理小说分成本格派和社会派,前者重在案件设计,如柯南道尔的福尔摩斯系列,后者重在案件背后动机,如东野圭吾的《白夜行》(2011)。但是本格派小说改编的影视，因为案件只是悬疑推理的工具，没有以此来探讨法治理念，所以非法治影视。而根据社会派改编的影视中，案件结束的时候却是读者对法治思考的开始，是典型的法治影视。比如《密室之不可告人》（2010）虽然叙述了密室杀人的法律事件，但是密室杀人只是逻辑推理的一个工具，所以只是法律题材影视而非法治影视。《东方快车谋杀案》（2017）却是通过快车谋杀这一法律事件，严肃地探讨了正义和法律的关系，引人深思，就是一部经典的法治影视。

第二，以法治理念的深刻探讨为目的而非仅以其为旗号。有些影视作品中即使法律人或者法律事件没有出现或者比例较少，如果深刻地探索了法治理念，也是法治影视，如《被告山杠爷》（1994），因为探讨了人治和法治的重大主题，所以是一部经典的法治影视。相反，很多电影虽然是反映了法律事件，也塑造了众多法律人形象，但是并没有认真探索法治理念，故不能被称为法治影视，像建国初期的很多反特电影和侦探电影，如《虎穴追踪》（1956）、《羊城暗哨》（1957）、《永不消失的电波》（1958）都不能算严格意义上的法治影视。

第三，以法律人物的塑造为中心而非仅以其为点缀。法治影视的一个重要特征就是塑造法律人形象，如《激情辩护》（1997）、《任长霞》（2005）、《真水无香》（2006）、《女检察官》（2007）、《第二十条》（2024）等，这些都是以法律人塑造为中心的电影。但如果是以警察、法官、检察官、律师等法律人为点缀的，只能称为"有法律人的电影"。

法治影视和影视的法治视角研究是不同的，电影大都可从法律视角进行研究，如《火烧红莲寺》（1928）和《小城之春》（1948），前者作为中国第一部武侠片，从1928年第一部开始，短短几年拍了十几部，以至于当时的南京国民政府在1930年出台了《电影检查法》，所以可以从影视检查制度的视角研究此部电影。《小城之春》是1948年费穆导演的散文化电影，主要讲述了南方小城里的周玉纹和戴礼言、章志忱之间的三角感情纠葛，表达了"以理节欲"的主题，所以可以以此来探讨德治和法治的社会关系，但从影片本体上看两者都不是法治影视。

二、法治影视的分类

法治影视按照不同的标准有不同的分类，最基本的分类就是按照名称分为法治电影和法治电视剧。一般来说，电影主要在电影院，而电视剧主要在电视上播放。但是随着电视技术的发展，也可以在电视上看电影。随着新媒体的发展，电影和电视都可以在网络上放映。网络电影，粗略分为网络大电影（60分钟以上)、微电影(30~60分钟)和短视频(5~30分钟)、微视频(5分钟以下)。2021年4月,中共中央办公厅、国务院办公厅印发《关于加强社会主义法治文化建设的意见》,提出要繁荣发展社会主义法治文艺,组织开展法治动漫微视频征集展播活动。所以抖音、快手、小红书等新媒体,为法治微视频的发展提供了新的平台。

按照创作目的,可分为主旋律片、商业片、文艺片。主旋律片的法治影视,主要是为了传播正能量和法治理念,因其官方背景,在制作、发行和放映上都具有相对优势。司法部、公安部、最高人民法院、最高人民检察院等都成立了影视中心,就是为了通过法治影视进行普法宣传,从而促进社会主义法治文化的健康繁荣发展。而商业片的法治影视,主要是以市场为导向和以盈利为目的,如《全民目击》(2013)、《亲爱的》(2014)、《失孤》(2015)、《我不是药神》(2018)等,都取得了优异的票房成绩。而文艺片的法治影视,其目的主要是追求艺术性,创作者希望通过影视形式来表达自己对法治和社会等的观点,或者引起疗救的注意,或者批判某种社会现象,如《天狗》(2006)、《白日焰火》(2014)等。但是这三类影视不是截然分开的,三种类型的法治影视融合发展、百花齐放、百家争鸣是一种理想状态。

按照影视塑造的角色职业,可以分为法官影视、检察官影视、公安影视、律师影视、当事人影视。法官影视如《暴风法庭》(2002)、《马背上的法庭》(2006)、《小镇大法官》(2013)、《中国式法庭》(2015)等。而检察官影视,有《检察官》(1981)、《国家公诉》(2003)、《女检察官》(2007)、《馨海蝶》(2012)等。公安影视,因其戏剧性和刺激性,占据了法治影视的大半江山,如《刑侦风云》(1994)、《永不瞑目》(2000)、《黑冰》(2001)、《人证》(2003)、《重案六组》(2001-2010)、《水落石出》(2001-2013)、《狂飙》(2023)。律师影视,最近呈现快速发展的态势,如《律政佳人》(2004-2006)、《婚姻诉讼》(2007)、《金牌律师》(2014)、《精英律师》(2019)、《玫瑰之战》(2022)等。当事人影视,包括原告、被告或者嫌疑人等,如《秋菊打官司》(1992)、《被告山杠爷》(1994)、《烈日灼心》(2015)、《嫌疑人X的献身》(2017)等。

三、法治影视的特性

法治影视,首先具有影视的一般属性,其次具有法治影视的独特属性。

(一)教化性

法治影视相比商业片的娱乐性,更注重教化性。法治影视作为影视的一种类型，具有寓教于乐的教化功能，这也是影视的最基本的功能之一。在中国早期电影中，第一部引起轰动的长故事片《孤儿救祖记》其关注社会问题，教化世道人心，从而救祖救市。法治影视目的就是宣扬社会主义法治理念，促进全面依法治国方略的实施。"文章合为时而著，歌诗合为事而作。"习近平总书记2014年《在文艺工作座谈会上的讲话》中就强调，要坚持以人民为中心的创作导向，创作更多无愧于时代的优秀作品。《法庭内外》、《邹碧华》（2017）、《人民的名义》（2017），这些主旋律的法治影视就是其中的代表作。

正是因为其教化性，所以中国电影有着严格的审查制度，2017年施行的《电影产业促进法》规定："法人、其他组织应当将其摄制完成的电影送国务院电影主管部门或者省、自治区、直辖市人民政府电影主管部门审查。"而"涉及重大题材或者国家安全、外交、民族、宗教、军事等方面题材的，应当按照国家有关规定将电影剧本报送审查。"影视剧要满足社会主义核心价值观才能公开放映，这就不同于电影的分级制度，所以很多艺术上优秀的影视作品，或者因为负能量，或者因为敏感话题而未能全片或准时公开放映。因为相比起关注经济利益的娱乐影视，法治影视更加注重社会价值，所以不能以单纯盈利为主要目的，更不能以低俗场景来迎合低级趣味，而应该肩负起宣传法治文化正能量的引导作用。

法治影视作为社会主义文化的重要组成部分，也不能因为弘扬道德而削减法治，更不能因为审查制度而一管就"死"，应该强调依法治国和以德治国、管理规制和百花齐放的辩证统一。

（二）纪实性

相比艺术的假定性，法治影视更注重纪实性。艺术具有异于现实的假定性，它是虚拟的、想象的，在戏剧中就有"三五步走遍天下，七八人百万雄兵。"而影视更是蒙太奇的艺术，通过镜头的剪辑和组合，可以创造假定的真实。如2个小时左右的《焦裕禄》（1990）、《我的父亲焦裕禄》（2021）等传记片，就刻画主人公为民服务的丰富多彩的一生。《战舰波将金号》（1925）中大众的愤怒和觉醒，也可以通过几个狮子镜头的隐喻组合得到形象表达。希区柯克的《精神病患者》（1960）的女主角被杀，45秒内就有二十几个镜头，导演通过交叉蒙太奇充分传达了女主的惊悚感。

但相比其他类型，法治影视更注重纪实性。中国20世纪30年代具有世界水准的电影《马路天使》（1937），要比《偷自行车的人》（1948）等意大利新现实主义电影早十几年。而《秋菊打官司》之所以能够取得成功，一个最重要的原因就在于其纪实性。张艺谋导演利用偷拍和直线叙事，塑造了一个地地道道的农村妇女秋菊的形象，虽然不是取材于真实案件，但是由于张艺谋在影片中对于纪实美学的追求，其艺术真实超越了生活真实，成为了一个时代的电影经典。从《秋菊打官司》，到《被告山杠爷》《马背上的法庭》等优秀的法治电影，无不采用纪实主义美学风格，而像《全民目击》《误杀》等，虽然都是优秀电影作品，但是因为过于强调蒙太奇，故事性和娱乐性加强，很难给观众和学界留下关于法治的深刻思考和热烈讨论。而像周星驰的《审死官》（1992）、《九品芝麻官》（1994），因为无厘头而削弱了其批判性。相比动作片、恐怖片等蒙太奇手法的广泛运用，法治影视因为纪实性的特性而倾向长镜头，甚至一镜到底。虽不等同于真实事件，但是舒缓自然的长镜头增强了生活真实感，在此基础上可以增强观众对于现实和法治的思索。除了长镜头，在拍摄、表演、化妆、灯光、布景等方面也都追求纪实性。

（三）形象性

相比法治新闻的说理性，法治影视更注重形象性。法治新闻更多的是通过法治事件的报道，剖析其中的法理，所以更具有说理性。而法治影视却是通过典型人物形象的塑造，来传播法治理念，所以法治影视作为艺术的一种，更多的是通过人物形象来感染人，以情动人，如秋菊、山杠爷、程勇、谷子地等典型法治人物形象。

法治影视人物形象的塑造应注重真实性原则，而不应一味拔高，否则就因不真实而缺少了感染力，如《金光大道》中的高大泉。众多法治人物成为我们的榜样，如公安局长任长霞、法官邹碧华、检察官白洁等，这些主旋律的电影鼓舞了观众。但不那么完美的主人公很多时候更能引起观众的共鸣，如《离开雷锋的日子》（1996）中刘佩琦主演的乔安山，在学习雷锋过程中遇到困难时也曾苦闷彷徨，但正是这种和普通人相似的真情实感，更能引起观众的共情，从而给观众留下了更深刻的印象和思考。

四、法治影视的问题

法治影视中的问题主要体现在三个方面：一是前瞻性的缺乏；二是内容上的媚俗；三是法律知识的不足。

（一）前瞻性的缺乏

法治影视的目的往往以普及为主，以提高为辅，缺乏前瞻性。当历史迈入了

21世纪的门槛，我国的法制大厦也基本竣工，如果说2012年以前的电影重在普及，那么新时代之后的法治影视应该具有前瞻性，力争能在一定程度上起到引导中国法治实践的积极作用。

但是事实相反，中国法治影视总体上是以普及为主，以提高为辅。我们看《秋菊打官司》《被告山杠爷》《马背上的法庭》，都是对法律的宣传和普及工作，反映了这种普及在农村礼法社会的艰难与尴尬的境况。主旋律电影大多是在宣传我国优秀的法官、检察官、警察等法律人形象，也算是法律的推广普及工作。至于电影中的人物敢于突破现有法律的框架，追求一种基于甚至超越当前不完美现实的正义或者公平，像《天狗》《亲爱的》《我不是药神》等少数批判性影视，在中国法治影视中也颇为少见，像揭露性较强的《人民的名义》的放映也曾遭到过干涉。中国法治影视重在普及，轻在提高；重在反映，轻在引导；重在歌颂，轻在批判；批判重在浅层法律事件和法律人物，轻在深层法制制度和法治精神，这些都是中国法治影视的问题。

（二）内容上的媚俗

法治影视的娱乐化是符合电影的一般特性，但是如果为了上座率和票房，仅仅为了抓住观众的眼球就将影片媚俗化甚至庸俗化，就是电影人自身的责任。

在市场化的大潮中，有很多影视打着法治的旗号，制造很多质量粗劣、格调低下、内容庸俗、主题虚无的作品，就是对法治影视的亵渎。法治影视如同法律文学一样，也面临着庸俗化的趋势。《法制日报》1994年的《"法制文学热"之忧》一文指出，目前又一次形成了"法制文学热"，有许多中学生对法制文学作品入痴入迷，令人忧虑，因为这所谓"法制文学"所描写的法制"往往偏重于强奸、凶杀、抢劫等内容，同时辅之以男欢女爱之类的桃色新闻。"本质就是通过色情或者凶杀暴力等内容，以获取市场，如《红问号》（2003）是揭示女性犯罪的纪实涉案剧，一度热播，但由于"制作低劣、格调低下"而在2013年被禁播。

（三）法律知识的不足

由于电影人对于法律内容的轻视，或者自身法律素质不够，导致了很多法治影视中存在着法律知识的错误。徐昕在《影像中的司法》中有专文《〈警花燕子〉中的法律错误——评〈警花燕子〉》对电影的法律错误进行了梳理，获得了法治影视金剑奖的这部电影，在法律上真可谓八不像，律师不像律师，交警不像交警，法官不像法官，律师助理不像律师助理，交警队不像交警队，法庭不像法庭，律师事务所不像律师事务所，诉讼不像诉讼。与其说这是一部法治影视，不如说是一部爱情娱乐片。目前，随着法治影视中专业法律人参与度的提高，其中的法律知识也更加准确，像《第二十条》就有最高检的专业法律人士参与到了编剧和制作过程，从而保证了法律知识的准确。

所以中国的法治影视，一方面要求电影人重视和提升法律素质，另一方面也要求电影人作为知识分子的一部分，应该担当起应负的责任，独立思考电影的价值和意义，不庸俗，不媚俗，真正为中国的电影事业和法律事业增砖添瓦，追求经济效益和社会效益的辩证统一，这样中国的法治影视才有光明的未来。

五、法治影视的作用

（一）塑造法治形象，树立法治榜样

法治影视弘扬社会主义法治主旋律，就是为了中华民族的伟大复兴，在党的领导下团结全国各族人民，大力发扬社会主义、爱国主义和集体主义的精神而共同奋斗。

《马锡五断案》（2019）中主人公掷地有声的话语，如"这案子我要重审。冤假错案，发现一起，就要纠正一起，我们要对得起法律，对得起人民。这样，老百姓才能信法律。"电影塑造了一个让民众心服口服的现代法官形象，深深地影响着中国的法治建设。《黄克功案件》（2014）、《邹碧华》、《人民检察官》（2016）等，就塑造了优秀的公安、法官、检察官等法律人形象，为法治建设树立了榜样、凝聚了法心、铸造了法魂。

（二）宣传法治理念，普及法律知识

全民普法是全面依法治国的长期基础性工作，《中央宣传部、司法部关于开展法治宣传教育的第八个五年规划（2021—2025年）》对推进法治文化阵地建设、繁荣发展社会主义法治文艺提出明确要求，强调要在普法实践中注入文艺力量。而法治影视相比法治文学更具有形象性和代入感，相比法治新闻更具有寓教于乐的独到优势，所以是普法宣传的有效手段。

法治影视重在宣传法治理念，如《法庭内外》的法不容情、《被告山杠爷》的法治大于人治。法治影视在法治文化的宣传中，也将密集的法律知识融入精彩的故事情节之中，达到硬核普法与流行影视的有机融合，如《少年犯》和《你好检察官》。

(三) 反思法治困境，引导法治实践

法治影视除了应该扎根中国现实，如实反映法律事件和塑造法律人物之外，优秀的法治影视还应当反思当前法治困境，以便引导中国的法治实践，这是对法治影视更高层次的要求。

如《秋菊打官司》就反映了法治现代化过程中面对乡土风俗习惯的困境，这也是当今社会所面临的一个重要课题。在新时代如何加强乡村治理，2020年11月，习近平总书记在中央全面依法治国工作会议上强调，坚持和发展新时代"枫桥经验"，促进社会和谐稳定，这从1963年11月20日毛泽东主席批示学习推广"枫桥经验"，已经过去了近60年，可见秋菊的困惑真实地反映了中国的法治困境。而很多法治影视也引导了中国法治的完善，如《亲爱的》上映后引发社会上对拐卖儿童的激烈讨论，之后通过的刑法修正案规定收买拐卖妇女儿童者也一律追究刑事责任。《我不是药神》上映后引发了全民关于高价药品的讨论热潮，随后改变了我国的药品法律，以便普罗大众都能买得起药品。

(四) 批判非法社会现象，搭建民众参与平台

从"一五普法"（1986~1990年）到"八五普法"（2021~2025年），中国民众的法治观念发生了深刻的变化，主人公意识不断增强。法治影视就搭建了民众参与法治文化建设的平台，推动了人民主体地位的深化，服务于未来法治中国建设"三步走"的长远战略，即到2025年中国特色社会主义法治体系初步形成，到2035年法治国家、法治政府、法治社会基本建成。

新中国成立以来，我国社会主义法治经历了初创（1949~1956年）、曲折（1957~1977年）、恢复（1978~1992年）、快速发展（1992~2012年）和全面推进（2012年至今）五个时期。即使在发展和推进期，非法案件也时有发生，而通过法治影视的批判和监督，是实现长远战略的重要路径。如《天狗》就揭露了农村黑社会及其保护伞；而李扬的《盲·道》（2018）则揭露儿童乞讨的非法案件；《人民的名义》也揭露了官场的弄权贪污等腐败现象。这些批判现实主义风格的影片也是社会主义法治建设的一个重要力量。

当今普通民众参与法治建设平台，更多的是通过抖音、快手、B站、小红书等短视频网站，因为短视频时间短、成本低、反应快，所以民众能够对社会热点问题做出及时回应。很多单位组织的法治短视频大赛，一个集体甚至一个人，都可以通过手机等拍摄参与，这相比投资大、周期长的法治大电影，自然大大提高了民众的参与度。

（五）比较中西法治文化，促进文明交流互鉴

文明交流互鉴是推动人类不断进步和世界和平发展的重要动力，而法治影视更有利于法治文化的比较和交流。

通过比较不同文化中相同主题的法治影视，可以窥见中西法治文化的差异。如《纽伦堡审判》（2000）和《东京大审判》（2006）。而同一部法治影视中也反映了中西法治文化的直接碰撞，如《刮痧》（2001）。通过分析外国法治影视，也可以丰富中国的影视创作，如具有重要社会意义的法庭片，因为法庭上的唇枪舌剑和机警应对，有着很强的趣味性和启迪性。这些法庭片不仅有助于了解西方法治文化，也有利于丰富中国的法治影视，如中国最近的法庭片就取得了很大发展，如《激情辩护》《全民目击》《精英律师》《玫瑰之战》等法庭戏就趋向于丰富和专业。

中国法治影视是中国特色社会主义文艺建设的重要方面，因其教化性、纪实性和形象性，虽然存在着媚俗、平庸等缺陷，但是在普法和监督等方面都发挥着重要作用，随着融媒体的出现和全面依法治国的推进，其创作和研究将会呈现蓬勃发展的繁荣态势。

思考题：

1. 如何理解法治影视的内涵和标准？
2. 如何理解中国法治影视的特性？
3. 你觉得中国法治影视存在着什么样的问题？
4. 法治影视具有怎样的社会作用？

参考文献与推荐阅读：

1. 李德顺：《法治文化论——创造理性文明的生活方式》，黑龙江教育出版社2019年版。
2. 苏力：《法律与文学：以中国传统戏剧为材料》，生活·读书·新知三联书店2006年版。
3. 理查德·A. 波斯纳：《法律与文学》，李国庆译，中国政法大学出版社2002年版。
4. 王运生、易孟林主编：《中国法治文化概论》，群众出版社2015年版。
5. 李多钰主编：《中国电影百年：1905～1976》，中国广播电视出版社2005年版。

第四节　新时代中国特色社会主义法治文化
指标体系的理论资源

社会主义法治文化建设既是法治国家、法治政府、法治社会一体建设的重要一环，又具有相对独立性，是社会主义文化建设的必然要求。新时代中国特色社会主义法治指标体系，是衡量法治国家、法治政府、法治社会建设状况的量化标准。为推动中国特色社会主义法治体系建设，与之相适应，需要设计相对独立且系统、完善的新时代中国特色社会主义法治文化指标体系，从而引领社会主义法治文化与法治国家、法治政府、法治社会相适应。

一、新时代中国特色社会主义法治指标体系相关基本范畴

（一）新时代中国特色社会主义法治指标的基本内涵

纵观国内外关于法治评估的指标体系，国际法治评估指标体系以世界银行全球治理指数和世界正义工程的法治指数为代表；国内的法治评估指标体系大多以地方政府、司法机关以及相关部门为评估对象，较典型的有香港法治指数、深圳市法治政府建设指标体系、浙江余杭法治指数、法治昆明综合评价指数、广东省法治政府建设指标体系以及湖北省法治政府建设指标体系等。目前，国内学术界关于国内外法治评估指标体系的研究多以综述性的总结为主。

所谓"法治指数"，或者"法治（评估、评价）指标"，是指在理论和实践的结合意义上建立并运用，对一个国家、地区或者社会的法治状况进行描述和评估的一系列相对客观量化的标准。本节对"法治指数"和"法治指标"未作具体区分，二者混同使用。但是，也有学者将"法治指数"和"法治指标"区分为两个概念范畴："法治指标，是为了评估的需要，对评估的内容或者要素所做的进一步解释，如将依法行政、遏制腐败作为法治评估指标；法治指数，是以量化的方式确定指标的权重及其等级，并以一定的公式计算出法治水平的分值作为评估结果，如香港2005年的法治指数为75分，余杭2007年的法治指数为71.6分。指标是评估实践中必不可少的一个要素，有评估必有评估指标；但是有评估未必有法治指数，在中国的一些评估实践中，仅对评估指标进行分析判断，在确定指标的权重时也可能运用量化方法，但最终并不以数值衡量法治水平。"

根据不同标准，法治指标可以区分为不同类型：根据法治指标所承载的法治

评估内容不同，可以区分为法治政府建设指标和法治社会建设指标；根据法治指标的设计是侧重于对过去法治建设成效的考察，还是对法治建设目标的设置，可以区分为既有评价指标和目标设置指标；根据法治指标的操作方法不同，法治指标可以区分为定性要求指标和定量评价指标；根据法治评估指标数据来源渠道的不同，法治指标可以区分为主观指标和客观指标，前者以"公众对政府依法行政状况的主观体会得出的判断"为依据，后者依赖数据资料的采纳分析，以"是否""有无""多寡"等客观事实为标准进行判断。

质言之，对新时代中国特色社会主义法治指标的内涵可以作如下界定：所谓新时代中国特色社会主义法治指标，是指在新时代全面建设社会主义现代化国家新征程中，对国家、地区或者社会的法治建设状况进行描述、评估而设计的一系列相对客观的量化标准。

（二）新时代中国特色社会主义法治指标与法治评估内容

新时代中国特色社会主义法治指标是根据法治评估内容客体的不同维度而设计的数据测量指标。

虽然法治评估的内容是迄今为止对法治评估的各种进路进行区分的核心依据，也是法治评估进一步细化为法治政府评估、法治社会建设评估的主要标准，但是，从目前关于法治评估的研究中可以发现，学者们对于法治评估内容的界定，以及针对法治评估的内容构成的认识也是不清晰、不明确的。例如，孟涛指出中国法治评估的对象是"法治建设"，国际法治评估的对象是"法治"，同时指出"谁来（主体）评估、评估谁（客体）是法治评估的基础内容之一"。[①] 然而，中国政法大学法治政府研究院主编的《中国法治政府评估报告（2013）》在提及评估对象的选择时，指出"以直辖市和较大的市为评估对象""项目组在具体测评对象的选择上，分别以市政府、市政府全部职能部门、市政府部分职能部门作为具体的观察对象"。[②] 这首先体现了二者在法治评估对象这一范畴上的认识差异：在中国政法大学法治政府研究院的评估中，法治政府评估的对象是指法治政府评估所指向的具体的（政府）实体及其部门；在孟涛的研究中，法治评估的对象是指法治评估所指向的法治化程度、状况。其次这种认识上的差异体现了二者在深层概念界定上的不足，他们均对法治评估客体与法治

---

① 孟涛：《论法治评估的三种类型——法治评估的一个比较视角》，载《法学家》2015年第3期。
② 中国政法大学法治政府研究院编：《中国法治政府评估报告（2013）》，中国人民大学出版社2014年版，第2~4页。

评估对象两个范畴之间没有相互区分。孟涛虽然提出了"法治评估的客体"这一概念,并将其作为法治评估的核心内容之一,但是却混淆了"法治评估的对象"和"法治评估的客体"之间的界限;中国政法大学法治政府研究院虽然对"法治评估的对象"的表达更加清晰,但是没有从中区分出"法治评估的客体"的概念。

张德淼等通过对法治评估实践的总结,得出了对于"法治评估的内容"的类型化概括:"采用制度性进路所进行的法治评估的内容多为对法治制度、机构及其运行状况的评价与测量""采用价值性进路开展的法治评估更关注评估地区的法治现实以及评估地区法治现实与其提出的法治理想之间的差距,其评估内容主要是对理想法治标准进行操作化和具体化的结果"。[1] 这种对法治评估内容的认识,其贡献在于对"法治评估的内容"予以明确的界定。然而,这种界定大体属于孟涛所概括的"法治评估的对象"这一范畴之中,而孟涛提出的"作为法治评估内容的"评估主体则没有列入前者所提出的内容范畴之中。

钱弘道等对"法治评估的内容"作出了概念化的界定:"法治评估的内容是指法治评估的具体指标设计所指向的实质性内容""评估内容本身才是最值得关注与引起重视的实质所在"。[2] 在钱弘道等的研究中,管理型法治评估的内容"必然严格限定于公权力机关自身的法定职权";治理型法治评估"具体内容的确定则是开放的"。可见,钱弘道等所述的"实质性内容",并非前文中国政法大学法治政府研究院所述的"法治政府评估的对象",即并非法治评估具体所指向的实体及其部门。在钱弘道等的研究中,根据评估内容的不同,法治评估可以区分为综合评估和专项评估。[3] 在另文中,钱弘道等指出综合评估和专项评估的区分依据是评估对象的不同类型。在此,可以认为,"评估对象的类型"属于"法治评估的内容"这一范畴。但是,钱弘道等并未指出"法治评估的内容"的具体构成要素,也并未对"法治评估的客体"和"法治评估的对象"这一对概念的范畴进行区分。因此,在使用"法治评估的对象类型"这一概念时,同样出现了"法治评估对象""法治评估的内容"界定不清晰的问题,同样也无法明确地区分"法治评估的客体"和"法治评估的对象"两个概念的界限。

综上所述,针对法治评估的内容进行研究,需要首先回答如下问题:什么是

---

[1] 张德淼、李朝:《中国法治评估进路之选择》,载《法商研究》2014年第4期。
[2] 钱弘道、杜维超:《法治评估模式的辨异》,载《法学研究》2015年第6期;钱弘道、戈含锋、王朝霞等:《法治评估及其中国应用》,载《中国社会科学》2012年第4期。
[3] 钱弘道、王朝霞:《论中国法治评估的转型》,载《中国社会科学》2015年第5期。

法治评估的内容？法治评估内容的结构是什么？法治评估的对象、法治评估的客体与法治评估的内容之间存在什么关系？如何对这两个范畴进行界定？两个范畴之间存在什么区别？

法治评估的内容，根据《现代汉语词典》的释义，存在三种含义：其一，物件里面所包含的内容；其二，事物内部所含的实质或意义；其三，作为哲学名词，与"形式"相对，是指事物内在要素的总和，内容包括事物的各种内在矛盾以及由内在矛盾所决定的事物的特征、运动的过程和发展的趋势等。据此，法治评估的内容，即指法治评估活动的各种内在构成要素以及由这些要素所决定的事物的特征、运动的过程和发展的趋势等。因此，法治评估的内容不仅包括法治评估的主体、客体、目的、指标体系，还包括由这些构成要素所决定的评估活动的特征、评估的操作过程及其价值理念和目标。这些内容是法治评估的实质所在，区别于形式意义上的手段、方法和程序。

进一步地，需要对法治评估的内容与形式、法治评估的内容与客体和对象等概念之间的联系与区别进行分析。

内容与形式作为一对哲学范畴，是一个相对的概念。内容是构成事物的一切内在要素的总和；形式是指事物内在要素的结构或表现方式。在哲学上，内容决定形式，形式依赖于内容，二者互相联系、互相制约。

法治评估的形式，不同于法治评估的内容，前者主要由法治评估的方法和程序构成，后者则由法治评估的主体、客体、目的以及由此决定的评估活动的特征、指标操作过程和价值理念、目标构成。法治评估的内容承载了法治建设的价值理念和目标，它与一国的时代背景、政治体制、特定时期的发展目标及价值取向密切相关。例如，在进行法治评估工作时，究竟是选择第三方评估主体，还是选择内部评估主体，与一国的基本国情、政治体制和官僚制结构密切相关：在欧美国家，民间组织的发展以及民间评估的专业化、技术化，为第三方评估的蓬勃发展提供了肥沃的土壤；在我国，部门之间的相对封闭性致使我国政府在相当长的时间之内倾向于进行自我的绩效考评，而当前中国各地进行法治评估，也主要是由政府主导，或者由政府直接编制，或者由政府发起，相关学术机构负责编制且主要服务于政府政策的要求。脱离了内容的评估形式具有价值无涉的性质，不以国家情况、时代背景、价值取向、发展目标的不同而有所区别。例如，虽然各国、各地区的评估主体、客体各有不同，但是它们共享近乎相同的评估方法（如实地调研方法、申请信息公开的方法、向有关部门发送询问函的方法等）和评估程序（如检索资料、采集数据的程序，统一评估、撰写评估报告的程序等）。诸如香港和余杭法治指数计算时均采取加权平均法,即先计算出每位评估主体对每个指标的平均分值,然后加权平均法计算出每位评估主体对所有指标评价的总和,即为该专家对评估区域法治总体水平的量化评价。

由此产生的一个问题是,法治评估的内容,究竟是主观的,还是客观的?马克思主义哲学认为,意识的内容是客观的,形式是主观的。据此,法治评估作为意识对客观物质世界的一种反映和评价,其内容——客观的物质世界——是客观的。在此,作为评估内容的客观物质世界,包括法治国家、法治政府和法治社会的主体、客体等一切客观唯物的事物。与之相对的,法治评估的形式是主观的,是作为意识活动的评估活动对客观物质世界的主观构建,它表现为法治评估过程中的各种手段、方法以及程序,这些都是主观构建的结果。然而,形式化具有非人格化的特点,法治评估的形式虽然是主观构建的结果,但是由于其产生之后的价值无涉性、非人格化的特点,因而并不以人的意识、价值为转移、改变。反之,评估的内容由于受到一国的价值理念、发展趋势、时代背景和观念的影响,因而具有人格化的特点,无法做到价值无涉。

由此,需要注意的一个问题是法治评估的指标、标准应当隶属于评估的内容范畴,还是评估的形式范畴?法治评估作为一种价值判断,实质上是主体对客体的主观评价,也就是说,法治评估本身是一种意识活动,是对客观物质世界的反映。因此,作为法治评估内容的是客观的物质世界,而作为意识活动的评估活动本身则是一种主观形式。法治评估的指标,则是联结(作为法治评估内容的)客观物质世界与(作为法治评估形式的)评估活动的媒介。因此,法治评估的指标则是客观世界(评估内容的)类型化、主观化(形式化)的结果。

法治评估的内容由评估的目标、主体、客体、对象等要素构成。在诸多要素中,法治评估的客体,是法治评估活动的关键节点。法治评估的客体,是指法治评估活动所指向的行为及其效果。它不同于法治评估的对象,后者是指法治评估所指向的具体政府或社会的实体和部门。法治评估的客体是法治评估对象的重要载体。法治评估客体的意义在于,它是法治评估指标体系设计的重要依据和维度。如《中国法治政府评估报告(2013)》列有的7个一级指标,分别为机构职能及组织领导、制度建设和行政决策、行政执法、政府信息公开、监督与问责、社会矛盾化解与行政争议解决、社会公众满意度调查,这些指标所指向的实质性内容包括政府职能和行政管理体制、行政人员依法行政、行政决策、行政执法、行政公开、行政监督、行政效果等;《中国法律发展报告(2015):中国法治评估指标》列了6个一级指标,分别为法律规范体系、法治实施体系、法治监督体系、法治保障体系、党内法规体系、法治效果体系,这些指标所指向的实质性内容包括立法、行政执法、司法、非诉讼纠纷解决、法律服务及法学教育、法治效果等。

(三)以习近平法治思想为指导建设新时代中国特色社会主义法治指标体系

习近平法治思想是马克思主义法治理论同中国实际相结合的最新成果,是党领导法治建设丰富实践和宝贵经验的科学总结,是法治轨道上推进国家治理体系和治理能力现代化的根本遵循,是引领法治中国建设实现高质量发展的思想旗帜。习近平法治思想内涵丰富、论述深刻、逻辑严密、系统完备,深刻回答了新时代为什么全面依法治国、怎样全面依法治国等一系列重大问题,其核心要义集中体现为"十一个坚持":坚持党对全面依法治国的领导;坚持以人民为中心;坚持中国特色社会主义法治道路;坚持依宪治国、依宪执政;坚持在法治轨道上推进国家治理体系和治理能力现代化;坚持建设中国特色社会主义法治体系;坚持依法治国、依法执政、依法行政共同推进,法治国家、法治政府、法治社会一体建设;坚持全面推进科学立法、严格执法、公正司法、全民守法;坚持统筹推进国内法治和涉外法治;坚持建设德才兼备的高素质法治工作队伍;坚持抓住领导干部这个"关键少数"。

建设新时代中国特色社会主义法治指标体系,必须始终坚持以习近平法治思想为指导,深刻领悟习近平法治思想的精髓要义,将习近平法治思想贯穿新时代中国特色社会主义法治指标体系建设的全过程、各环节。要围绕习近平法治思想中"依法治国"的鲜明主题和逻辑主线,以法治基本原理为基础,以中国特色社会主义法治的基本理论为内核,以全面依法治国的基本观点为要素,形成系统完备、科学规范、运行有效的法治指标体系。

二、新时代中国特色社会主义法治指标体系的功能

新时代中国特色社会主义法治指标体系的功能,是指新时代中国特色社会主义法治指标体系的设计对于法治建设和法治实践所发挥的描述、反映、比较、评价等方面的作用和效果。新时代中国特色社会主义法治指标体系的功能,是中国特色社会主义法治体系的本质规定性的必然反映。具体来说,该功能主要体现在以下三个方面:

(一)认知功能

认知功能,是法治指标设计的基础性功能。通常认为,法治指标的认知功能,是指对法律现象的性质和特征,对法治现实和法律体系的运行及其效果和效益进行反映、描述和说明的内在机制。新时代中国特色社会主义法治指标,对于新时代中国特色社会主义法治建设和实践的运行及其效果具有反映、描述和说明的认知功能。认知功能的对象是中国特色社会主义法治建设和实践中的法律现象。该功能的特点是:可计量性、概观性和现实性。认知功能,是判断中国特色社会主义法治建设和实践水平的关键性机制。

(二)评判功能

法治指标的评判功能,是指在对法律现象进行"认知"的基础上,以法治指标所内含的利益和需要为依据,对法律实践、法律政策和法律体系建设的效果和效益进行评价和判断的功能。新时代中国特色社会主义法治指标的评判功能,是指在对中国特色社会主义法治建设和实践过程中的法律现象进行"认知"的基础上,依据新时代中国特色社会主义法治指标体系所蕴含的利益导向,对法治建设、法治实践的效果和效益进行评价和判断的功能。根据法治指标可以对不同地区、不同部门的法治建设、法治实践的效果进行列排,对于衡量各个地区、部门法治建设和实践的利弊、得失,具有不可替代的意义。

(三)引导和预测功能

法治评估的产出和影响是否具有客观和可预测性的特征,能否在实践中发挥预测功能,是法治评估方法能否站得住脚的重要理论前提。通过新时代中国特色社会主义法治指标体系的建构,使抽象的法治理念转化为标准化、具体化的法治实践。这是法治的价值和理论从"应然"走向"实然"的可行路径。具体化、标准化的指标建构可以为各级政府及其部门指明一个具体的努力方向,从而形成法治建设和实践的合力、提高法治建设和实践的可预期性。因此,新时代中国特色社会主义法治指标体系的引导和预测功能,也是全面依法治国新理念新思想新战略的应有之义。

三、新时代中国特色社会主义法治指标体系的价值导向

(一)新时代中国特色社会主义法治指标体系价值导向的基本内涵

法治评估指标体系的价值导向,是指法治评估指标体系设计时所遵循和意欲增进的价值目标和属性。法的基本价值包括平等、秩序、效率、安全、正义等目标系统,这是法在制定、实施过程中所意欲增进的价值。此外,法的价值还包括其属性价值,即法应当具备一般性、公开性、不溯及既往、普遍性等属性,这是

法之为法所具有的独立价值,也称为法的形式价值。

新时代中国特色社会主义法治指标体系的设计,首先在价值导向上应当遵循作为一种独立价值的法治。法治,作为一种独立的价值,在规则之治意义上表达,是指法律应当具备一般性、公开性、不溯及既往、稳定性、统一性、法官独立审判等品质。这也是法治评估首先所追求的价值。其次在良法之治的意义上,公正是法治最普遍的价值表述,尊重和保障人权是现代法治的价值实质。塔玛纳哈的"薄"法治和"厚"法治与上述法治的价值相对应。

(二)世界正义工程的法治指数、世界银行全球治理指数的价值导向

世界正义工程的法治指数和世界银行全球治理指数,同样力图在两种法治价值之间寻求平衡。世界正义工程从国际社会普遍接受的四项原则出发来界定法治,即认为法治是一个由四项普遍原则支持的系统,这四项原则包括:政府及其官员、代表以及个人和私人团体依法承担责任;法律必须清楚、公开、稳定、公正,必须平等适用,并且必须保护包括个人和财产安全在内的基本权利;法律创立、实施和实现的过程必须为人所知(accessible)、公平、效率;公正能够被足够数量的有能力、有道德、独立的代表和中立的个人及时地传达。根据这四项普遍的原则,世界正义工程设计了衡量法治状况的九个要素:限制政府权力、远离腐败、透明政府、基本权利、强制执行、秩序和安全、民事正义、非正式正义、刑事正义。这些指标要素在理论上采用了两个主要的思想:其一,国家、机构、个人和私主体权力的行使受到法律的限制,限制政府权力、远离腐败、透明政府和基本权利四个指标体现了这一要求;其二,国家限制社会成员的行为并且履行它对人民的责任,即服务于公共利益,这就要求人民免受暴力的威胁并且有权利用相应的机制解决争议和获得救济,这一要求体现在强制执行、秩序和安全、民事正义、刑事正义和非正式正义的指标之中。其中,后一个理论思想占要素的主要部分。再者,这些要素的设置体现了法治理论中"薄"法治和"厚"法治之间的冲突和平衡,前者侧重于正式程序规则,后者侧重于法治的实质,包括政府自制和各种基本的权利和自由。在世界正义工程法治指数中的秩序和安全、民事正义、非正式正义、刑事正义、基本权利,意在实现法治中的公平正义、秩序安全、人权等价值;限制政府权力、远离腐败、透明政府、强制执行四个指数,则意在实现形式法治的要求。

(三)我国法治建设实践中指标体系的价值导向

在我国法治政府建设过程中,法治政府评估的指标体系设计,大多依据中共

中央、国务院印发的《法治政府建设实施纲要（2021—2025 年）》，以及此前国务院公布的《全面推进依法行政实施纲要》和《国务院关于加强法治政府建设的意见》（以下简称《关于加强法治政府建设的意见》，已失效）等规范性文件中提出的"依法行政"的要求。这些要求包括行政工作人员依法行政、制度建设、政府职能和管理体制、行政决策、行政执法、行政公开、行政监督、社会矛盾化解和社会自治、依法行政保障九个方面。从指标体系的设置上看，目前我国法治政府评估的实践大都将制度构建作为法治的目标，这些以制度建设为内容的指标体系，基本遵循的是形式法治的要求。至于法治中的其他价值，如公平正义、秩序安全、人权等，则在社会矛盾化解和社会自治、公众参与等具体指标中有所体现，但是占据的权重比较低。

在我国法治社会建设过程中，法治社会评估的指标体系设计，大多依据中共中央《法治社会建设实施纲要（2020—2025 年）》和中央依法治国委员会办公室印发的《法治社会建设指标体系（试行）》对"法治社会建设"提出的具体要求。这些要求包括增强全社会法治观念、健全社会领域制度规范、加强权利保护、依法治理网络空间、提升社会治理法治化水平、加强组织保障等。从指标体系的设置上看，目前我国法治社会建设评估更注重社会各领域的制度建设，如增强全社会的法治观念、健全社会领域制度规范、依法治理网络空间、加强组织保障等。至于实质法治的价值，仅体现在依法有效化解社会矛盾纠纷、加强人权司法保障等具体法治社会建设过程的具体指标中。

四、法治评估指标体系的设计及其原则

（一）法治评估指标体系设计的进路

目前学界关于法治指标的设计多有研究，主要有以下六种观点：第一种观点提出构建法治（政府）指标体系的基本步骤是"调查研究—制定法治政府指标体系的框架结构—形成较成熟的法治政府指标体系及其说明—进行试评和修改完善"；第二种观点提出，截至 2015 年，在我国法治（政府）建设指标体系设计过程中，大都依据《全面推进依法行政实施纲要》和《关于加强法治政府建设的意见》两个文件规定的七个方面设计一级指标，而在设计二级指标和三级指标时，则会结合各地方的实际情况进行更详细地设计；第三种观点提出指标设计的步骤为"法治基本维度或一级指标的确定——一级指标的细化和分解—权重的设置"；与第三种观点不同，第四种观点在构建法治评估指标体系时，大体遵循了

"法治原则和理念的确定—法治评估一级指标的设计——级指标的细化、分解"三个步骤，首先从立法、行政执法、司法、非诉讼纠纷解决、法律服务及法学教育六个方面来试图回答"什么是法治""用什么指标来评估法治"的问题，其次把"治理体系指标、治理能力指标、治理效果指标"作为三个一级指标，再把每一个一级指标分化为若干个二级指标；第五种观点认为法治评估内容及其指标设计遵循"概念操作—维度分解—指标设计"的演绎逻辑；第六种观点认为，截至2014年，我国存在的各种法治政府指标设计的进路主要有两类，一是将理论上概括的职权法定、程序正当、公开透明等法治政府的内涵转化为评价指标，二是参照《全面推进依法行政实施纲要》《关于加强法治政府建设的意见》等规范性文件的规定设计评价指标。

综上所述，法治评估的建构步骤，大体分为三种途径：

1. 从客观实践和调查入手逐步构建法治评估的指标体系，然后通过实践的检验来不断完善，这可以被称为"实践—理论—实践"的路径。前面两种观点大体如此，他们大多从我国现有的法治评估或法治政府评估的实践入手，从党中央、国务院及各地方党政机关颁布的法治评估的规范性文件入手来提炼法治评估的维度和指标体系。

这种进路的特征是从地方性（特定国家或地区的）实践入手对"法治"的概念进行思考，同时对法治评估的指标进行提炼，而提炼出的法治理论和指标可以在实践中不断检验、反馈和修正。对"法治"概念的认识和提炼发生在法治指标设计之后，是对法治指标体系的系统化总结和升华，而作为理念和价值的"法治"，则是主观化建构，而非客观演化的结果。其优点在于充分考虑到了"法治"的特殊性和地方性。但是，以实践中提炼的法治指标作为评价标准，难免会有以偏概全的错误，正如管中窥豹，只可见一斑，难得全貌。这也是我国目前法治评估普遍存在的问题，诸如余杭、广州市政府等地方的法治评估指标，大多以制度建设作为评估的主要内容，而忽视了某些具有普遍性的法治价值理念。因此，有的学者将其视为"法治建设评估"，而非"法治评估"；有的学者将这种进路总结为"体制性进路"，区别于以法治的价值作为主要评估内容的"价值性进路"。

2. 从既有的法治理念和原则入手来涉及法治指标的维度，通过法治维度的分解和细化，并赋予相应的权重，来实现法治理念、原则的指标化，这可以称为"理论—实践—理论"的路径。世界正义工程的法治指数和世界银行的全球治理指数大多采取这一路径设计，它们大多从既有法治中较为普遍的观点、原则和理念入手，据此设计各级指标。通常情况下，具有普遍性的法治理念多以富勒、拉兹、罗尔斯和马克斯·韦伯提出的法治原则和法治要素为参照。

这种进路的特征是强调"法治"的普适性和绝对性，否定"法治"的地方性和特殊性，从而在根本上否定了"法治"和"法治指标"建构的可能性，将"法治"视为客观规律发展的结果。其优点在于能消除因地方性和特殊性而产生的量化上的不便，从而提高地区和国家之间法治的可比性。但是，这种"法治指数（指标）"是否能够真正作为衡量一国、一地区法治化程度的标准，是存疑的。这种以"法治"的价值作为评估指标设计参照的路径，被学者称为"价值性进路"。

3. 在上述两种进路之外，我国学者大多采取两种进路相结合的方式，其称之为"综合性进路"。"综合性进路"的结合点在于："法治"是普遍性和特殊性的统一。法治的普遍性是法治评估的基础，没有普遍性只具有特殊性的法治，则不具备可比较性，也就不具备评估的可能性；法治的特殊性是不同国家、地区的法律制度受到历史、社会等条件制约而形成的特征，没有特殊性、只具有普遍性的法治，就否定了法律制度的地方性，由此可能认为不同历史背景、社会发展条件和社会发展水平的国家或地区，其法律制度应当是相同。在法治评估指标体系设计的过程中，一方面，部分法治指标的设计直接源于对普遍性法治观的借鉴，主要是对世界正义工程的法治指数和世界银行的全球治理指数的借鉴；另一方面，部分法治指标源于对地方法治评估的总结。普遍性法治观认为，法治指标框架几乎不考虑个别国家的运行状况，而是将各个类型的社会系统所普遍认同的功能（如正义的规定、秩序和安全的保证）融入其中。这些指标要素在理论上采用了两个主要的思想：其一，国家、机构、个人和私主体权力的行使受到法律的限制，限制政府权力、远离腐败、透明政府和基本权利四个指标体现了这一要求；其二，国家限制社会成员的行为并且履行它对人民的责任，即服务于公共利益，这就要求人民免受暴力的威胁并且有权利用相应的机制解决争议和获得救济，这一要求体现在强制执行、秩序和安全、民事正义、刑事正义和非正式正义的指标之中。特殊性法治观认为，由于各国国情、发展条件和时代背景的特殊性，法治在规则之治、平等对待、良法之治的要求上会有所不同：在衡量"规则之治"方面时，应当区分稳定的社会和迅速变化的社会，对于稳定社会的法治状况的比较是"规则之治"的法治评估的主题；在衡量"平等实施"方面时，应当比较不同国家、地区法治治理的效果，而不是法治资源，不应单纯着眼于正式的制度规则，还应当关注非正式的正义体系和纠纷解决途径；在衡量"良法之治"的方面时，不应当对法治之"法"采狭义理解，也不应当将某种特定的法律制度的类型作为法治评估的指标和依据，而是应当关注权力控制的效果，即"治理的效果比治理体系的评价更重要"。因此，调解、信访、法律服务等非正式正义的指标和党内法规体系的指标应当列入法治评估指标体系之中。

上述三种不同进路，是从总体上对法治评估指标设计进路的总结，具体到法治政府评估、法治社会评估领域，则难免有所偏重。纵观我国实践中法治政府评估、法治社会评估指标设计的进路，大多是偏重于"实践—理论—实践"的进路。

（二）法治评估指标体系设计的原则

法治评估指标体系的设计存在上述三种不同的进路，反应了国内外关于法治评估指标设计的不同理念和原则。如何在不同设计进路中选择和汲取，需要对法治评估指标体系的原则有所把握。法治评估指标的设计，需要考量客观指标和主观指标相结合、形式法治和实质法治相统一的要求，因此，在建构的过程中应当把握如下四个原则：

1. 实用性和价值性相结合的原则。法治评估指标体系的设计，首先需要在经验和实践意义上总结法治评估的一般性标准。但是，还应当注意到，存在并非一定是合理的，需要根据法治理念和价值中的一般性要素对我国实践中产生的实用性标准进行衡量，实用性的标准不得与法治理念和价值存在根本性的冲突。实用性和价值性的统一，是我国法律"实用道德主义"的体现。

2. 分级设计原则。我国行政体制在层级划分上分为中央、省、市、县、乡各级政府及其部门。不同级别的政府及其部门在评估指标的设计上应当有所区别。诸如基层法治政府评估指标体系的设计，需要在实践中探索符合基层政府及其部门需要的指标。

3. 渐进性原则。法治评估指标的设计需要考虑指标的渐进性。首先，指标的设计应当与我国法治建设和实践相契合，不得落后于我国法治的建设和实践。其次，指标设计应当考虑前瞻性、指导性的要求，但不得完全脱离实际而对法治评估提出任何不切实际的幻想。

4. 可比性原则。评判和比较功能，是法治评估指标的基本功能。法治评估需要对不同地区、不同部门的法治建设和实践进行评判、比较、列排。因此，虽然不同地区、部门的法治评估指标可能有所不同，但是不应当脱离可比性的要求。这一要求也是法治理念和价值普遍性的必然体现。

五、新时代中国特色社会主义法治指标体系的结构和框架

按照上述法治评估指标设计的三种进路和四项原则，可以对新时代中国特色社会主义法治指标体系进行设计、构建。

（一）依据"实践—理论—实践"的路径构建的指标体系

目前我国法治政府评估、法治社会评估的指标体系设计基本遵循"实践—理论—实践"的"体制性进路"。

1. 法治政府评估指标体系的构建。在法治政府评估指标体系的设计上，其依据主要有《法治政府建设实施纲要（2021—2025 年）》以及《全面推进依法行政实施纲要》《关于加强法治政府建设的意见》等规范性文件。如《全面推进依法行政实施纲要》对"依法行政"提出了七项标准：转变政府职能，深化行政管理体制改革；建立健全科学民主决策机制；提高制度建设质量；理顺行政执法体制，加快行政程序建设，规范行政执法行为；积极探索高效、便捷和成本低廉的防范、化解社会矛盾的机制；完善行政监督制度和机制，强化对行政行为的监督；不断提高行政机关工作人员依法行政的观念和能力。《关于加强法治政府建设的意见》则是 2016 年以前地方法治政府建设和评估的主要依据，该规范性文件提出了八项法治政府建设的标准，包括提高行政机关工作人员特别是领导干部依法行政的意识和能力、加强和改进制度建设、坚持依法科学民主决策、严格规范公正文明执法、全面推进政务公开、强化行政监督和问责、依法化解社会矛盾纠纷、加强组织领导和督促检查。此外，《国务院关于加强市县政府依法行政的决定》则将大力提高市县行政机关工作人员依法行政的意识和能力、完善市县政府行政决策机制、建立健全规范性文件监督管理制度、严格行政执法、强化对行政行为的监督、增强社会自治功能六项规定作为推进市县政府依法行政的主要方面。

从上述国务院三个规范性文件的规定中可以发现，国务院提出的法治政府建设的标准主要有九个方面：行政工作人员依法行政、制度建设、政府职能和管理体制、行政决策、行政执法、行政公开、行政监督、社会矛盾化解和社会自治、依法行政保障。这九个方面也是此前地方法治政府建设和评估的主要依据。例如，深圳市作为最早进行法治政府指标体系试验的城市，指标设计思路基本上遵循《全面推进依法行政实施纲要》的要求。在指标设置上，《深圳市法治政府建设指标体系》设置十项一级指标：政府机构与权责法治化，政府立法工作与规范性文件管理法治化，行政决策法治化，公共财政管理与政府投资法治化，行政许可与政务服务法治化，行政执法法治化，政府信息公开法治化，行政救济、调解、裁决法治化，行政权力监督与责任法治化，法治政府建设工作保障，下设46个二级指标。这些指标的设置，如行政决策、政府立法、政府信息公开、行政权力监督、政府建设工作等，与"依法行政"的基本要求相对应。其中，行政救济（行政补偿、行政赔偿）、裁决法治化的指标属于"依法行政"中行政监督制度范畴，行政许可和政务服务法治化的指标，则与转变政府职能、深化行政管理体制改革的要求相吻合。但是，深圳指标中的行政调解法治化指标，却并未列入《全面推进依法行政实施纲要》中的"依法行政"范畴。《浙江省法治政府建设实施标准》制定的"实施标准"主要有：①行政管理体制适应经济社会发展需要；②制度建设贯穿于政府各项工作；③实施行政管理和参与民事经济活动符合公共利益，遵守法定权限和程序；④完善行政监督制度，维护人民群众的监督权利；⑤坚持公平正义，依法解决社会矛盾纠纷；⑥法治政府建设实效不断提升。其中，①属于政府职能和管理体制的标准；②属于制度建设的标准；③属于行政执法、行政决策和行政公开的标准；④属于行政监督的标准；⑤属于社会矛盾化解和社会自治的标准；⑥中的部分要求，如行政机关工作人员的法治意识、有效推动重大施政项目的实施等可以作为行政工作人员依法行政的标准和行政执法的标准。但是，实施标准⑥中提出的"充分发挥人民群众在法治政府建设中的作用，社会满意度保持在较高水平"（"公众参与"）、"加强法制宣传教育，积极营造法治政府建设的良好社会氛围"（"法制环境"）和"改革创新与依法行政有机统一，依法推进经济社会领域的各项改革"（"改革创新"）三项要求则无法为前述"依法行政"的八个方面所概括。此外，《广东省法治政府建设指标体系（试行）》则设置了八项一级指标，包括制度建设、行政决策、行政执法、政府信息公开、社会矛盾防范和化解、行政监督、依法行政能力建设、依法行政保障，这八项指标与国务院规定"依法行政"的九个方面是相吻合的，其中未涉及的项目是政府职能和管理体制方面。

除了上述国务院规定的"依法行政"的九个方面和各地方政府据此建立的指标体系、实施标准之外，更早的余杭法治评估和深圳市政府法治政府评估对法治政府评估指标体系的建构具有独特的借鉴价值：

余杭法治指数设计的目标，主要包括民主政治建设、依法行政、司法公正、法律服务、法治意识、市场秩序、社会建设、社会和谐、监督体制九个方面。其中，依法行政方面涉及对法治政府的评估，其主要任务有三个方面：政府职能和管理体制、行政决策和行政执法。三个方面下设 12 个指标，包括行政执法主体、行政执法中的专职工作人员、制定和出台的规范性文件向人大常委会的报备和公布率、行政部门工作人员、群体性上访事件办案率、行政执法责任制的覆盖率、政府各部门对群众投诉案件的办案率、行政复议案件撤销、变更率和行政诉讼的败诉率、超期履行的发回行政案件数量、行政程序合法比率。此外，在其他目标方面，如健全监督体制、依法规范市场秩序、依法加强社会建设等，也存在对法治政府的评估指标：在健全监督体制项下，设立考核标准"政府要加强监督，落实决策责任追究和绩效评估制度"；在依法规范市场秩序项下，设立"安全生产管理措施有力，确保各类产业的生产、经营安全"等标准；在依法加强社会建设项目下，设置"环境保护、市容环境卫生管理、市政公用设施建设管理执法有力，重点工程建设质量达标，无违法、违章建筑行为发生"等标准。

按照"实践—理论—实践"的路径对"依法行政""法治政府建设"指标体系进行建构，可以将法治政府建设的基本指标归纳如下：①制度建设；②政府职能和管理体制；③行政决策；④行政执法；⑤行政公开；⑥行政监督；⑦社会矛盾化解和社会自治；⑧依法行政的保障。此外，可以借鉴深圳、浙江等地方法治政府建设和评估的实践，将"公众参与""法制环境""改革创新""行政和解"列入指标体系的范畴。

2. 法治社会评估指标体系的构建。在法治社会评估指标体系的设计上，目前我国尚处于探索试行阶段，其依据的规范性文件主要有《法治社会建设实施纲要（2020—2025 年）》和《法治社会建设指标体系（试行）》。从各地方省委依法治省办、市委依法治市办试行的法治社会建设指标体系上看，主要聚焦《法治社会建设实施纲要（2020—2025 年）》中涉及的法治社会建设重点领域，包括推动全社会增强法治观念、健全社会领域制度规范、加强权利保护、推进社会治理法治化、依法治理网络空间、加强组织保障，据此量化、细化考核标准和分值权重。如《河南省法治社会建设指标体系（试行）》共设立 6 个一级指标、25 个二级指标、91 个三级指标；《金昌市法治社会建设指标体系（试行）》共设立 6 个一级指标、28 个二级指标、88 个三级指标。

此外，江苏省是在全国率先试行法治社会建设指标体系的省份，早在 2017 年 8 月已出台了《江苏法治社会建设指标体系（试行）》，其中明确了 5 个一级指标、17 个二级指标、59 个三级指标，为法治社会建设及其指标体系的构建提供了宝贵实践经验。在江苏省试行的法治社会建设指标体系中，5 个一级指标分别为：推动全社会树立法治意识、推进多层次多领域依法治理、建设完备的法律服务体系、健全依法维权和化解纠纷机制、法治社会建设社会评价。其中，一级指标进一步分解为 17 个二级指标，并赋予不同权重：①推动全社会树立法治意识，分解为法治宣传教育机制健全、法治宣传工作体系完备、法治宣传教育深入开展、法治宣传教育效果明显 4 个二级指标，权重分 25 分；②推进多层次多领域依法治理，分解为提高社会治理法治化水平，发挥人民团体和社会组织的积极作用，妥善处置涉及民族、宗教等因素的社会问题 3 个二级指标，权重分 17 分；③建设完备的法律服务体系，分解为推进覆盖城乡居民的公共法律服务体系建设，法律援助制度健全、司法救助体系完善，推进律师、公证、基层法律服务业发展，健全统一司法鉴定管理体制 4 个二级指标，权重分 23 分；④健全依法维权和化解纠纷机制，分解为化解矛盾纠纷组织网络体系健全，社会矛盾纠纷预防化解机制健全，完善多元化纠纷解决机制、构建人民调解、行政调解、司法调解联动工作体系，信访纳入法治化轨道，建立健全在维护群众利益中具有重大作用的制度体系 5 个二级指标，权重分 26 分；⑤法治社会建设社会评价，分解为社会认可度 1 个二级指标，并进一步分解为"公众安全感达到 90%以上""人民群众对法治建设满意度达 90%以上""受援群众对法律援助的满意率达 90%以上""人民群众对调解工作的满意度达 95%以上" 4 个三级指标，权重分 9 分。

根据《法治社会建设实施纲要（2020—2025 年）》的规定，《江苏法治社会建设指标体系（试行）》中的"推进多层次多领域依法治理""健全依法维权和化解纠纷机制"可纳入"推进社会治理法治化"，作为二级指标；"建设完备的法律服务体系"可纳入"加强权利保护"，作为二级指标。此外，由于"法治社会建设社会评价"属于群众对法治社会建设的主观评价，无法完全归入"推进社会治理法治化"中的"增强社会安全感""加强权利保护"中的"为群众提供便捷高效的公共法律服务"等客观法治建设措施的范畴，故可作为独立的一级指标单列。

综上，按照"实践—理论—实践"的路径构建法治社会建设指标体系，可以将江苏、河南等各地方法治社会建设的基本指标归纳如下：①增强全社会法治观念、法治意识；②健全社会领域制度规范；③加强权利保护；④依法治理网络空间；⑤提升社会治理法治化水平；⑥加强组织保障；⑦法治社会建设社会评价。

（二）依据"理论—实践—理论"的路径构建的指标体系

采取这一路径典型是，世界正义工程的法治指数和世界银行的全球治理指数。针对两组指数进行分析,可以从中提炼出法治评估中具有普遍性的指数作为指标设计的参照。

1. 世界银行的全球治理指数。世界银行的全球治理指数是一个全球跨国治理指数,它由六个维度构成:发言权和问责、政治稳定且远离暴力和恐怖主义、政府效能、监管质量、法治、控制腐败。世界银行首先根据既有的关于"治理"的理论出发,力图在广义和狭义的治理理念之间寻求平衡。广义的治理理念认为,所有的规则、执行机制和组织,都是治理的范畴,这就使得"治理"成为了一个无所不包的范畴;狭义的治理理念关注公共部门的管理问题,包括1992年世界银行提出定义——治理是"在对一国经济和社会发展所需的资源进行管理的过程中行使权力的方式"。具体到作为治理之某个特定领域的"法治",也具有"薄"法治和"厚"法治之分,前者仅仅从形式上关注既有规则和法律的实施,后者更加强调法律的实质内容和特点。世界银行的全球治理指数就是在广义和狭义的两个"治理"概念之间寻求平衡的结果,将治理定义为"一国的权力当局运行所采取的习俗和系统,它包括:①政府被选择、监督和替代的过程;②政府有效地建构和实施稳定政策的能力;③人民和国家对管理人与人之间、人与国家之间以及国家与国家之间的经济、社会交换的组织机构的尊重"。其中,每一个方面下设两个维度,以此形成了上述全球治理指数。"法治"是"治理"概念的第三个方面,即人民和国家对管理人与人之间、人与国家之间以及国家与国家之间的经济、社会交换的组织机构的尊重,而"法治"的要求就是人们对已经制定规则的普遍遵守,同时,人们所普遍遵守的法律本身是制定良好的法律,以此能获得人民和国家对法律实施的尊重。

除了全球治理指数中的"法治"指数外,治理指数中的其他类型指数也有对政府行为、职能的规定,如"控制腐败"指标涉及控制政府官员腐败的要求;政府效能对政府公共服务的质量、政府的政策创制和实施的质量以及政府的政策承诺的信任度等要求;"政治稳定且远离暴力和恐怖主义"要求政府不会被宪法以外的因素或者暴力的方式推翻或者动摇;"发言权和问责"要求人民有权参与选举并产生政府;"监管质量"要求政府有能力创制并实施稳定的政策和管理规定,来推动私人部门的发展。这是从"治理"的概念和价值理念出发对一国政府治理状况进行的衡量,但是其中内容或多或少与法治政府的建设相关,纵观这些指标,可以发展世界银行的全球治理指数要求政府的产生、运行、变更等过程必须符合宪法和法律的规定,这可以视为"治理"的一个方面或维度。但是,不可否认的是,"法治"是"治理"范畴中一个不可或缺的要素,而且"法治"

要素贯穿于"治理"要素的始终。

2. 世界正义工程的法治指数。世界正义工程从国际社会普遍接受的四项原则出发来界定法治,即认为法治是一个由四项普遍原则支持的系统,这四项原则包括:政府及其官员、代表以及个人和私人团体依法承担责任;法律必须清楚、公开、稳定、公正,必须平等适用,并且必须保护包括个人和财产安全在内的基本权利;法律创立、实施和实现的过程必须为人所知(accessible)、公平、效率;公正能够被足够数量的有能力、有道德、独立的代表和中立的个人及时地传达。根据这四项原则,世界正义工程设计了衡量法治状况的九个要素:限制政府权力、远离腐败、透明政府、基本权利、强制执行、秩序和安全、民事正义、非正式正义、刑事正义。世界正义工程认为,这九个要素适合于任何国家、社会和政治体制,因而具有普遍性。其依据主要有二:①这个指标框架几乎不考虑个别国家的运行状况,而是将各个类型的社会系统所普遍认同的功能(如正义的规定、秩序和安全的保证)融入其中。这些指标要素在理论上采用了两个主要的思想:其一,国家、机构、个人和私主体权力的行使受到法律的限制,限制政府权力、远离腐败、透明政府和基本权利四个指标体现了这一要求;其二,国家限制社会成员的行为并且履行它对人民的责任,即服务于公共利益,这就要求人民免受暴力的威胁并且有权利用相应的机制解决争议和获得救济,这一要求体现在强制执行、秩序和安全、民事正义、刑事正义和非正式正义的指标之中。其中,后一个理论思想占要素的主要部分。②"薄"法治和"厚"法治的平衡使得这个指标体系可以适用于任何政治和社会制度。这些要素的设置体现了法治理论中"薄"法治和"厚"法治之间的冲突和平衡,前者侧重于正式程序规则,后者侧重于法治的实质,包括政府自制和各种基本的权利和自由。

在以上九个要素中,限制政府权力、远离腐败、透明政府和强制执行四个指标是对政府的评估要求。限制政府权力项下设6个指标,包括政府权力受到法律的有效限制、政府的权力受到司法的有效限制、政府权力受到独立审计和审查的有效限制、政府官员的不当行为受到制裁、政府权力受到非政府审查、权力的过渡受到法律规定的制约;远离腐败项下设4个指标,包括政府行政部门的官员不会利用公职谋取私人利益、政府司法部门的官员不会利用公职谋取私人利益、警察和军事部门的官员不会利用公职谋取私人利益、政府立法部门的官员不会利用公职谋取私人利益;透明政府指标项下设4个指标,包括公开法律和政府数据、知情权、公民参与、投诉机制;强制执行指标项下设5个指标,包括政府规定得以有效实施、政府规定的适用和实施没有受到不当影响、行政诉讼的过程没有不合理的延迟、行政诉讼过程中的相应程序受到尊重、没有合法程序和充分的补偿情况下政府不擅自剥夺、征用。此外，民事正义、刑事正义和非正式正义项下均规定相应的正义体系不受政府的不当影响，也可视为对法治政府的衡量指标。

综上所述，按照"理论—实践—理论"的"价值性路径"建构法治指标，首先需要对抽象的"法治"概念，或者作为"法治"上位概念的"治理"概念进行界定。通常来说，这种建构思路大都依据"薄"法治和"厚"法治的观念，或者广义和狭义的治理理念。同时，为了在二者之间寻求平衡，在设计过程中尽可能偏向法治理念中的实质内容（"厚"法治）或者广义的治理理念，从而使得其指数更具有超脱于政治体制、经济和社会制度的普遍性。据此构建的法治指数或治理指数主要有：一方面，限制政府权力的滥用，包括远离腐败、限制政府权力、政府公开等指数；另一方面，要求政府积极履行自己的职能，以保障人民的权利和生活的幸福，包括监管质量、政府效能、秩序和安全、正义等指数。

（三）依据"综合性路径"构建的指标体系

采纳"综合性路径"建构我国的法治指标体系，是目前学界普遍采用的方法之一。其中，又可以分为比较典型的两种路径。

第一种路径从法治的普遍性和特殊性出发，指出"一个坚持法治的国家，无论什么政治制度，何种意识形态，都不允许滥用权力""从国际视角，不同社会结构的国家或地区之间法治的差别并不在于是否对权力进行控制，而在于对权力控制的方式"。也就是说，法治所要面对的问题——如何控制权力——是共同的。因此，作为一切法治基本要求的规则之治、平等实施和良法之治，是各国法治建设的普遍要求。但是，由于各国国情、发展条件和时代背景的特殊性，这三项指标各有不同于其他国家的要求：在衡量"规则之治"方面时，应当区分稳定的社会和迅速变化的社会，对于稳定社会的法治状况的比较是"规则之治"的法治评估的主题；在衡量"平等实施"方面时，应当比较不同国家、地区法治治理的效果，而不是法治资源，不应单纯着眼于正式的制度规则，还应当关注非正式的正义体系和纠纷解决途径；在衡量"良法之治"的方面时，不应当对法治之"法"采狭义理解，也不应当将某种特定的法律制度的类型作为法治评估的指标和依据，而是应当关注权力控制的效果，即"治理的效果比治理体系的评价更重要"。据此，从六个方面提出法治评估指标体系的设计，包括法律规范体系、法治实施体系、法治监督体系、法治保障体系、党内法规体系、法治效果体系6个一级指标，下设20个二级指标和66个三级指标。这一指标体系的设置兼顾了上述三个方面，在法律规范体系方面，不仅考虑立法的完备性、民主性，还考虑立法的科学性（立法符合实际程度、立法合理公正程度），体现了上述"规则之治"的要求；在法律实施体系方面，不仅考虑行政执法、司法适用的正式制度，还考虑调解、信访、法律服务等非正式制度，体现了上述"平等对待"的要求；在指标设计上，不仅考虑法律规范体系、法律实施体系、法治监督体系、法治保障体系，还将党内法律体系列为一级指标加以评估，体现了上述"良法之治"的要求。

第二种路径主张以体制性进路为主，兼顾价值性进路的主张。如在法治政府的指标设置上，设置制度建设、组织领导、政府职能、队伍建设、行政决策、行政执法、行政监督、政务公开、矛盾防化和行政效果 10 个一级指标，相应设置 45 个二级指标。这一指标设计考虑了法治政府建设的实质化要求，例如，将"行政效果"作为一级指标设置，同时赋予 20%的权重，这与世界银行的全球治理指数将"政府效能"纳入评估体系有相通之处。然而，总体上，这种指标设计仍然以体制性进路为主，法治的价值等对其影响有限。

（四）新时代中国特色社会主义法治文化指标体系

新时代中国特色社会主义法治文化的指标体系，既有各国法治文化的共同特征，更有基于我国国情的中国特色。党的二十大报告提出"弘扬社会主义法治精神，传承中华优秀传统法律文化""把社会主义核心价值观融入法治建设"等基本命题，是新时代中国特色社会主义法治文化建设的根本遵循和行动指南。据此，新时代中国特色社会主义法治文化指标体系的设计，存在两种思路：

第一，在"坚持全面依法治国，推进法治中国建设"的框架下，根据《法治社会建设实施纲要（2020—2025 年）》的文件精神，"建设社会主义法治文化"是法治社会建设中"推动全社会增强法治观念"的重要一环。在设计评估指标时，"建设社会主义法治文化"应属于"推动全社会增强法治观念"一级指标项下的二级指标。

第二，在"推进文化自信自强，铸就社会主义文化新辉煌"的框架下，把社会主义法治文化作为社会主义文化的组成部分，以此为抓手推进新时代中国特色社会主义法治文化指标体系建设。依照这一思路，社会主义法治文化及其指标体系建设相对独立于法治政府、法治社会及其指标体系，但又与全面依法治国、推进法治中国建设相互关联、相互补充。这与《关于加强社会主义法治文化建设的意见》也是相呼应的，该意见指出社会主义法治文化建设的总体目标是"到 2035 年，基本形成与法治国家、法治政府、法治社会相适应，与中国特色社会主义法治体系相适应的社会主义法治文化"。

本书按照第二种思路设计新时代中国特色社会主义法治指标体系。首先，依据党的二十大报告对"推进文化自信自强，铸就社会主义文化新辉煌"的要求，设计5个一级指标：①社会主义法治意识形态建设；②践行社会主义核心价值观融入法治建设；③全社会法治文明程度提高；④法治文化事业和法治文化产业发展；⑤中华法治文明传播力影响力增强。其次，根据《关于加强社会主义法治文化建设的意见》，将5个一级指标分解为12个二级指标：①深入学习宣传贯彻习近平法治思想；②完善中国特色社会主义法治理论；③大力弘扬宪法精神；④在法治实践中持续提升公民法治素养；⑤推动中华优秀传统法律文化创造性转化、创新性发展；⑥繁荣发展社会主义法治文艺；⑦加强社会主义法治文化阵地建设；⑧加强法治文化国际交流；⑨加强社会主义法治文化建设组织领导；⑩健全社会主义法治文化建设工作机制；⑪强化社会主义法治文化建设人才培养；⑫培育社会主义法治文化建设推广典型。这12个二级指标与5个一级指标的对应关系见表5-2。最后，根据党的二十大报告、《关于加强社会主义法治文化建设的意见》等文件精神，结合具体实际，可以将二级指标进一步分解为三级指标，并赋予不同权重。

表5-2 新时代中国特色社会主义法治文化一级指标与二级指标的对应关系

	一级指标	二级指标
新时代中国特色社会主义法治文化指标	社会主义法治意识形态建设	深入学习宣传贯彻习近平法治思想
		完善中国特色社会主义法治理论
		加强社会主义法治文化建设组织领导
		健全社会主义法治文化建设工作机制
	践行社会主义核心价值观融入法治建设	大力弘扬宪法精神
		在法治实践中持续提升公民法治素养
		强化社会主义法治文化建设人才培养
	全社会法治文明程度提高	推动中华优秀传统法律文化创造性转化、创新性发展
		培育社会主义法治文化建设推广典型
	法治文化事业和法治文化产业发展	繁荣发展社会主义法治文艺
		加强社会主义法治文化阵地建设
	中华法治文明传播力影响力增强	加强法治文化国际交流

思考题：

1. 法治评估的内容与形式，以及法治评估的内容与客体、对象的区别和联系。

2. 构建新时代中国特色社会主义法治指标体系的指导思想、进路和原则。

3. 新时代中国特色社会主义法治文化指标体系的内容。

参考文献与推荐阅读：

1. 习近平：《高举中国特色社会主义伟大旗帜 为全面建设社会主义现代化国家而团结奋斗》，人民出版社 2022 年版。

2. 中共中央宣传部、中央全面依法治国委员会办公室：《习近平法治思想学习纲要》，人民出版社、学习出版社 2021 年版。

3. 《习近平法治思想概论》编写组编：《习近平法治思想概论》，高等教育出版社 2021 年版。

4. 李林、田禾主编：《中国法治发展报告 NO.13（2015）》，社会科学文献出版社 2015 年版。

5. 李林、田禾主编：《中国法治发展报告 NO.14（2016）》，社会科学文献出版社 2016 年版。

6. 李林、田禾主编：《中国法治发展报告 NO.15（2017）》，社会科学文献出版社 2017 年版。

7. 李林、田禾主编：《中国法治发展报告 NO.16（2018）》，社会科学文献出版社 2018 年版。

8. 陈甦、田禾主编：《中国法治发展报告 NO.17（2019）》，社会科学文献出版社 2019 年版。

9. 陈甦、田禾主编：《中国法治发展报告 NO.18（2020）》，社会科学文献出版社 2020 年版。

10. 陈甦、田禾主编：《中国法治发展报告 NO.19（2021）》，社会科学文献出版社 2021 年版。

11. 朱景文主编：《中国人民大学中国法律发展报告2015：中国法治评估指标》，中国人民大学出版社 2016 年版。

12. 朱景文主编：《中国人民大学中国法律发展报告2016：基于九个省数据的法治指数》，中国人民大学出版社 2017 年版。

13. 朱景文主编：《中国人民大学中国法律发展报告2018：2015—2017 年中

国法治满意度评估》，中国人民大学出版社 2018 年版。

14. 朱景文主编：《中国人民大学中国法律发展报告 2020：中国法治评估的理论、方法和实践》，中国人民大学出版社 2020 年版。

15. 中国政法大学法治政府研究院编：《中国法治政府评估报告（2013）》，中国人民大学出版社 2014 年版。

16. 中国政法大学法治政府研究院编：《中国法治政府评估报告（2014）》，法律出版社 2015 年版。

17. 中国政法大学法治政府研究院编：《中国法治政府评估报告 2015》，法律出版社 2015 年版。

18. 中国政法大学法治政府研究院编：《中国法治政府评估报告（2016）》，社会科学文献出版社 2016 年版。

19. 中国政法大学法治政府研究院编：《中国法治政府评估报告（2017）》，社会科学文献出版社 2017 年版。

20. 中国政法大学法治政府研究院编：《中国法治政府评估报告（2018）》，社会科学文献出版社 2018 年版。

21. 中国政法大学法治政府研究院主编：《中国法治政府评估报告（2020）》，社会科学文献出版社 2020 年版。

22. 程琥主编：《法治政府评估研究》，中国法制出版社 2019 年版。

23. ［美］黄宗智：《清代以来民事法律的表达与实践：历史、理论与现实（卷一　清代的法律、社会与文化：民法的表达与实践）》，法律出版社 2014 年版。

24. 钱弘道等：《法治评估的实验——余杭案例》，法律出版社 2013 年版。

25. 石泰峰：《跨越文明的误区——现代西方法律人类学》，山西高校联合出版社 1995 年版。

26. 孙国华、朱景文主编：《法理学》，中国人民大学出版社 2010 年版。

27. 张冠梓：《论法的成长——来自中国南方山地法律民族志的诠释》，社会科学文献出版社 2000 年版。

28. 张冠梓主编：《法律人类学：名家与名著》，山东人民出版社 2011 年版。

29. 黄宗智：《中国古今的民、刑事正义体系——全球视野下的中华法系》，载《法学家》2016 年第 1 期。

30. 中央全面依法治国委员会办公室：《坚持以习近平法治思想为指导 奋力开创全面依法治国新局面》，载《求是》2021 年第 5 期。

31. 人民日报评论员：《坚持习近平法治思想——论学习贯彻习近平总书记在中央全面依法治国工作会议上重要讲话》，载《人民日报》2020 年 11 月 20 日，第 2 版。

32. 侯学宾、姚建宗：《中国法治指数设计的思想维度》，载《法律科学（西北政法大学学报）》2013 年第 5 期。

33. 孟涛：《中国大陆法治评估运动的回顾、述评与前瞻》，载《人大法律评论》2014 年第 2 期。

34. 孟涛：《论法治评估的三种类型——法治评估的一个比较视角》，载《法学家》2015 年第 3 期。

35. 钱弘道等：《法治评估及其中国应用》，载《中国社会科学》2012 年第 4 期。

36. 钱弘道、王朝霞：《论中国法治评估的转型》，载《中国社会科学》2015 年第 5 期。

37. 钱弘道、杜维超：《法治评估模式的辨异》，载《法学研究》2015 年第 6 期。

38. 钱弘道、方桂荣：《中国法治政府建设指标体系的构建》，载《浙江大学学报（人文社会科学版）》2016 年第 4 期。

39. 冉井富：《论法律指标的认知功能及其局限性》，载《汕头法学学报》1999 年第 2 期。

40. 袁曙宏：《关于构建我国法治政府指标体系的设想》，载《国家行政学院学报》2006 年第 4 期。

41. 王敬波：《法治政府的评估主体、指标与方法》，载《改革》2014 年第 9 期。

42. 汪全胜：《法治指数的中国引入：问题及可能进路》，载《政治与法律》2015 年第 5 期。

43. 朱景文：《法治的可比性及其评估》，载《法制与社会发展》2014 年第 5 期。

44. 朱景文：《论法治评估的类型化》，载《中国社会科学》2015 年第 7 期。

45. 张德淼、李朝：《中国法治评估进路之选择》，载《法商研究》2014 年第 4 期。

46. 张德淼、康兰平：《迈向实证主义的中国法治评估方法论——以世界正义工程法治指数建构方法为镜鉴》，载《理论与改革》2015 年第 6 期。

47. 张德淼：《法治评估的实践反思与理论建构——以中国法治评估指标体系的本土化建设为进路》，载《法学评论》2016年第1期。

48. 周尚君、王裕根：《法治指数评估的理论反思与前瞻》，载《广州大学学报（社会科学版）》2015年第3期。

49. 李展硕：《互助的运行机制及效果——陕甘宁边区互助实践的研究》，载《中国乡村研究》2021年第1期。

50. 李展硕：《革命根据地土地政策中的地权主体及归属逻辑——基于"农民"与"富农""工人"区分的研究》，载《济南大学学报（社会科学版）》2022年第3期。

51. Daniel Kaufmann, Aart Kraay, Massimo Mastruzzi, The Worldwide Governance Indicators: Methodology and Analytical Issues, World Bank Policy Research Working Paper 5430.

52. World Justice Project Rule of Law Index 2016 Report.

后 记

推进和实现中国法治，需要多学科之间的对话和融合。本书尝试将法学与文、史、哲等人文学科进行深度整合，彰显交叉学科的丰富意涵。本书以马克思主义为指导原则，在框架设计中融入多元学科视野，以文化理论为高度，将专业建设与交叉研究不断深入，本书主要内容分布在五个部分，它们既各自独立又相互绾结。从历史渊源到基本理论、从制度体系到人文情境，试图从纵横各方面展现法治文化的基本概念和时代特征。

编写者来自中国政法大学、西北政法大学、中国社会科学院、中共中央党校等高校和科研机构，在写作过程中，我们不断研讨和协商，"如切如磋，如琢如磨"，合作非常愉快，我们感到内心无比喜悦。

本书撰稿分工如下：

第一章：第一至四节阴昭晖。

第二章：第一节李驰，第二节胡小进，第三节一、二小节文兵，第三节第三至五小节李其瑞。

第三章：第一、二节郑清坡，第三节帅奕男。

第四章：第一、二节王金霞，第三节阴昭晖，第四节邹玉华、崔玉珍。

第五章：第一节张灵，第二节崔蕴华，第三节宋庆宝，第四节李展硕。